Psychologie I

Dr. Eduard Schellhammer

9. Ausgabe revidiert 2014.
© **Copyright. Dr. Eduard Schellhammer. Alle Rechte vorbehalten.**

ISBN-13: 978-1478370574
ISBN-10: 1478370572

www.EduardSchellhammer.com

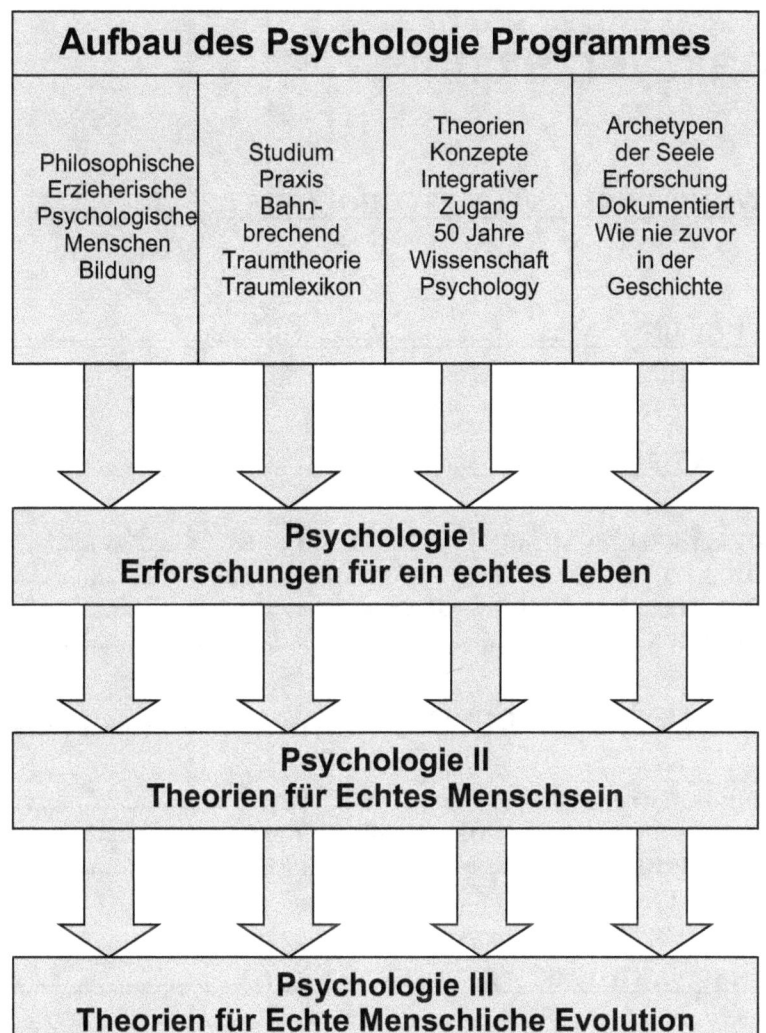

Aufbau des Psychologie Programmes

Philosophische Erzieherische Psychologische Menschen Bildung	Studium Praxis Bahn- brechend Traumtheorie Traumlexikon	Theorien Konzepte Integrativer Zugang 50 Jahre Wissenschaft Psychology	Archetypen der Seele Erforschung Dokumentiert Wie nie zuvor in der Geschichte

Psychologie I
Erforschungen für ein echtes Leben

Psychologie II
Theorien für Echtes Menschsein

Psychologie III
Theorien für Echte Menschliche Evolution

Inhaltsverzeichnis

Liste der Diagramme

In Somnis Veritas für Psychologie I

Träume sagen die Wahrheit. Träume stehen über Theorien, Ideologien und Dogmen. Während der letzten 33 Jahre hatte ich über 12.000 Träube über den Zustand der Menschheit und des Planeten. Ich hatte auch noch schätzungsweie 3000 Träume über die menschliche Evolution und alle Archetypen der Seele..

Beispiele:

Eine Stimme: Eine Stimme: "Auch für die reichen Leute wird morgen kein Risiko mehr gedeckt sein."

Eine unbekannte Stadt im Norden Europas. Überall zeigen die Männer ihren Penis, einige sind teilweise und andere ganz nackt, teils mit Kleidung oder Plastik verdeckt. Viele haben ihren Penis mit Luft aufgeblasen, technisch verlängert, sogar einige kleine jungen Knaben. Sie zeigen einander dieses ‚wunderbare' Ding, das sie haben. Viele Frauen sind total erregt über diese Männer mit ihrem dicken und langen Penis. Alles ist wie Karneval. Ich beobachte dies aus Distanz, finde dies ekelhaft, geschmacklos und einen Ausdruck der kranken Gesellschaft.

Man kann die gesamte Welt mit einer einzigen Bombe entzünden.

Tornados. Fluten. Wellen bis zu 30 und gar 100 Meter hoch. Gewaltig. Es zerstört alles in 1000 Teile. Ich bin irgendwo, ganz im Licht.

Junge Leute wollen nichts lernen, am wenigsten über Selbsterkenntnis und Reflexion. Nur unter Zwang.

Eine Versammlung. Ich sage zu Leuten: Die Werte und Wirklichkeiten des psychischen Lebens nicht ernst nehmen, ist tödlich für das ganze Kollektiv.

In Zürich. Millionen sehr kleine Maden überall. Sie fressen die Körper der Leute.

Erdbeben. Fluten. Massen an Menschen fallen in den Abgrund. Aufregung überall.

Eine grosse Stadt wie Berlin: Neurotische Leute, Psychopathen, Vergnügungsparks. Massen an Affen tanzen überall, Leute mit Triebstörungen, Politiker, Leute aus dem Show Business und auch Leute aus der Kultur. Alle dekadent!

Ein grosses Schiff wie die Titanic, aber sogar noch grösser. 35.000 Leute sind auf dem Schiff. Es ist Nacht. Dann, ein Unfall und das Schiff sinkt langsam.

Ich stehe auf einer Brücke. Ein Fluss führt unten durch, daherfliessend von einem See. Es regnet unaufhörlich. Das Wasserniveau steigt. Ich erkenne, dass sich eine enorme Katastrophe nähert.

Ich erhalte ein Schwert, ein Zepter, einen Globus mit einem Kreuz darauf; diese Symbole stelle ich zu einem Kreis-Kreuz-Mandala zusammen.

Ich erhalte einen Kelch und werde aufgefordert, darin das Mysterium des Lebens zu suchen.

Eine sonnenähnliche weibliche Gestalt zieht mich an, umarmt mich und ich fühle die Energie wie einen starken Strom durch mich fliessen. Dann bin ich vereint mit diesem Licht; ich bin eins mit dieser Sonne. „Dies ist die unio mystica", heisst es.

Ich bin im Garten Eden. Es ist da unbeschreiblich schön. Das Paradies gehört mir. Es ist in mir.

Ich bin auf dem Weg ins Universum. Ich muss eine Brücke überqueren und muss erst versprechen, dass ich zu den Menschen zurückkehren werde. Dann begegne ich Gott (eine brennende Quelle; oder wie eine Sonne). Ich kann Lichtpyramiden erkennen, goldene Welten und ein riesengrosses Lebenssymbol (Kreis-Kreuz-Mandala), das den ewigen Horizont erleuchtet. Der ‚Tod' ist der einzige Zeuge meiner Reise zu Gott; und sagt: "Erfüllt ist das Wort."

Die Wahrheit und die Archetypen der Seele sind die ursprüngliche Fundierung und das Ziel der Wissenschaft, des menschlichen Lebens und der Gesellschaft. Die Psychologie hat beides nicht! Die gesamte Sozialwissenschaft hat sie nicht. Dies ist das skandalöse Drama der Wissenschaft.

Die Abwesenheit der Wahrheit und der Archetypen der Seele schafft

enorm destruktive Energie und Entwicklungen in Wissenschaft und Gesellschaft.

Es zeigt sich klar, dass die Wissenschaften sich nicht um die archetypische, psychologische und geistige Evolution kümmert, noch hat sie Respekt gegenüber der Schöpfung.

Eine solche Wissenschaft ist ein Betrug. Solche Wissenschaften entmenschlichen die Psyche und die Seele. Sie eliminiert die Würde des Menschen.

Solche Wissenschaften sind verseucht mit dem tödlichsten Virus, das je existierte: der dynamische Code für Königsmord und Gottesmord. Am Ende wird dies unumkehrbar und unaufhaltbar in den Untergang führen.

Dies kann bereits innert Jahrzehnten geschehen, wenn nicht drastische Massnahmen rund um den Globus sehr bald getroffen werden.

Dr. Eduard Schellhammer

Einführung

Psychologische Erforschungen und die Fundierung der Persönlichkeit

Persönlichkeitsbildung heisst "sich selbst bilden". Das hat viel zu tun mit dem psychischen Leben. Man kann sich Wissen aus der Wissenschaft der Psychologie, der Philosophie und der Bildung (Pädagogik) aneignen, ohne sich selbst wirklich zu bilden.

Darum: Psychologie studieren ist systematisches Erleben und Bearbeiten aller eigenen psychischen Kräfte. Diese Herausforderung ist mehr als bloss ein gedankliches Aufnehmen von Wissen über den Menschen. Psychologie meint auch: entfalten, wachsen und verändern.

Manche denken vielleicht: "Was soll ich an mir bilden durch das Studium der Psychologie? Ich kenne mich gut und bin hinreichend gebildet". Das ist eine schwierige Lage: Was man nicht weiss und an sich nicht erkennt, das gibt es als Wirklichkeit nicht. Andere erleben das innere Leben als etwas Dunkles, eine Tiefe ohne Grenzen. Da schaut man besser nicht hin. Doch das ist falsch.

Die psychischen Kräfte sind alle identifizierbar und in diesem Sinne eingrenzbar. Das psychische Leben im Menschen ist sehr reichhaltig. Da gibt es vieles zu entdecken, weit mehr als die meisten für möglich halten. Diese Entdeckungen durch das Psychologiestudium geben dem Leben vertieften Wert und Sinn.

Wir alle sind durch und durch erzogen, geschult und gebildet worden ab frühester Kindheit. "Genug jetzt", mögen viele denken, "Es ist Zeit zum Leben". „Ich will Psychologie studieren und nicht mit Selbsterkenntnis und persönlicher Entwicklung herausgefordert werden. Manches, was Menschen die ersten zwanzig Lebensjahre lernen, mag nützlich sein für das gesamte Leben. Vieles aber ist kindgemäss und bewährt sich nicht für das Leben in den folgenden Lebensphasen.

Neues müssen wir alle lernen, immer wieder, je nach Lebensabschnitt und Herausforderungen. Vieles über sich selbst lernen die meisten weder in der Schule noch im Elternhaus.

Das psychische Leben bleibt weitgehend eine unentdeckte Wirklichkeit. Dass diese vorhanden ist, spürt jeder täglich. Sie wirkt oft diffus, störend, lästig, unsteuerbar. Die Auswirkungen sind erkennbar, oft schmerzlich fühlbar.

In der Primarschule wird viel gelehrt über Mathematik, Sprache, Geographie, Geschichte und andere Fächer. Warum sollten Kinder nicht auch über die „Geographie des psychischen Lebens" lernen? Warum sollten junge Leute nicht lernen, wie sie ihre eigenen psychischen Kräfte verstehen und ernst nehmen können?

Warum sollten junge Erwachsene nicht bereits vor Schulabschluss lernen, wie man mit dem psychischen Leben anderer umgehen kann und soll? Dieselbe Frage gilt für alle Erwachsenen: Warum sollten Studenten und generell alle Erwachsene nicht über die vollständige Selbsterkenntnis, über Menschenkenntnis und Individuation lernen?

Es ist klug, alle eigenen psychischen Kräfte zu kennen, und diese so zu bilden, dass sie sich im Leben bewähren, statt unerwartet Schaden anzurichten. Das Leben ist einfacher, wenn man die Innenwelt kennt und diese steuern kann, wie ein Kapitän sein Schiff. Man kann nur steuern, was man kennt und in die Ich-Führung integriert hat. Jeder ist das, was sein Leben aus ihm "gemacht" hat.

Jeder trägt in sich lebendig sein gesamtes gelebtes Leben. Ist dieses Innenleben nicht ins Bewusstsein integriert, bearbeitet, geklärt und neu geformt, dann wirkt es wie innere Fesseln. Dies wiederum behindert das Bewusstwerden der eigenen Lebensmöglichkeiten. Potentiale liegen brach. Der Mensch bleibt Gefangener seiner Erziehung und Bildung, ohne den grossen Wert der inneren Freiheit zu erfahren. In diesem Sinne kann das Studium der Psychologie frei machen.

Erfassen wir alle psychischen "Systeme" in uns, dann können wir eine ganzheitliche Persönlichkeitsbildung systematisch aufbauen. Kennen wir alle Methoden zur Erkenntnis und Bildung, so haben wir die Werkzeuge, das psychische Leben zu bearbeiten. Wissen wir, wie die psychischen Kräfte wachsen und verändert werden können, dann ist auch der Weg dieses Bildungsprozesses klar fassbar. Die Entdeckungsreise kann beginnen: der Plan, die Instrumente und die Ziele sind vorgegeben.

Die Entdeckung der Selbstidentität, das Wachstum der Persönlichkeit, das gründliche Wissen über das Menschsein und die systematische Selbsterkenntnis sind entscheidend für das Wohlbefinden und den beruflichen Erfolg. Jene Personen können ihre Möglichkeiten entfalten, die ihr Innenleben nicht verdrängen und sich dem psychischen Leben zuwenden.

Persönlichkeitsbildung und Lebensschulung sind heute wichtiger denn je. Denn der Mensch ist weitgehend psychisches Sein.

Es ist wichtig, zum täglichen Leben Distanz zu finden, Stress zu reduzieren und neue Kräfte zu konzentrieren. Innere Freiheit findet, wer mit seinen Gefühlen, mit seinen Gedanken und Lebenserfahrungen Ordnung macht. Eine partnerschaftliche Liebesbeziehung mit erfüllter Sexualität ist ein Glück, das erarbeitet werden kann. Die Menschenkenntnis beginnt mit Selbstanalyse. Klug ist es, Konflikte mit sich und dem Leben zu klären. Die Beziehungen am Arbeitsplatz, die persönliche Liebesbeziehung und das Freizeitleben schliessen Kommunikationsfähigkeiten und die gesamte Persönlichkeit in ihrer Entwicklung mitein. Soziale Kompetenz und Arbeitstechniken sind deshalb unerlässlich für den persönlichen und beruflichen Erfolg.

Hiermit erkennen wir klar: Psychologie ist von grösster Wichtigkeit im menschlichen Leben.

Die Entwicklung der Persönlichkeit verlangt zudem verschiedene weitere Arbeiten:

Wichtige Bereiche der Psychologie, von den meisten wissenschaftlichen Konzepten ignoriert, sind: Die Integration der Schatten und des innerpsychischen Pols des Gegengeschlechts, die vollständige Aufarbeitung des Unbewussten (und der Biographie), die Entwicklung aller Potentiale und die archetypischen Transformationen bis zur Verwirklichung des höchsten Mandalas; ein Symbol, das das Ziel der menschlichen Evolution ausdrückt. Diese Transformationen führen den Menschen zu den Grundfragen des Daseins, die sich mit den archetypischen Erfahrungen im Prozess der ganzheitlichen Entwicklung (genannt: ‚Individuation') beantworten.

Individuation transformiert die inneren Gegensätze zu einem konstruktiven Zusammenspiel aller psychischen Kräfte. Das ist ein psychisch-geistiger Prozess, der fundiert und verwurzelt ist in der spirituellen Intelligenz, genannt: der innere Geist. Individuation ist Verwirklichung von Leben mit Geist. Die Freiheit des Denkens und das Freisein von Neurose ermöglichen eine authentische und kreative Selbstverwirklichung.

Darum bedeutet die Individuation nicht dasselbe wie Individualisation. Der Begriff "Individualisation" bezieht sich auf ein philosophisches System, welches das Individuum als Ziel von allen Gesetzen sowie moralischen und politischen Vernetzungen betrachtet. Der Begriff "Individuation" wird überwiegend in der analytischen Psychologie verwendet. Doch: Die Individuation ist keine psychotherapeutische Technik, ist nicht geeignet für psychiatrische Krankheiten. Die Individuation ist ein Konzept der persönlichen Wntwicklung und der Menschenbildung generell.

Dieses Buch formt das Fundament, um die psychischen Faktoren des menschlichen Lebens zu verstehen. Das ist die erste Phase der Individuation. Die Kapitel sind alle in gleicher Struktur aufgebaut: Jedes Thema besteht aus drei Teilen je mit einem Text, dazu kurz gefasstes Wissen und Stichworte zur Reflexion und Diskussion mit einem Diagramm zur Übersicht. Dieses Grundwissen wird jeweils erweitert mit Lernmaterial aus Fachliteratur und eigenen Wissensbeständen. Jede Einheit schliesst mit Übungen ab. Dann folgt ein kleiner Multiple Choice Test.

Der Beginn der Psychologie

Jeder Mensch wird, was das Leben aus ihm macht und was er mit sich selbst aus seinen Möglichkeiten erschafft. So heisst die erste grundfrage: Was sind Sie bis heute geworden? Und vor allem auch umgekehrt: Was sind Sie nicht geworden?

Wissen Sie ‚wer' und ‚was' Sie sind? Kennen Sie Ihre inneren Potentiale? Verstehen Sie Ihr Denken, Ihre Gefühle, Ihre Bedürfnisse, Ihr unbewusstes Innenleben, Ihre Träume, Ihre Liebeskraft?

Sagen Sie nie, dies sei unwichtig. Wehren Sie nicht ab, indem Sie ‚Weisheit' andern überlassen. Erhalten Sie das ‚Gold der Seele' in die Hand, dann nehmen Sie das mit Ernst und Würde auf. Tragen Sie Sorge dazu.

Sie wollen das Leben verstehen: Ihr Leben gewiss. Das ist ein schwieriges Unternehmen. Da gibt es Religionen, Philosophien und psychologische Konzepte zuhauf, die beanspruchen, ‚den wahren Weg' zu vermitteln. Kritische Wachsamkeit und fundiertes Wissen sind dazu nötig.

Schauen Sie in den Spiegel: lange, systematisch und genau einfühlend. Nur wer in die eigenen ‚Tiefen' blickt, wird die Liebe, den Geist und die Demut finden, die nötig sind, sich selbst, andere Menschen und den Sinn des Daseins zu verstehen. Selbstkritisch sein ist nicht einfach.

Spannend wird es, wer beginnt, gründlich und umfassend sich selbst zu entdecken. Nichts kann sosehr inneren Frieden schaffen wie die Wahrhaftigkeit durch Selbstildung und den Prozess der Individuation.

Unsere Welt benötigt viele Menschen, die sich durch Individuation bilden, die solidarisch Verantwortung für die Grundwerte des psychisch-geistigen lebens tragen und die das verwirklichen, das der Zukunft Chancen gibt: ein lebendiges Abbild sein des Kreis-Kreuz-Mandalas.

Ihre Selbstildung ist das wichtigste und wertvollste Werk des Menschenlebens. Sie treffen mit der ersten Phase der Individuation die nötigen Vorbereitungen. Sie schaffen sich Ihre Lebensgrundlagen mit Plänen, Zielen, Etappen, Methoden, elementaren Kenntnissen und ersten Anwendungen.

Psychologie zu studieren ist in vielerlei Hinsicht herausfordernd. Zuerst einmal ist der Student

Dauernd durch sich selbst und durch das Verstehen der Psychologie herausgefordert. Und zweitens, je mehr der Student die psychischen Wirklichkeiten versteht, umso mehr wird ihm bewusst, wie wichtig die Psychologie im Leben der Menschen ist.

In diesem Programm erforschen wir die menschlichen Lebensweisen, die weit weg von einer echten Lebensweise und Entwicklung sind. Die Menschheit hat die Wahrheit, die wesentlichen menschlichen Werte längst verloren; ebenso die Wissenschaft der Psychologie.

Die Essenz

Um Psychologie zu verstehen, muss man die psychischen Realitäten in alltäglichen Leben der Menschen identifizieren. Um die Wichtigkeit der Psychologie zu erkennen, muss man das Resultat von den Handlungsweisen, des Denkens und des Lebens der Menschen erkennen.

Es gibt zwei psychologische Faktoren, die immense Auswirkungen haben:

1) Die Effizienz der Operationen der psychischen Funktionen der Menschen; und:

2) Die Bedeutung (den Sinn) der psychischen Funktionen in Bezug auf den allgemeinen Lebenssinn, der sich zwischen zwei Polen bewegt: Regression oder Progression.

Auf der Erde leben ist ein wundervolles Geschenk. Wenn aber die Menschen alle ihre mentalen und spirituellen Funktionen für die effiziente Progression ignorieren, dann zerstören sie sich selbst und die gesamte psychisch-geistige Evolution der Menschheit.

Wenn wir die psychische und reale Welt erforschen, dann erkennen wir bereits eine fatale Entmenschlichung, ein durch und durch ineffiziente Lebensweise und ein herannahendes Desaster.

Die Wissenschaft der Psychologie (auch der Erziehungswissenschaft und der Philosophie) ist in einem lamentablen Zustand: Die grosse Mehrheit der Professoren der Psychologie an Universitäten, eingeschlossen diejenigen mit allerbestem Ruf, kennen sich selbst auf einem Niveau von maximum etwa 10-20%; einige Individuen mögen sich selbst auf dem Niveau von knapp 35% kennen.

Wenn das Ziel der psychisch-geistigen Entwicklung als die erreichte ‚Ganzheit und Vollständigkeit' mit Stufe ‚100%' markiert werden kann, dann haben diese Professoren und Experten, einschliesslich Freudianer und Jungianer, bestenfalls die Stufe 20% und einige unerkannte Individuen vielleicht bis 45% erreicht. Viele sind extrem narzisstisch und neurotisch; einige Psychopathen gibt es da auch. Es ist wirklich nötig, dass jeder, der Psychologie studiert, diese skandalöse Lage niemals aus den Augen verliert.

Zudem muss jeder wissen: Das Ziel ist erreichbar!

ollen die Menschen den Weg zu diesem Ziel nicht, dann ist das die kollektive Programmierung der Regression bis zum Auslöschen der menschlichen Evolution. Damit ist klargestellt, wie wichtig die Psychologie für den einzelnen Menschen und für die Menschheit ist.

Alle Instrumente, die Psychologie im realen Leben zu erforschen, sind hiert mi Ihrer Hand.

Viel Glück!

1. Menschenbilder

Je mehr der Mensch das psychische Leben ernst nimmt, desto echter und wahrhaftiger wird sein Leben in allen Bereichen.

Essentielle Thesen

❑ Jeder Mensch hat psychische Kräfte. Diese können zu folgenden Subsystemen zu-sammengestellt werden:

● Denken   ● Gefühle   ● Bedürfnisse
● Unbewusstes   ● Liebe   ● Geist
● Ich/Bewusstsein   ● Psychodynamik   ● Handlungen

❑ Jedes psychische Subsystem enthält verschiedene einzelne psychische Kräfte und Ausdrucksformen.

❑ Alle psychischen Kräfte und Subsysteme wirken gegenseitig aufeinander, meist ohne dass der Mensch dies bewusst wahrnimmt.

❑ Die psychischen Kräfte bzw. Subsysteme bilden eine systemische Ganzheit, bezeichnet als "der psychische Organismus".

❑ Das ganzheitliche Menschenbild basiert auf dem umfassenden psychischen Organismus ("System"), der aus der Vielfalt der wissenschaftlichen Erfahrungsmethoden erstellt werden kann.

❑ Jedes psychologische, pädagogische, geistige, philosophische und religiöse Ideen-system über den Menschen hat nur soviel Wert, wie es die Ganzheit des psychisch-geistigen Menschen und seine Verwirklichungen im Lebensraum tatsächlich erfasst.

1.1. Der Mensch und sein psychisches Leben

Die Wissenschaften der Psychologie, Pädagogik, Andragogik und Philosophie befassen sich mit dem psychischen Leben. Schon in der Antike, in allen frühen Hochkulturen ist über die geheimnisvolle psychische Innenwelt nachgedacht und philosophiert worden. Um was handelt es sich da genauer? Was meinen wir, wenn wir vom "psychischen Leben" reden?

Wir denken vielleicht an die Intelligenz und stellen uns etwas vor über Denkprozesse. Jeder denkt und gibt dem, was er sieht, sprachliche Etiketten, genannt "Worte". Wir alle haben ein reichhaltiges Gefühlserleben. Freude, Glück, Lust und Friede sind klassische positive Gefühle. Der Mensch hat aggressive Gefühle, erlebt sich hoffnungslos, traurig, einsam. Die Liebe erleben viele als ein Gefühl. Die Kraft der Liebe ist mehr als Gefühl.

Der Mensch benötigt Liebe, um aufbauend leben zu können. Die Liebe kann versöhnen und über die Lustbedürfnisse hinaus grosse Leistungen ermöglichen. Viele Bedürfnisse sind "psychologisch".

Wir alle haben ein Bedürfnis nach Akzeptiertsein, nach Selbstverwirklichung, nach Sinn, nach Frieden, nach Sicherheit. Sieht man sich in unserer "Konsumgesellschaft" um, so gewinnt man den Eindruck, dass dem Menschen manche Bedürfnisse künstlich einsuggeriert werden. Jeder hat eine ihm eigene "Psychodynamik", einen psycho-energetischen Zustand zwischen Entspannung und Anspannung, Ruhe und Unruhe, Vitalität und Trägheit.

Sodann haben wir alle in unserem Innenleben eine "unbewusste" Wirklichkeit. Alles, was der Mensch ab frühester Zeit erfährt und erlebt, speichert sich bildhaft im "Unbewussten". Das sind Erlebnisse, Normen, Strafandrohungen, Einstellungen sowie Bilder über den Menschen und das Leben. Das "Gewissen" ist Teil dieser unbewussten Innenwelt. An manches können wir uns erinnern. Vieles kann nur mit besonderen Methoden bewusst gemacht werden.

Unser Bewusstsein ist auch ein Teil der Psyche. Wir haben ein Bewusstsein über uns, über andere Menschen, über die Welt und vielleicht über das Göttliche. Das "Ich" kann bestimmen, was in diesen "Bildschirm" des Bewusstseins kommen soll: Erinnerungen, Gedanken, Gefühle, Wahrnehmungen u.a.m. Das Ich kann auch abwehren, etwas zu sehen, zu hören, zu fühlen und zu tun. Das Ich kann wollen, wünschen, steuern und entscheiden.

Jeder Mensch träumt jede Nacht, bloss können sich viele an ihre Träume selten erinnern. Das innere Bildersehen, das Tagträumen und Phantasieren, sind auch eine Art zu träumen. Seit Urzeiten lehren die Philosophen - die Weisen - , dass in den Träumen eine Kraft zum "Ich" spricht, die den Menschen warnen, beraten und durch das Leben führen will. Wir nennen diese Kraft den "Geist" im Menschen.

Dieser grobe Überblick über das "psychische Leben", zeigt und, dass überall im Leben psychische Faktoren vorhanden sind.

Reflexionen und Diskussion

■ Wohl alle Menschen verwenden gelegentlich Begriffe wie "psychisch", "Psychologie", "psychologisch", "Inneres" und gleichbedeutende Worte mehr. Auch Einzelbegriffe wie "Träume", "unbewusst", "Meditation", "Wahrnehmen", "Denken" und manche mehr sind in der Alltagssprache heute geläufig. Welche Worte nutzen Sie gelegentlich im alltäglichen Reden (mit Bekannten, am Arbeitsplatz)?

■ Viele Menschen reagieren auf das Thema des psychischen Lebens, sobald jemand sich einer solchen Sache theoretisch oder persönlich etwas annähert, mit:

Gleichgültigkeit	Spott	Spott
Ablehnung	Geringschätzung	Zynismus
Unterdrückung	Flucht	Witze
Leugnung	Entwertung	Abwehr

Wie müssen wir solche Reaktionen von Menschen interpretieren?

■ Wir alle kennen eine ganze Vielfalt an Worten, die mit dem psychischen Leben zu tun haben; hier einige Stichworte:

Denken	Träume	Wille
Innere Bedürfnisse	Unbewusstes	Wünsche
Lebenskräfte	Bewusstsein	Integration
Ego	Gefühle	Sprache
Einstellungen	Liebe	Tagträumen, Fantasieren
Zurückweisung	Psychische Energie	Gedächtnis
Wahrnehmung	Gewissen	Handlung, Verhalten

Was ist das Bild das die Menschen im Allgemeinen über solche Worte haben?

■ Einige Tatsachen zum psychischen Leben sind:

- Vieles im Leben ist psychisch.
- Jeder Mensch hat ein psychisches Leben.
- Jeder Mensch hat viele einzelne psychische Kräfte.
- Alles, was der Mensch tut, ist mit seinen psychischen Kräften verbunden.
- Der Mensch ist ohne das psychische Leben nicht bestimmbar.

■ Die Wichtigkeit des psychischen Lebens:

1. Wie handhaben die Menschen in allgemeinen diese psychischen Kräfte?
2. Was ist ein Mensch, der seine Denkkapazitäten nicht nutzt?
3. Was ist ein Mensch, der sich nicht um seine Gefühle kümmert?
4. Was ist ein Mensch, der die Kapazitäten der Liebe ignoriert?
5. Was sind die Folgen, wenn ein Mensch sein Verhalten nicht kontrolliert?
6. Was geschieht, wenn die Wahrnehmung eines Menschen sehr selektiv und oberflächlich ist?

Diagramm 1.1: Der Mensch mit seinen psychischen Kräften

Was ist Psychologie? Was heisst "Psyche"?

Wir nehmen einige Lexika, suchen darin die Kernstichworte und fassen zentrale Informationen zusammen:

Psyche: Seele, Seelenleben, das innerste Wesen, die Psyche, die individuelle Charakteristk

Aus dem Griechischen: Hauch, Atem, Seele als Träger bewusster Erlebnisse.

Psychologie: Wissenschaft oder Lehre vom Erleben und Verhalten und von den Bestimmungskräften, die diesen Äusserungsweisen des Seelischen zugrunde liegen.

Philosophische Psychologie fragt nach Geistigkeit, Substantialität, Leibbezogenheit, Freiheit, Unsterblichkeit (Metaphysik).

Empirische Psychologie untersucht: psychische Erscheinungen, Motivationen, Ausdruck, Beziehungen.

Psychologie: Wissenschaft, die die Gesetzmässigkeiten der psychischen Prozesse und psychischen Eigenschaften in ihrer wechselseitigen Abhängigkeit von der Umwelt erforscht.

Psychologie: Seelenkunde, Seelenwissenschaft; als Begriff erst seit anfangs 18.Jh. üblich (Humanismus).

Das Nachdenken über psychische/psychologische Fragen findet man schon in den Anfängen der Geschichte.

Es gibt über 18'000 Wörter, die psychische Sachverhalte ausdrücken; in einem kleinen Lexikon sind bereits über 5'000 definierte Begriffe zu finden.

Psychologie: ist die Wissenschaft, welche die bewussten Vorgänge und Zustände sowie deren Ursachen und Wirkungen untersucht.

Grundlegende psychologische Sachverhalte sind:

1) Vorgänge (nicht etwas Beharrendes)

2) Lebendige Erscheinungen, Bindungen an eine Einheit (Individuum), Abhängigkeit untereinander (ganzheitliche Beschaffenheit), individuelle Ausprägungen (Anpassung und Vererbung)

3) Subjektivität: Nur die Person kann in sich selbst die Innenzustände und Innenprozesse erleben/erfahren

4) Verknüpfungen: seelische Vorgänge sind an körperliche Prozesse gebunden (z.B. Gehirn)

Danebst gibt es zahlreiche verschiedene Psychologien; hier eine Auswahl:

• Entwicklungspsychologie	• Tiefenpsychologie
• Arbeitspsychologie	• Psychotherapie
• Lernpsychologie	• Humanistische Psychologie
• Sportpsychologie	• Marketingpsychologie
• Verhaltenspsychologie	• Psychology
• Philosophische Psychologie	• Ethnologische Psychologie
• Familienpsychologie	• Sozialpsychologie
• Umweltpsychologie	• Kulturpsychologie
• Analytische Psychologie	• Politische Psychologie
• Klinische Psychologie	• Tierpsychologie

Psychologische Fragen im Kontext mit "Persönlichkeit"

WAS?

Was sind Gefühle?
Was bedeutet "Lust"?
Was ist das "Unterbewusstsein" (das Unbewusste)?
Was geschieht zwischen zwei liebenden/hassenden Menschen?
Was ist Intelligenz?
Was ist das Denken?
Was geschieht im Innern?
Was bedeutet "Selbstverwirklichung"?
Was sind psychische Bedürfnisse?

WIE?

Wie kommt ein bestimmtes Verhalten zustande?
Wie formt sich Wille?
Wie entsteht das Gewissen?
Wie wirkt das Wissen auf die Selbststeuerung?
Wie bildet sich die Selbstidentität?
Wie funktioniert die Wahrnehmung?
Wie kann der einzelne seine Leistungsfähigkeiten erhöhen?

Wie kann der Mensch "gute Gefühle" aktivieren?
Wie kann der Mensch sich ändern?

WARUM?

Warum gibt es Unterschiede in der Denkleistung?
Warum wird der eine depressiv aufgrund X, während ein anderer gleichgültig reagiert?
Warum nehmen die Menschen ihre Psyche nicht wichtig?
Warum strebt der eine nach Geld und ein anderer nach Gotteserfahrung?
Warum reagiert A mit Stresssymptomen, B auf dieselbe Lage mit Gelassenheit?
Warum unterdrücken viele Menschen ihre sexuellen Lustimpulse?
Warum werden Menschen aggressiv, gewalttätig und kriegerisch?
Warum sind Menschen unglücklich?
Warum projiziert der Mensch?
Warum wirkt die Biographie nachhaltig auf Gegenwart und Zukunft?
Warum verdrängen viele Menschen ihre Gefühle?
Warum wählt man gerade diesen und nicht einen andern Menschen zum Lebenspartner?
Warum spielt der Mensch?
Warum soll man über sich nachdenken?
Warum ist Meditation sinnvoll?
Warum sind die Träume wichtig?
Warum soll sich der Mensch weiterentwickeln?

WOZU? WOHIN? WOFÜR?

Wozu dient die Selbsterkenntnis?
Wozu dient das Unbewusste?
Wofür/wohin führt der psychische Wachstums- und Entfaltungsprozess?
Wozu dienen "Rollen"?
Wofür sind Imaginationen nützlich?
Wozu dienen religiöse Gefühle?
Wozu dient die Traumdeutung?
Wozu soll man sich in seiner Psyche bilden?
Wozu ist die Intuition?
Wohin führt die Gleichgültigkeit dem psychischen Leben gegenüber?

Notizen und Perspektiven

Wozu dient Psychologie im Alltag?

Notieren Sie die zentralen Schlüsselbegriffe dieses Unterkapitels:

Was ist der Mensch ohne sein psychisches Leben?

Erklären Sie: Wissen über das psychische Leben ist mir wesentlich, denn:...

Was haben Sie in Elternhaus, Schule und Kirche über Psychologie gelernt?

Welche Bedeutung hat das psychologische Wissen im Gespräch zwischen Lebenspartnern und in sozialen Kontakten generell?

Wie handhaben Politik und Wirtschaft das psychologische Wissen?

Was vermittelt die Werbung über das psychische Leben?

Formulieren Sie eine Ihnen wichtige Frage zur Psychologie:

1.2. Die Vielfalt der Menschenbilder

Die Menschen leben überwiegend ohne reflektiertes Bewusstsein über Ihr Menschenbild. Sie fragen nicht nach der psychischen Wirklichkeit. Als Ersatz haben sie Vorurteile, Ideologien und dogmatische Lehren.

Jeder hat seine private Philosophie, seine "Theorie" über den Menschen, über das Leben und über Gott. Für die einen gibt es eine transzendentale Wirklichkeit, für die andern nicht.

Immer werden die Lehren über den Menschen aus dem psychisch-geistigen Zustand heraus entwickelt. Im Alltag geben die Menschen den andern der Einfachheit halber oft Tiernamen. Wer Produkte verkauft, sieht die Menschen als Käufer.

Wer Regierungsgeschäfte betreut, sieht sie als Massen, die mit Machtinstrumenten zu führen sind. Wer nichts hat, sieht die andern als Besitzende. Wer in der Kirche ist, sieht jene, die nicht in die Kirche gehen, als die Gottlosen. Wer im Arbeitszimmer Philosophie studiert, entwickelt denkerisch nach irgendeiner Tradition und der eigenen Denkweise ein Menschenbild. Der Arzt sieht den Kranken und Verletzten. Der Psychotherapeut erfasst psychische Störungen.

Jeder Psychologe sieht den Menschen nach seiner erlernten Theorie. Der eine analysiert Verhalten, ein anderer unbewusste Tiefen. Der Pfarrer schaut im Lichte von Dogmen. Der Lehrer sieht seine Schüler als Lernende. Der Weisse grenzt sich ab gegenüber dem Schwarzen. Der Fundamentalist ist in seinem Blick begrenzt durch Texte.

Überall sehen die Menschen andere als die Andersartigen, als solche, die ihrer "Theorie" und "richtigen" Vorstellung nicht entsprechen. Alles beginnt mit Psychologie und alles wird auf irgendeine Weise psychologisch erlebt.

Rund um den Erdball gibt es viele Menschen, hat es immer schon viele gegeben, die die Natur des Menschen und das Dasein ergründen wollen. Der Mensch hat ein Bedürfnis, sich selbst und sein Leben zu verstehen. Er sucht Sinn und Wert. Er erlebt sich zwischen Zeugung und Tod.

Die Frage nach dem Menschenbild ist eine sehr ernsthafte Angelegenheit für die Lebensformen und für die Bildung.

So hat jeder Mensch entsprechend seiner Lage, seinem Standort und seiner Lebensgeschichte eigene Menschenbilder. Die meisten wollen ihre Bilder über den Menschen nicht ändern oder erweitern. Sie sehen nicht, dass ihr Bild kaum ein Prozent der Realität des Menschen erfasst. Dann haben viele noch den Anspruch, die andern müssten ihrem Bild entsprechen. Tun sie das nicht, dann erleben sie diese feindselig.

So lehren viele Menschen viele Menschenbilder und viele Vorstellungen, wie das Leben gelebt werden soll. Das muss zu Spannungen führen. Das führt zu Aggressionen und Gewalt. Kriege sind auch eine Folge davon.

Erweitern die Menschen ihr Menschenbild, dann öffnen sich neue hoffnungsvolle Wege. Diese Wege beginnen mit Lernen über psychologische Dimensionen, was automatisch eine gewisse Selbsterkenntnis miteinschliesst.

Reflexionen und Diskussion

■ Wir alle haben in uns Menschenbilder, teils als einfache Bildmuster, teils als Vorurteil, teils als begründete Theorie. Die Geschichte der Philosophie und Pädagogik ist auch eine Geschichte der sich wandelnden Menschenbilder. Streifen wir kurz einige Skizzen:

- Der Mensch ist von Natur aus gut und schlecht.
- Der Mensch ist des Menschen Wolf.
- Der Mensch ist Ebenbild Gottes.
- Der Mensch ist das Wesen, das will.
- Der Mensch ist das noch nicht festgestellte Tier.
- Der Mensch ist das kranke Tier.
- Der Mensch ist der erste Freigelassene der Natur.
- Der Mensch ist ein Mängelwesen.
- Der Mensch ist ein soziales Wesen.
- Der Mensch ist das Tier, das prügeln kann.
- Der Mensch ist ein biologisches Wesen.
- Der Mensch ist das, was er durch Erziehung und Umwelt wird.
- Der Mensch ist das Wesen, das denken kann.
- Der Mensch ist die höchste Schöpfung Gottes.
- Der Mensch ist faul, unberechenbar, lügnerisch, egoistisch.
- Der Mensch ist ein Geistwesen.
- Der Mensch ist ein Triebwesen.
- Der Mensch ist ein kulturschaffendes Wesen.
- Der Mensch ist ein "homo faber", d.h. ein technisch begabtes Wesen.

- Der Mensch ist der "homo sapiens", d.h. ein vernunftbegabtes Wesen.
- Der Mensch ist der "homo ludens", d.h. ein "Spieler".
- Der Mensch ist denkfähig.
- Der Mensch ist liebesfähig.
- Der Mensch ist bildungsbedürftig und bildungsfähig.
- Der Mensch ist das Wesen, das sündigen kann.
- Der Mensch ist rassenrein oder "rassenunrein".
- Der Mensch ist ein lernender Organismus.

■ Schauen wir näher bei der Psychologie, so finden wir den "gesunden", den "neurotischen", den "psychopathischen", den "narzisstischen" Menschen.

Früher teilte man den Menschen in Typen ein, wie z.B. der Melancholiker, der Choleriker, der Sanguiniker, der Phlegmatiker; oder: der religöse, der ökonomische, der ästhetische, der soziale, der theoretische Mensch und der Machtmensch; oder: der dionysische und apollinische Mensch; oder nach Körperbau: der pyknische, leptosome und athletische Mensch.

Welche Begriffe verwenden die Menschen manchmal und warum nutzen sie solche Worte?

■ Menschenbilder sind psychologisch, philosophisch, theologisch, pädagogisch, esoterisch, biologisch, ökonomisch, soziologisch und sie sind auch alltagssprachlich:

Wer verwendet nicht gelegentlich Tiernamen (Affe, Huhn, Schlange, Sau, Hund u.a.m.), um andere Menschen und Menschengruppen damit zu bezeichnen?

Erstellen Sie eine Liste und notieren Sie dazu jeweils die Bedeutung solcher Worte.

Diagramm 1.2: Aspekte über den Menschen

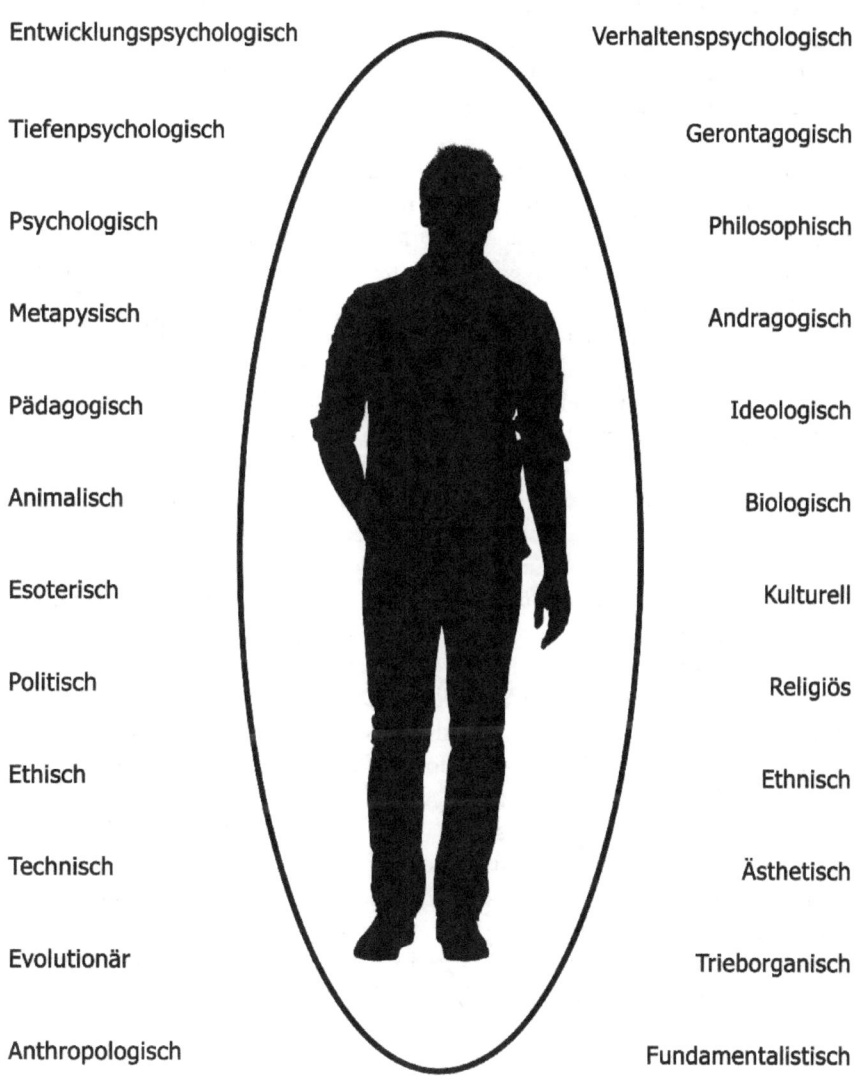

Entwicklungspsychologisch

Tiefenpsychologisch

Psychologisch

Metapysisch

Pädagogisch

Animalisch

Esoterisch

Politisch

Ethisch

Technisch

Evolutionär

Anthropologisch

Verhaltenspsychologisch

Gerontagogisch

Philosophisch

Andragogisch

Ideologisch

Biologisch

Kulturell

Religiös

Ethnisch

Ästhetisch

Trieborganisch

Fundamentalistisch

Das klassische Menschenbild unserer Zeit

Manche Menschen behaupten: "Ich habe keine Probleme". Denn eine problembeladene Wirklichkeit darf es nicht geben. Was darf es im sozialen Netz eines Menschen alles nicht geben? Je weiter der Mensch von den erwünschten Vorstellungen der andern entfernt ist, desto mehr ist er geneigt, sich so zu präsentieren, wie es verlangt wird. Dies geschieht mit Kleidern, Gütern, Auto, Karriere, Geld und mit der Anpassung der eigenen Einstellungen. Was Wirklichkeit im Bewusstsein ist, bestimmt der soziale Druck mit. So entstehen "Lebenslügen".

Die meisten Menschen wollen nicht so genau hinschauen, wie ihr Ich das Leben bewältigt. Die Tendenz zu äusseren Harmonisierungsversuchen ("das ist doch alles nicht so wichtig und nicht so schlimm") entspannt vielleicht im Moment die Lage. Konstruktive Lösungen können darauf für das Leben nicht aufbauend geschaffen werden. Denn die nicht wahrgenommene Wirklichkeit ist da und wirkt: von innen und von aussen, von sich selbst und von andern. Wie eine Flut überschwemmt die nicht wahrgenommene Wirklichkeit den einzelnen und das Kollektiv: in Leiden, in sozialen Konflikten, in der Kriminalität, in der Umweltzerstörung und in Kriegen.

Die Lebenslüge ist im Kern eine Selbstverleugnung, ein Verdrängen des eigenen und fremden psychischen Lebens. Der Mensch will nichts wissen von seinem wahren psychischen Sein, unterdrückt sein inneres Sein und verdrängt die realen Probleme. Lebenslüge ist immer eine Flucht vor sich selbst. Die Lebenslüge zwingt den Menschen zur Selbstentfremdung und zu vielerlei Leiden. Denn die Abspaltung des psychischen Innenlebens schafft Spannung und immer auch neurotische Konflikte. Die Lebenslüge ist letztlich eine unnötige Selbstquälerei. Die Lebenslüge ist ein Selbstbetrug, in dem der Mensch sich selbst und seinen eigenen Weg nicht lebt. Der Mensch ist dauernd bedrängt vom Bedürfnis, geliebt, anerkannt und bewundert zu werden. Er kann nicht aus sich selber leben, sondern nur aus dem Wert, den ihm andere (und die Gesellschaft) geben. In der Lebenslüge ist der Belogene selten bloss Opfer. Er lebt selbst in der Lebenslüge. Er spielt mit bei den beschönigenden Projektionen. Er ist angepasst an die Werte und Einstellungen seines Umfeldes. Die Selbstverleugnung geschieht zugunsten der sozialen Normen (Zeitgeist). Wer Opfer ist von Lügen, ist meist auch vertrauensselig.

Primär ist der Mensch in der Lebenslüge sein eigener Täter. Denn er akzeptiert sein Leben in der Lebenslüge. Doch dieses Sein ist biographisch bedingt, beginnt schon früh in der Kindheit und wird von der Schule durchwegs noch gefördert.

Die grösste Seuche der pluralistisch-demokratischen Gesellschaft ist die Lebenslüge. Sie zerfrisst und zerstört jedes wahrhaftige psychisch-geistige (evolutionäre) Menschsein. Eine ganz besondere Rolle in der Entwicklung der Lebenslüge spielen die Medien, insbesondere mit ihrer Werbung, aber auch mit einem breiten Spektrum an Filmen. Hier werden Wertmuster vermittelt, die durch die ständige Wiederholung eine enorme suggestive Wirkkraft haben. Nicht das Dienen ist der Zweck der Werbung und der seichten Unterhaltungsfilme, sondern manipulieren: "Kauf! Mach mit!" Im Kern drängen diese Wertmuster den naiven Menschen zur Flucht vor sich selbst und fördern damit das Mitspielen in der Fremdbestimmung: "Mach das, was wir Dir vorgeben, so wirst Du ein glücklicher Mensch! So findest Du Harmonie! So kommst Du zu Geld und Erfolg!" Solche vermittelten Wertmuster dienen letztlich bloss dem Anbieter, der das alles bloss für sich selbst will. Dazu braucht der Anbieter die Menschen. Dazu drängen sie den Menschen manipulativ zu Kompensationen (künstliche Bedürfnisse).

Die Lebenslüge ist eine Form der Verdrängung des psychisch-geistigen Lebens. Sie führt immer zur Fremdbestimmung: Der Mensch soll die ihm vorgelegten Muster erfüllen. Das verlangen die Kirchen, die Wirtschaft verlangt es, die Bildungsinstitutionen, die Politik, die Kultur und der Zeitgeist mit dem technischen Fortschritt verlangen es.

Wahrhaftiges Leben statt Lebenslüge

Wollen die Menschen wirklich die "Wahrheit" wissen? Das ist zuerst eine Frage der Psychologie und der Selbsterkenntnis. Der Mensch will genau soviel von der Wahrheit wissen, wie er bereit ist, Selbsterkenntnis gründlich zu betreiben. Kehren wir das um und denken wir das so weiter: Keiner will psychologisches Wissen und Selbsterkenntnis, also will keiner mehr die Wahrheit wissen. Wo führt das hin in 50 oder 100 Jahren? Dann leben wir - diejenigen im mittleren Alter heute - nicht mehr. Also, was soll's uns kümmern? Und unsere Kinder? Geht uns die Zukunft unserer Kinder nichts an?

Doch beginnt dieses Problem der Wahrheit nicht schon im Alltag, in der Beziehung mit sich selbst und mit dem Lebenspartner? Sagen Sie mal Ihrem Lebenspartner oder einem Freund: "Ich will die Wahrheit Deines Seins gar nicht kennen!" Das geht wohl so nicht. Also muss man auch darüber schweigen: Keiner sagt dem andern, dass er die Wahrheit über sich selbst und über den andern gar nicht wissen will. Das Problem wird so inexistent gemacht. Und darum macht die Psychologie Angst. Die Psychologie deckt die Wahrheit über das innere Leben auf.

Wo führt es hin in der Liebesbeziehung, wenn schon das Problem der Wahrheitsverweigerung ignoriert wird? Und in der Gesellschaft? Es führt zu einer immer tieferen Verstrickung in der Lebenslüge bis keiner mehr sieht, dass es diese Lebenslüge gibt. Dann gibt es auch keinen Dialog mehr darüber. Kein Dialog über das wahrhaftige Menschsein ist der Anfang der Zerstörung der Menschheit. Am Schluss - im Himmel - schiebt jeder dem andern die Schuld in die Schuhe: "Du hast ja auch nicht darüber geredet!" "Hättest Du wenigstens begonnen, darüber zu reden!" Endlos werden die Seelen so streiten. Und dann müssen sie irgendwo auf einem andern Planeten im fernen Universum als Prähominiden von vorne beginnen.

Die Lebenslüge des Einzelnen und vieler Medienprodukte ist eigentlich schlicht ein Bluff. Sie 'bluffen' mit Ihrer 'Wahrheit'. Der Mensch spielt andern eine Wirklichkeit vor, die es so nicht gibt, behauptet aber, dass dies eben die 'Wahrheit' sei. In der Tat, wer darauf reinfällt, ist in begrenzten Masse selber schuld. Wahrheit ist oft bloss ein vorgegebenes kollektives Muster. Wahrheit ist zudem meist relativ zur Person. Wahrheit ist auch geschichtlich bedingt. Denn alles, was wir im Bewusstsein als wahre Wirklichkeit glauben, ist im Bewusstsein, weil die Person es zugelassen hat - und diese Wirklichkeit ist dabei erst noch von der Person gedeutet.

Die Suche nach der Wahrheit wird psychologisch, philosophisch und religiös: Wahrheit hat sehr viel mit Selbsterkenntnis zu tun. Der Mensch erkennt zuerst sein 'wahres Gesicht'. Wenn der Mensch sich selbst umfassend kennt, dann kennt er zuerst seine eigene Wahrheit. Und er erkennt - da Selbsterkenntnis zur Menschenkenntnis führt - die Wahrheit des andern. Am Ziel des Prozesses der Selbsterkenntnis ist die Gotteserkenntnis. Nun bewirkt aber jede gründliche Selbsterkenntnis einen Wachstumsprozess der Person. Also ist die Erkenntnis Gottes letztlich das Resultat dieses Wachstumsprozesses. Mit andern Worten: Psychologie führt zur transzendentalen Dimension.

Im weitesten Sinne bedeutet dies: Die praktizierte Psychologie führt in der Selbsterkenntnis und durch ihren Wachstumsprozess letztlich zu Gott; oder umgekehrt: Ohne praktizierte Psychologie (als praktizierte Selbsterkenntnis) ist Gotteserkenntnis nicht möglich. Praktizierte Psychologie meint hier: Selbsterkenntnis, Persönlichkeitsbildung und Individuation. Die Alternative zur Lebenslüge ist die "Lebenswahrheit".

Stimmt diese Konzeption der 'Wahrheit'? Wer es wissen will, muss sich selbst auf den Weg machen und die eigene psychische Welt kennenlernen. Nur dadurch findet er den "Wahrheitsbeweis" über das 'wahre Menschenbild'.

Notizen und Perspektiven

Wozu dienen Menschenbilder im Alltag?

Notieren Sie die zentralen Schlüsselbegriffe dieses Unterkapitels:

Was ist der Mensch, unter psychologischen Aspekten betrachtet?

Erklären Sie: Wissen über Menschenbilder ist mir wesentlich, denn:...

Was haben Sie in Elternhaus, Schule und Kirche über Menschenbilder gelernt?

Welche Bedeutung haben Menschenbilder im Gespräch zwischen Lebenspartnern und in sozialen Kontakten generell?

Welche Menschenbilder lassen sich aus Politik und Wirtschaft erkennen?

Was vermittelt die Werbung für Menschenbilder?

Formulieren Sie eine Ihnen wichtige Frage über Menschenbilder:

1.3. Der psychische Organismus

Die Psychologie offeriert uns über fünfzig Persönlichkeitstheorien. Das macht es schwierig, das "richtige" Menschenbild zu finden. Anderseits ist das die Chance: Wenn wir alle Theorien relativieren, indem wir diese als Betrachtungsaspekte verstehen, diese dann zu einer neuen Ganzheit zusammensetzen, dann nähern wir uns dem Menschenbild, das am ehesten die ganze Realität des Psychischen erfasst.

Das Ergebnis von äusseren Erfahrungen können wir diskutieren. Wenn viele Menschen über innere Erfahrungen berichten, die sie alle systematisch gemacht haben, dann können wir auch über die inneren Erfahrungen konstruktiv reden.

Nehmen wir an, dass es verschiedenartige psychische Realitäten gibt, dann sind auch die Erfahrungsmethoden verschieden. Wenn wir nun eine minimale Einigkeit finden und die verschiedenen Methoden begründet anwenden, dann sind die Wege zu einem ganzheitlichen Menschenbild offen.

Aus dieser Haltung und Vorgehensweise können wir den "psychischen Organismus" konstruieren und festlegen. Das erste umfassende Modell kann so erstellt werden. Wir können dann fordern: Jedes Menschenbild, das nicht alle Komponenten enthält ist ein reduziertes Modell und entsprechend zu erweitern.

Die Psychologie und die Bildungswissenschaften werden in der Zukunft noch manche Aspekte entdecken oder mit neuen Akzenten beschreiben. So wollen wir unser Modell auch innovativ und dynamisch verstehen: Immer wird es zu erweitern, mit neuen Akzenten zu konstruieren und mit zusätzlichen Begriffen in grösserem Licht zu bestimmen sein.

Wird der Stand des Wissens erweitert, so ist das Modell des "psychischen Organismus" zu erweitern. Unser Modell ist eine Übersicht über die wesentlichen Subsysteme und ihre Teile. Reden wir über das Menschenbild, so sind alle ihre Elemente integrierter Bestandteil.

Jedes Menschenbild, das einzelne Elemente aussondert, muss zurückgewiesen werden. Niemand konstruiert ein Auto ohne Räder. Keine Medizin lehrt den Körper ohne Kreislauf. Die Autos werden technisch immer weiter entwickelt.

Die Medizin forscht weiter.

Psychologie und Erziehungswissenschaft haben sich seit 40 Jahren nicht signifikant weiterentwickelt.

So haben auch die Wissenschaften über den Menschen noch viele Forschungsfragen zu klären und weitere Methoden zu entwickeln. Diese Offenheit ist Voraussetzung, um über Menschenbilder konstruktiv zu reden und das Leben in Ausrichtung auf diese Kenntnisse zu gestalten.

Will der Mensch eine Entdeckungsreise unternehmen, dann sammelt er zuerst Vorinformationen. Er benötigt eine Landkarte und ein Wissen, was er alles auf diese Reise mitnehmen soll. Das Modell über den psychischen Organismus ist eine solche Landkarte.

Reflexionen und Diskussion

■ Alle psychischen Kräfte stehen miteinander in einer vielfältigen aktiven Beziehung. Sie beeinflussen einander, meist ohne dass wir dies wahrnehmen. Das Insgesamt aller psychischen Kräfte kann als psychisches System betrachtet werden.

Wir bezeichnen diese Wirklichkeit mit: "DER PSYCHISCHE ORGANISMUS" oder ‚der psychisch-geistige Organismus'..

Was assoziieren Sie damit?

■ Die einzelnen psychischen Kräfte können in "Klassen", "Gruppen" bzw. in "Subsysteme" zusammengefasst werden. Die einzelnen "Subsysteme" sind:

* Die Handlungen in der Lebenswirklichkeit (Verhaltenspsychologie)
* Die Psychodynamik und ihre psychische Energie
* Das Ich und seine Hilfsfunktionen (z.B. Wille, Abwehr) (Kongnition)
* Die Intelligenz (von der Wahrnehmung bis zum Denken und Lernen)
* Die Gefühle (das ganze Spektrum von der Liebe bis zum Hass)
* Die Bedürfnisse (psycho-physische, psychische)
* Das Unbewusste, einschliesslich das "Gewissen" (siehe Hinweis unten!)
* Der Geist in Traum, Imagination, Kontemplation (geistige Intelligenz)
* Die Kraft der Liebe mit all ihren Leistungsmöglichkeiten

Würden Sie noch ein "System" hinzufügen? Welches?

■ Die wechselseitige Beeinflussung der einzelnen psychischen Kräfte ist vielfältig; dazu einige Beispiele (die Sie noch ergänzen können):

- Gefühle beeinflussen das Denken.
- Bedürfnisse steuern die Wahrnehmung und die Handlungen.
- Die Wahrnehmung ist von Wünschen mitbeeinflusst.
- Unbewusstes wirkt auf das Gefühlsleben und auf das Denken.
- Die Liebeskraft wirkt auf die Gefühle und das Denken.
- Das Traumleben wirkt auf die Stimmungen.
- Die Psychodynamik ist bestimmt durch Gedanken und Erleben.
- Die Handlungen werden von den inneren psychischen Kräften bewirkt.
- Was im Bewusstsein ist, wirkt auf das Selbsterleben.
- Verdrängung und Unterdrückung spannen die psychische Energie an.

■ Einige Charakteristiken sind:

- Das psychische Leben ist eine komplexe und vielfältig wirkende innere Welt.
- Die Psyche ist ähnlich wie der Körper eine "organische Ganzheit".
- Jeder Mensch besteht aus diesem "psychischen Organismus".

Hinweis:

"Das Unbewusste" verstehen wir generell und primär als "das Reservoir der Erfahrungen". Das Unbewusste ist auch intelligente Quelle kreativer Impulse.

Diagramm 1.3: Der Psychische Organismus

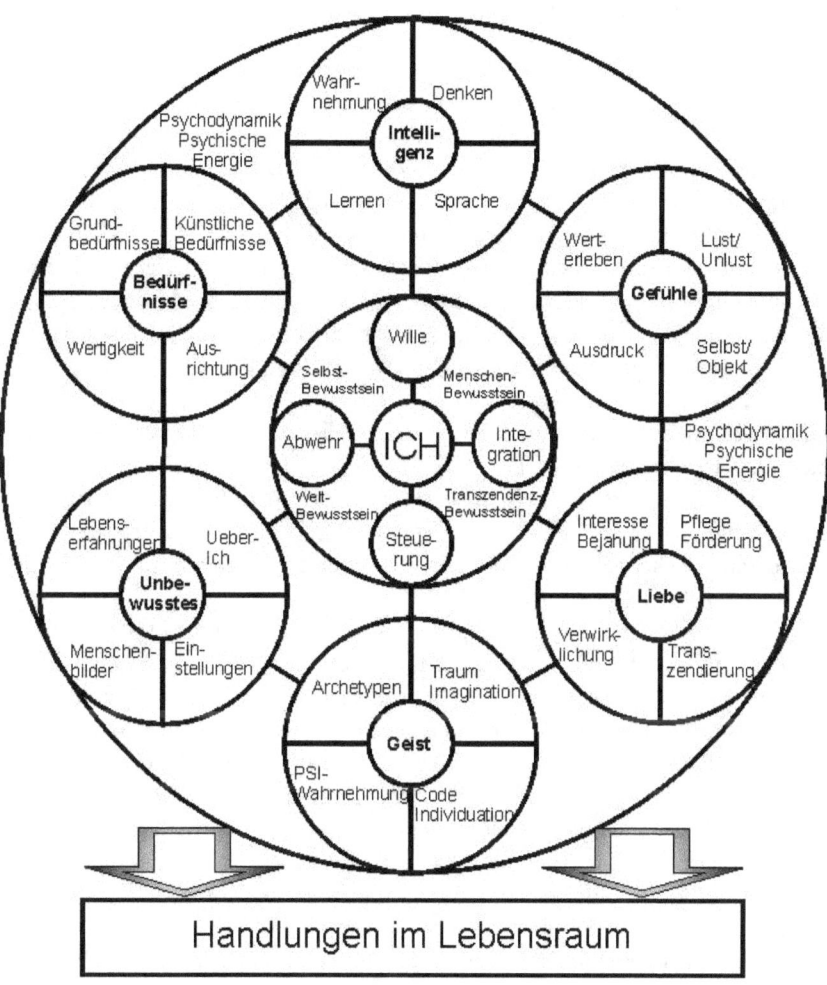

Kommentar: Anstelle von 'Intelligenz' können wir auch sagen: 'kognitive Funktionen'. Das Ich-System setzt kognitive Funktionen voraus. Aber hier ist die Hauptfunktion die ‚Kontroll-Funktion oder ‚Management-Funktion'. Darum trennen wir dieses psychische System von den kognitiven Funktionen und bestimmen das Ich-System (oder: Ego-System) getrennt.

Der neurotische Mensch

Neurose meint im Kern einen unbewussten Widerstand gegen die Triebimpulse und gegen die eigenen Lebensmöglichkeiten. Die Verdrängung des (sexuellen) Lustbedürfnisses führt zur Triebstauung; ihre psychische Energie (Libido) muss mittels Ersatzbefriedigung entladen werden. Wir erweitern hier diese orthodoxe psychoanalytische Sicht: Neurose ist generell die Verweigerung, das eigene evolutionäre Menschsein zu verwirklichen. Der neurotische Mensch wehrt sein psychisches Leben ab, ignoriert seine inneren Möglichkeiten (Neigungen, Begabungen) und verweigert in der Folge seine aus seinem Sein bestimmte Selbstverwirklichung. Zuerst ist das der Widerstand zur Reifung, der in eine Fehlentwicklung führt.

Daraus folgen Fehlanpassungen aller Art an die Umwelt. Das Leben wird zu einem Ersatzleben. Der Mensch lebt in der Lebenslüge. Er weicht seinem Selbstsein aus, sperrt sich gegen seine authentischen inneren Kräfte - zum Beispiel: die Liebe und die inneren Bedürfnisse - und reduziert sein Dasein und Sosein auf die noch vorhandenen akzeptierten (äusseren) Möglichkeiten.

In diesem Weltbezug ist einerseits die Psyche abgespalten. Das Unbewusste kann uneingeschränkt wirken; das sind die Komplexe sowie die unbearbeiteten belastenden Lebenserfahrungen. Das Inventar im Unbewussten drängt den Menschen zur Wiederholung früher erfahrener, erlernter und gelebter Muster. Die Wahlfreiheit ist dadurch erheblich eingeschränkt. Anderseits ist auch der Realitätsbezug eingeschränkt. Das grundlegende Versäumnis, sich authentisch zu verwirklichen, schafft Ersatzbedürfnisse. Die Welt der Objekte dient der Lustbefriedigung, dem Ausleben der verdrängten Kraft (psychische Energie, Libido).

Das Abgewehrte wird übermächtig in der Projektion. Geld und Güter, Macht und Objektlust, oft Zerstörung und Sadismus ersetzen die eigentliche Lebensverwirklichung. Je weniger diese Art, das Verdrängte auszutragen, einer Person möglich ist, desto mehr trägt sich die Kraft des Abgewehrten in psychischen oder psycho-somatischen Reaktionen aus. Die Folgen sind Zwang, Angst, Depression etc. oder körperliche Leiden, nicht selten Krebs.

Danebst wird der Charakter eines solchen Menschen rigide, starr, uneinsichtig, unempfindsam (oder überempfindsam), lernunfähig in allen psychischen Lebensbereichen. Der ganze Mensch stellt sich eigentlich gegen das Menschsein und das Menschenleben. Zuletzt bleibt immer Schuld, die der neurotische Mensch geradezu magisch abzuwehren versucht: die Schuld an der Verwirklichung seines Seins. Die Abwehr geschieht mit aller Kraft, mit der Beschwörungsformel "es gibt das psychische Leben nicht", oft mit schwersten Leiden bei ihm selbst oder in seiner nächsten Umgebung, die er damit beherrscht. Angst ist eine Folgeerscheinung.

Der Glaube an die Mythen der kirchlichen Dogmen und ihrer Praxis ist auch eine solche magische Abwehrpanzerung. Ohne Zweifel muss man sagen, dass die europäischen und amerikanischen Völker von der Neurose durchseucht sind. Denn die Neurose produziert sich selbst und bindet alles Leben, soweit dieses sich nicht wehren kann. Jeder neurotische Mensch ist gedrängt, den andern Menschen 'neurotisch' anzustecken.

In der kollektiven Kulminationsphase bricht immer ein Krieg aus, so lehrt uns die Geschichte. Denn die Neurose - die Lebenslüge - ist immer eine Sackgasse, in der sich die abgewehrte kollektive Lebenstriebenergie aufstaut, bis sie irgendwie durchbrechen kann.

Narzissmus als ein Muster für die Wahrnehmung der Psyche

Narzissmus ist eine Form von Neurose; charakteristisch ist:

Ein Selbstbild, das in der Tendenz grandios, infantil, archaisch und überbewertet ist. Die Leistungen dienen als Kompensation für ein schwaches Ich. Dabei geht es nicht um die Erfüllung einer Aufgabe oder einer Lebensbestimmung, sondern um die Vergrösserung des Ichs. Die Objektwelt dient der Erweiterung des Ichs. Das können sein: Auto, Geld, Möbel, Kleider, Wohneigentum, Schmuck etc. Der andere Mensch wird nur unter dem Interesse der eigenen Bedürfnisbefriedigung wahrgenommen, ist insofern nur Objekt.

Die Identifikation mit Führerfiguren und "Weltbesten" aus Politik, Wirtschaft, Sport, Showbusiness etc. dienen der Erweiterung des Ichs. Bewundert und veridealisiert werden Höchstleistungen, die "Nr.1", die Besten, die Mächtigsten, die Schönsten, die Reichsten etc. Die Identifikation mit Fussballclubs oder andern Vereinen mit besonderen Leistungsansprüchen, mit esoterischen oder kirchlichen Vereinigungen (und ähnlichem mehr) dienen der Erweiterung des Ichs.

Die Erweiterung des Ichs erkennt man an übertriebenen

Selbstwahrnehmungen und Selbstpräsentationen. Das Ich gibt sich einerseits gross und stark, ist anderseits meist schwach und sehr verletzbar, brüchig insgesamt. Übermässige (unangemessene Intensität) Umsorgung, Behütung, Verschmelzung, Fusionierung, indirekte Kontrolle und Harmonisierungsbestrebung mit andern Personen oder Personengruppen. Die Identifikation mit Objekten, Personen oder Institutionen hat meist einen Unterton von Sexualisierung der Objekte oder Person(-en) - als ob es mit Sex oder Verliebtsein zu tun hätte.

Deutlich erkennbar sind ferner: Mangel an Angstakzeptanz, ungenügende Triebkontrolle, Unnahbarkeit als Maske, mangelhafter Realitätsbezug (Wahrnehmung und Umgang), Distanzlosigkeit, partielle Masslosigkeit, Veridealisierung von Vater und Mutter, oft auch von Lehrer und Pfarrer.

Identifikation mit einer Religion bzw. religiösen Gemeinschaft, die "Erlösung" verspricht, wo doch eigentlich die Erlösung der Mensch selbst sich erarbeiten muss, zum Beispiel durch Persönlichkeitsbildug und psychisch-geistige Entwicklung (Individuation).

Ursachen sind:

Mangel an Liebe, Wärme, Güte und menschlicher Zuwendung in der Kindheit.
Starke Fremdbestimmung nach rigiden Regeln in der Phase der Erziehung.
Unterdrückung der genitalen Lust durch Erziehungsnormen und Kontrolle.
Erfahrungen von Einsamkeit, Verlassenheit, Trennung und Ausschluss.
Ungenügende positive Wertschätzung als Person in der Kindheit/Jugendzeit.
Tendenzielles Niedrighalten des Eigenwertes von der Erziehungsumgebung.
Unterdrückung der Gefühle, der Probleme des Vertrauens und der Hingabe.
Sehr strenges Über-Ich, das zu Verdrängung und somit zu Lebenslügen zwingt.
Durch Erziehung produzierte Gefühle der Ohnmacht, Ich-Schwäche u.ä.m.

Lösungsweg:

Je mehr der Mensch bereit ist, seinen psychischen Organismus anzunehmen und als sein Sein zu verstehen, desto eher ist er bereit, diesen allseitig ausgewogen zu bilden.

Die Selbstbildung und die Individuation verändern die Beziehung zu sich selbst, zu den Mitmenschen, zu den Elementen der Lebenswelten, zu Gott und den kirchlichen Institutionen auf Erden.

Notizen und Perspektiven

Wozu dient der psychische Organismus als Ganzes im Alltag?

Notieren Sie die zentralen Schlüsselbegriffe dieses Unterkapitels:

Was ist das für ein Menschsein, wenn der psychische Organismus das eigentliche psychisch-geistige Sein ist?

Erklären Sie: Wissen über den psychischen Organismus ist mir wesentlich, denn:...

Was haben Sie in Elternhaus, Schule und Kirche über den psychischen Organismus gelernt?

Welche Bedeutung hat der psychische Organismus im Gespräch zwischen Lebenspartnern und in sozialen Kontakten generell?

Welche Kräfte des psychischen Organismus werden in Politik und Wirtschaft nicht genutzt?

Was vermittelt die Werbung über den psychischen Organismus?

Formulieren Sie eine Ihnen wichtige Frage zum psychischen Organismus:

1.4. Übungen

1. Welches sind Ihre Einstellungen gegenüber dem psychischen Leben?
2. Welche eigenen psychischen Kräfte erleben und kennen Sie eher wenig und unklar?
3. Mit welchen lhrer psychischen Kräfte können Sie eher schlecht umgehen?

4. 4. Selbsterkenntnis - Selbstbild
4.a) 4.a) Was für eine Art Mensch sind meine besten Freunde? Beschreiben Sie spontan in 10 Stichworten:
4.b) Was für eine Art Mensch ist die Mehrheit der Menschen im Westen? Beschreiben Sie in 10 Stichworten eine Ihnen bekannte Person:
4.c) Vergleichen Sie Ihre Angaben in 4.a) mit 4.b). Welche unterschiedlichen Betrachtungsaspekte und Beurteilungen stechen besonders hervor?

5. Wiederholen Sie jetzt die Übung 4.a) und 4.b), indem Sie das Modell des psychischen Organismus (Diagramm 1-3) als Orientierungshilfe verwenden:

5.a) Was für eine Art Mensch sind meine besten Freunde? Beschreiben Sie in 10 Stichworten:

5.b) Was für eine Art Mensch sind die meisten Menschen? Beschreiben Sie in 10 Stichworten in Anlehnung an das Modell des psychischen Organismus:

5.c) Vergleichen Sie Ihre Angaben in 5.a) mit 5.b). Welches sind die markanten Unterschiede?

5.d) Vergleichen Sie Ihre Angaben in 4.a) with 5.a). Welches sind die markanten Unterschiede?

5.e) Vergleichen Sie Ihre Angaben in 4.b) with 5.b). Welches sind die markanten Unterschiede?

Was folgern Sie aus dem Gesamtergebnis der Übungen 4 und 5?

6. Wichtigkeit der Psychologie im Alltag

- Selbsterkenntnis als Schlüsselqualifikation lernen
- Das Innenleben differenziert wahrnehmen
- Die psychischen Kräfte systematisch formen
- Wirkungsvolle Methoden kompetent anwenden
- Spirituelle Bildung in ein Netzwerk stellen
- Eine progressive, ganzheitliche Entwicklung aufbauen

- Die Biographie systematisch klären
- Selbstmanagement für das persönliche Leben lernen
- Gesundheit und mentale Fitness schaffen
- Eine Beziehung partnerschaftlich gestalten
- Sexualität mit Liebe und Selbstidentität leben

- Es ist nützlich, im täglichen Leben Distanz zu finden, um neue Kräfte zu konzentrieren. Geben Sie ein wichtiges Beispiel:

- Lernen, Stress und Belastungen zu managen und zu reduzieren, ist Teil der Selbstbildung. Geben Sie ein wichtiges Beispiel:

- Wer seine Gefühle, Gedanken und Lebenserfahrungen in Ordnung bringt, findet innere Freiheit. Geben Sie ein wichtiges Beispiel:

- Es ist sinnvoll zu lernen, wie man mit Konflikten und dem Leben umgeht. Geben Sie ein wichtiges Beispiel:

- Spirituelle Bildung ist fruchtbar, wenn sie mit allen psychischen Kräften vernetzt ist. Geben Sie ein wichtiges Beispiel:

- Wer seine Fähigkeit zu lieben Schritt für Schritt aufbaut, findet seinen eigenen tieferen Sinn im Leben und kann somit einen breiten persönlichen Lebensplan aufbauen und verwirklichen. Geben Sie ein wichtiges Beispiel:

Multiple Choice Test
Wählen Sie die vier richtigen Antworten und kreuzen Sie diese an, so: ☒ a)
Lust

1.1. Der Mensch und sein psychisches Leben: Kernbegriffe des psychischen
Lebens sind:

☐ a) Liebeskraft
☐ b) Stolz
☐ c) Unbewusstes
☐ d) Bedürfnisse
☐ e) Denken
☐ f) Erfolg

1.2. Die Vielfalt der Menschenbilder: Psychologische und geistige Aspekte zur
Betrachtung/Erfassung des Menschen sind:

☐ a) tiefenpsychologisch
☐ b) pädagogisch
☐ c) hirnphysiologisch
☐ d) philosophisch-anthropologisch
☐ e) ideologisch
☐ f) sozial

1.3. Der psychische Organismus als Modell zum Menschenbild: Das Modell
des psychischen Organismus ermöglicht Aussagen wie zum Beispiel:

☐ a) Alle psychischen Subsysteme wirken gegenseitig aufeinander.
☐ b) Die Unterdrückung eines Subsystems hat Fehlentwicklungen bei andern
Subsystemen zur Folge.
☐ c) Handlungen sind rückgebunden an die psychischen Subsysteme.
☐ d) Harmonie im Gesamtsystem besteht, wenn alles nur noch Geist
(spirituell) ist.
☐ e) Denken funktioniert am wirkungsvollsten ohne die Liebe, ohne die
Gefühle und unter Ausschaltung der Kreativität.
☐ f) Alle Subsysteme sind gegeneinander gleichberechtigte Kräftesysteme.
Kein System kann als "vernachlässigbar" zurückgestellt werden.

2. Holistisches Wachstum

Ein optimal vielschichtiges Menschenbild ist Voraussetzung für progressive Wege zu Frieden, Glück und Sinn.

Essentielle Thesen

❑ Die psychischen Kräfte werden durch das Leben ab vorgeburtlicher Zeit geformt.

❑ Die Formungen können sehr vielfältig sein im gesamten Spektrum von positiv-negativ, konstruktiv-destruktiv, geeignet-ungeeignet u.s.w.

❑ Das ganzheitliche Menschenbild ist prozessual, d.h. es enthält auch den Prozess der psychisch-geistigen Evolution.

❑ Individuation ist der psychisch-geistige Entfaltungsprozess, im Wachstum vernetzt mit allen psychischen Subsystemen, im Einklang zwischen Innen und Aussen, sowie entscheidend ein Ausdruck von Liebe, Geist und Wahrhaftigkeit.

❑ Das ganzheitliche Menschenbild enthält das gesamte Spektrum dessen, was ist (Ist-Zustand), was möglich ist und aus der Individuation Bestimmung und Pflicht ist (Soll-Zustand).

❑ Zum ganzheitlichen Menschenbild gehört der umfassende Lebensraum als Ausdruckswirklichkeit und Bedingungsrahmen.

2.1. Die Formung der psychischen Kräfte

Der Mensch wird in einen Lebensraum hineingeboren und ab diesem Moment geformt. Schon vorgeburtlich wirken die Grundstimmungen der Mutter und das Beziehungsumfeld auf das psychische Leben des werdenden Menschen. Die Zuwendung und Pflege der Mutter, die familiären Verhältnisse, der Erziehungsstil der Eltern, die Geschwister und die nähere Umgebung formen die ersten psychischen Wachstumsprozesse.

Die Schulzeit formt dann erweitert und vertieft die psychischen Kräfte: Fähigkeiten, Verhalten, Gewissen, Denken, Gefühle, Selbstwert, Bedürfnisse und Einstellungen.

Das Kind lernt wahrnehmen, reden, denken und den Umgang mit Dingen und Menschen. Jeder Mensch nimmt schon früh viele erlebnishafte Bilder über sich, über die Menschen und das Leben in sich auf.

Vieles mag da für das spätere Leben ungeeignet, sogar negativ und schädlich sein. Das Unbewusste wird belastet mit bedrückenden Erfahrungen und strengen Normen. Defizite an Liebe und Bedürfniserfüllung wirken auf den Willen und die Selbststeuerung.

Die Psychodynamik kann schon früh chronisch angespannt und unruhig oder gelähmt sein. Früheste verinnerlichte Einstellungen steuern später entscheidend das Denken und Handeln. Wird im Umfeld viel diskutiert, besteht viel Anregung und Kooperation im familiären Milieu, dann übernimmt das Kind diese Grundmuster.

Das Kind lernt sehen, wie die Eltern sehen. Es lernt Denken und Entscheidungen reflektieren, wie die Umwelt dies vormacht. Viel und differenziertes Bewusstsein baut sich schon in der Schulzeit auf.

Beachten die Eltern ihre Gefühle und die Gefühle ihres Kindes, dann lernt das Kind, die Gefühle ernst zu nehmen. Reden die Eltern über Träume und Liebe, dann verinnerlicht das Kind auch diese Wirklichkeiten.

Nimmt das Kind einen "strafenden Gott mit Bart" mit bewegender Musik in sich auf, so formen sich auch hier die Grundlagen für spätere religiöse Einstellungen.

Je mehr sich die Formungsprozesse für das Leben als ungeeignet erweisen, desto mehr ist der Mensch gedrängt, ein Ersatzverhalten zu entwickeln. Dies setzt schon bei der Ehrlichkeit der Eltern an:

Leben die Eltern Masken und Fassaden, reden sie unehrlich, mit fehlender Transparenz und in ständigen Kompensationen, dann übernimmt das Kind bzw. der Jugendliche diese Lebensmuster: Masken aufsetzen, Täuschungsmanöver inszenieren, Symptome bilden und Kompensationen leben. Das kann als "Selbst-Verweigerung" bezeichnet werden.

Im konstruktiven Fall lernt der junge Mensch direktes, transparentes Handeln und eine positive Integration des psychischen Lebens.

Progressive Muster für die spätere Lebensbewältigung schaffen Lebenskompetenzen und ermöglichen Selbstverwirklichung.

Reflexionen und Diskussion

■ Ab der vorgeburtlichen Zeit werden die psychischen Kräfte durch Lernprozesse geformt.

Immer komplexer spielen diese Kräfte vernetzt zusammen in diesem Entwicklungsprozess. Dies geschieht durch Erziehung, Schule, Sozialisation (d.h. das Hineinwachsen in die Normen der Gesellschaft) und Enkulturation (d.h. die Aneignung der Kultur bzw. Kulturleistungen).

Ihr erster spontaner Gedanke dazu:

■ In gewisser Hinsicht ist der Mensch ein "Lernprodukt". Er ist und lebt das, was er gelernt hat. Alles was er neu hinzu lernt und lebt, basiert auf dem, was an Lernprozessen vorangegangen ist.

Der Mensch kann seine Lernprozesse steuern, korrigieren, verändern, erweitern, vertiefen u.s.w.

Was meinen Sie dazu im Rückblick auf Ihre eigene Biographie?

■ Wir können die einzelnen psychischen Kräfte, die Subsysteme und den psychischen Organismus als Ganzes unter dem Gesichtspunkt der Formung betrachten.

Es können zwei Dimensionen der Formung unterschieden werden.

Optionen, die psychischen Kräfte zu formen:

● **Negative Formung:**	● **Positive Formung:**
▪ lerngehemmt, lernblockiert	▪ lernoffen
▪ undifferenziert	▪ differenziert
▪ unbewusst	▪ bewusst
▪ ungeordnet, chaotisch	▪ geordnet, strukturiert
▪ nicht oder schlecht steuerbar	▪ steuerbar
▪ unausgewogen	▪ ausgewogen
▪ unberechenbar	▪ berechenbar
▪ destruktiv	▪ konstruktiv
▪ einseitig	▪ vielseitig
▪ unterdrückt	▪ entfaltet/berücksichtigt
▪ abwehrend	▪ integrierend/integriert

Welche Stichworte klingen bei Ihnen spontan an?

■ Bedeutsam sind dabei die Charakteristiken:

➔ Die psychischen Kräfte sind immer so, wie sie geformt sind.
➔ Es gibt unterschiedliche Qualitäten in der Art der Formung.
➔ Die Formungen können für oder gegen den Menschen wirken.
➔ Der Mensch hat die Möglichkeit, die Formungsprozesse zu bestimmen.

Diagramm 1.4: Die Formungsprozesse

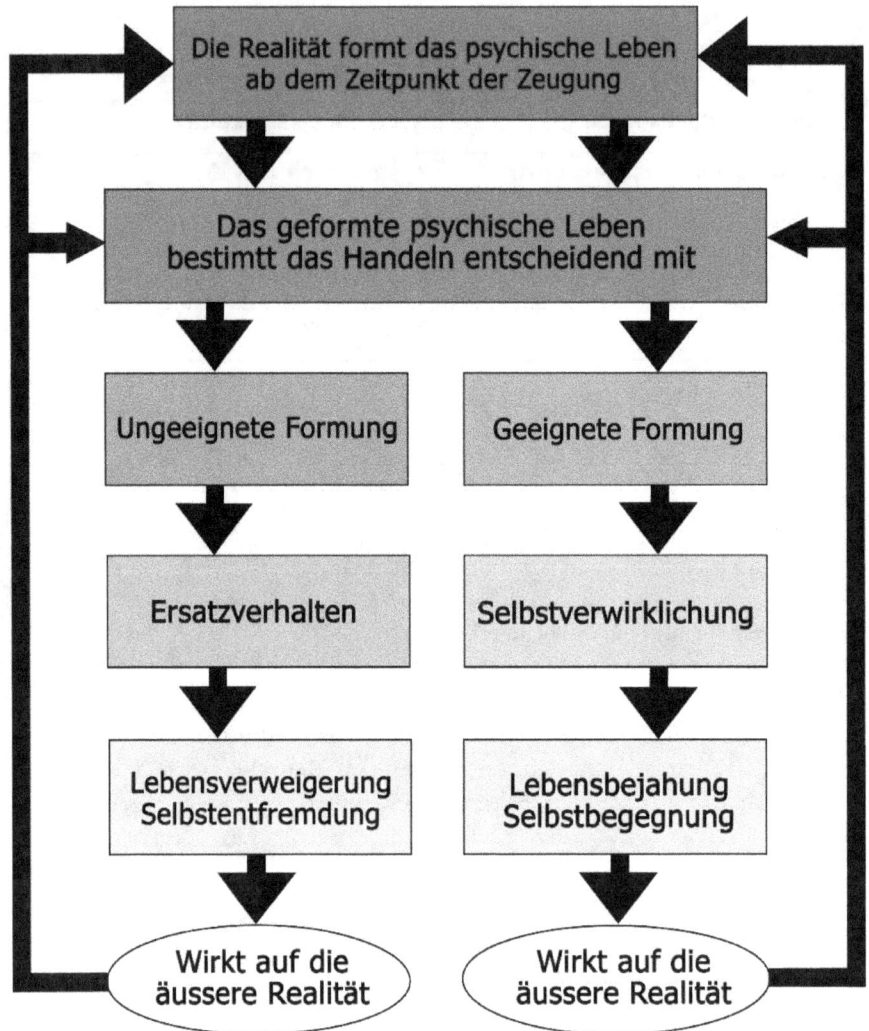

Die Realität formt das psychische Leben ab dem Zeitpunkt der Zeugung

Das geformte psychische Leben bestimmt das Handeln entscheidend mit

Ungeeignete Formung

Geeignete Formung

Ersatzverhalten

Selbstverwirklichung

Lebensverweigerung Selbstentfremdung

Lebensbejahung Selbstbegegnung

Wirkt auf die äussere Realität

Wirkt auf die äussere Realität

Der Mensch kann sich verändern

Die Psychoanalyse lehrt, dass der Mensch sein Leben lang immer von Neuem die Muster seiner Kindheit wiederholt, meist mit wenig Veränderungen. Verhaltenspsychologen gehen davon aus, dass Veränderungen im Handeln und in den emotionalen Reaktionsmustern möglich sind.

Die Veränderungen in der Gesellschaft in den letzten Jahrzehnten zeigen uns, dass der Mensch geneigt ist, sich den neuen Entwicklungen anzupassen, insbesondere wenn sie Lust erzeugen. Der Mensch kann sich von Grund auf erneuern und in diesem Sinne verändern, wenn er will und das Nötige dazu leistet. Veränderung ist möglich:

- Der Mensch kann seine Erwartungen in bezug auf sich selbst, die andern und die Welt verändern, diese immer mehr den realistischen Möglichkeiten anpassen.
- Der Mensch kann das Bild, das er über sich selbst hat in dem Masse verändern, wie er sich immer wahrhaftiger wahrnimmt und entfaltet.
- Der Mensch kann durch Selbstbildung seine Neigungen, seine Begabungen und Möglichkeiten verwirklichen, soweit der Lebensrahmen dies ermöglicht.
- Es ist durchaus möglich, Konflikte mit sich selbst, mit dem Lebenspartner und dem Leben generell zu lösen. In diesem Prozess verändert sich auch der Mensch.
- Eine grössere Zufriedenheit mit sich selbst und dem Leben ist möglich, wenn der Mensch lernt, immer mehr sich selbst mit und durch das DU zu leben.
- Gefühle, die Veränderungen behindern - wie zum Beispiel Neid, Gier, Hass, Selbstzweifel -, können geklärt werden, um so den Prozess von Veränderungen möglich zu machen.
- Eine grössere Aufrichtigkeit und Ehrlichkeit sich selbst gegenüber ist jedem möglich, wenn er dies nur will. Damit beginnt schon eine Veränderung seines Menschseins.
- Starre Beschränkungen, rigide Einstellungen und unausgewogene Überzeugungen können aufgelöst werden, damit sich das psychische Leben entfalten kann.
- Egozentrismus, Narzissmus und falscher Stolz behindern Veränderungen solange, bis der Mensch bereit ist, sich selbst systematisch und gründlich zu reflektieren.
- Immer mehr sich selbst annehmen können, ist Voraussetzung für Veränderungen. Die Bejahung des Soseins ist der Anfang jeder Veränderung.
- Überhöhte Ideale, Illusionen über sich selbst, über Gott und das Leben

kann man kritisch reflektieren und dadurch zu echten realistischen Bildern verändern.

- Eine kritische Reflexion über die Inhalte des Bewusstseins - über sich, die andern, das Leben und die Transzendenz - ist der Motor jeder Veränderung.
- Die Aufarbeitung der Biografie ist das tägliche Werk der substantiellen Veränderung zu einem neuen Menschsein mit innerer Freiheit, mit Würde und Demut.
- Destruktives Verhalten aller Art ist meist von der Umwelt und vom eigenen Unbewussten gesteuert. Wer sich dieser Wirklichkeit zuwendet, wird sich verändern können.
- Auch allerschwierigste und verworrene Situationen im Innerpsychischen und im realen Leben lassen sich soweit bearbeiten, dass ein Mensch sich verändern kann.

Folgerung: Der Mensch kann sich und sein Leben verändern zu mehr Echtheit, mehr Liebe, mehr Zufriedenheit, mehr Erfüllung, mehr Glück. Aber ein bisschen muss er auch wollen und sich dazu selbst motivieren. Gute Ziele erfüllen sich nicht von selbst. Veränderung des psychisch-geistigen Menschseins in Richtung immer mehr Qualität führt gleichzeitig zu einer echten Lebenserfüllung. Hoffnung, Bewegungsfähigkeit und Initiative kann jeder aktivieren. Der Mensch hat die Wahlfreiheit, in der Lebenslüge oder in der Wahrhaftigkeit des psychisch-geistigen evolutionären Menschseins zu leben.

- Unsere Gesellschaft hat die Standesschranken aufgehoben und ermöglicht die individuelle Leistungsfähigkeit und Leistungsförderung.
- Die Bestimmung - was ein Mensch wird - ist weder bestimmt durch die Anlagen bzw. das Erbpotential, noch durch die Umweltdeterminanten.
- Die Lebenswelt eines jeden Menschen ist bearbeitet, gedeutet und verändert; somit auch weiterhin veränderbar; sie verändert sich mit dem Menschen.

Wendepunkt – Der Anfang zu Veränderungen

- Der Mensch lebt nicht aus der Dynamik seiner Triebe und Instinkte. Vielmehr muss er seine Triebe und Instinkte formen und in die Ich-Führung integrieren.
- Die Entwicklung des Menschen geht letztlich von einer inneren Disposition und vom individuellen Charakter des Menschen aus. Selbst-Bestimmung ist nie ausserhalb des eigenen inneren Lebens.
- Der Mensch wird nur Mensch durch Erziehung und Selbstbildung. Die Freiheit der Wahl von Bildungszielen verlangt auch die

Selbstverantwortung.

- Die Wertmassstäbe und das lohnende Lebensziel findet der Mensch letztlich in sich selbst, d.h. in der Entwicklungsfähigkeit seines psychischen Organismus.
- Sinnfindung beginnt bei der Entdeckung und Formung des eigenen psychischen Organismus; niemals ohne und ausserhalb dieses Bildungsprozesses.
- Lebenserfüllung ist gegeben, wenn der Mensch seinen psychischen Organismus allseitig ausgewogen geformt hat und daraus seine Lebensziele verwirklicht.

Wendepunkte im Leben:

Der erste grosse Wendepunkt im Leben ist die Erkenntnis: "Ich habe ein psychisches Innenleben."

Der zweite grosse Wendepunkt folgt auf die gründliche Selbstbesinnung: "So will ich nicht weiterleben! Ich will mehr aus meinem Leben machen!"

Und die dritte grosse Erleuchtung formt sich nach der ersten bewegenden Selbsterkenntnis: "Jetzt muss ich über längere Zeit an mir arbeiten, damit ein neues Leben wachsen kann." Das ist der Wendepunkt zu einem neuen Leben!

Was bringt denn dieses "neue Leben" so alles mit sich? Man lebt zum Beispiel immer mehr das eigene Leben, statt dasjenige der andern. Die eigene Lebensweise und die gesamte eigene Weltbewältigung vollziehen sich von innen und sind insofern ein authentischer Selbstausdruck. Der Selbstwert nimmt zu. Die Ich-Stärke festigt sich innen. So wird das Selbstbild erweitert und nebenbei wird auch die Fremdwahrnehmung realistischer. Das geht natürlich alles nur in kleinen Schritten. So ist das echte Leben!

Im "neuen Leben" erhält das Innenleben eine Ordnung. Das Denken wird klarer, freier und vor allem kreativer. Frustrationen und Ärger können leichter ertragen werden. Die Verarbeitungskapazität nimmt zu. Das innere Gleichgewicht kann schneller gefunden werden, auch bei argen "Stürmen". Die inneren Komplexe, die eine Depression oder Zwänge oder Ängste oder sonstige "Störungen" verursachen, werden abgebaut.

Die biographische Aufarbeitung ist Psychokatharsis. Sie wirkt befreiend und schafft Erneuerungen im Innern und im realen Leben. Daduch werden auch neue Energien freigesetzt, die im Alltag zur Verfügung stehen. Wende durch Wandlung wird möglich!

Im Laufe dieser Umwandlung klärt sich der eigene Lebensweg. Dann können neue Lebensperspektiven geformt werden. Eigene realistische Visionen werden zur Antriebskraft für neue Lebensprojekte.

So nebenbei baut sich neues Lebenswissen auf, entfalten sich schlummernde Fähigkeiten und festigen sich die Lebenskräfte. Mit einer neu gefundenen Lebenskultur kann das authentische Menschsein verwirklicht werden.

Nach der Mitte dieses Arbeitsprozesses folgt wieder ein Wendepunkt:

- Der Mensch findet sein inneres Zentrum.

- Die umfassende innere Erneuerung ist erreicht.

- Der seelische Hunger wird stillbar.

- Die Beziehung zum Körper und zur Lust wird positiv und grundsätzlich lebensbejahend aufgefasst.

- Die echte Liebesbeziehung wird möglich. Interessen, Neigungen, Bedürfnisse und Wünsche sind allseitig ausgewogen.

- Das Ich kann das psychische Leben managen und wird von diesem auch getragen.

- Und irgendwann am Ziel der Erfüllung ist die Ganzheit des neuen Lebens erreicht.

Notizen und Perspektiven

Wozu im Alltag dient die Formung der psychischen Kräfte?

Notieren Sie die zentralen Schlüsselbegriffe dieses Unterkapitels:

Was ist der Mensch ohne bewusste Formung des psychischen Lebens?

Erklären Sie: Die Formung meines psychischen Lebens ist wesentlich, denn:...

Was haben Sie in Elternhaus, Schule und Kirche über die Formung des psychischen Lebens gelernt?

Welche Bedeutung hat die Formung des psychische Lebens im Gespräch zwischen Lebenspartnern und in sozialen Kontakten generell?

Wie handhaben Politik und Wirtschaft die Formung des psychischen Lebens der Menschen?

Was vermittelt die Werbung über die Formung des psychisches Lebens?

Formulieren Sie eine Ihnen wichtige Frage zur Formung des psychischen Lebens:

2.2. Individuation als evolutionärer Prozess

Persönlichkeitsbildung beginnt mit Selbsterkenntnis und führt zur Formung aller psychischen Kräfte in allen sog. "psychischen Subsystemen". Das verlangt Bejahung, Respekt und Fürsorge. Mit Vernunft kann der Mensch sein gesamtes psychisches Leben entdecken, verstehen lernen und, wo nötig, neu formen. Alle psychischen Kräfte werden dabei berücksichtigt und allseitig ausgewogen zur Entfaltung gebracht.

In diesem Prozess wächst innere Freiheit und eine reife Unabhängigkeit. Der psychische Organismus kann immer mehr als eine Einheit und Ganzheit funktionieren. Tragend wirken dabei vor allem die Liebe, die Wahrhaftigkeit sowie das Geistprinzip durch Träume und Meditationen.

Durch zunehmende Wandlungsprozesse und Erweiterungen der psychischen Lebensmöglichkeiten ergibt sich eine progressive Dynamik. Wer einen solchen Prozess bewusst gestaltet und sich darin verankert bildet, lebt die Individuation.

Das sog. "Kreis-Kreuz-Mandala" ist ein symbolisches Abbild dieses Prozesses. Wir können vereinfacht interpretieren: Der Kreis ist die Ganzheit. Die Senkrechte widerspiegelt das Psychisch-Geistige und die Waagrechte das irdische Leben. Das Kreuz übersteigt die Ganzheit, was wir als Verwirklichung in der Welt verstehen können. Das Zentrum ist Symbol des Geistprinzips.

Diese abstrakte Struktur ist ein sog. "Archetypus". Er widerspiegelt den psychisch-geistigen Organismus im Zustand der vollzogenen Individuation.

Gleichzeitig ist dieser Archetypus das Abbild einer andern transzendentalen Wirklichkeit in der geistigen Welt: Gott. Das haben wir nicht etwa "erfunden" oder hier hineininterpretiert; diese unumstössliche Tatsache kann jeder in Kontemplationen und Träumen selber erfahren. Individuation ist aber erst dann gegeben, wenn die psychische und die spirituelle Bildung allseitig vernetzt ist mit allen psychischen Kräftesystemen und im äusseren Leben praktiziert wird bzw. einen Ausdruck findet.

Das Gegenmodel zum "Menschsein in der Individuation" ist das "archaische Menschsein". Das ist charakterisiert durch die Verneinung des psychischen

Lebens, durch Vernachlässigung und Verwahrlosung des psychischen Organismus, durch Unterdrückung von Liebe und Geist (spirituelle Inteligenz). Gleichzeitig ist der archaische Mensch mehr oder weniger vollständig gebunden an sein unbewusstes psychisches Leben.

Die Folgen sind Zerrissenheit und Zersetzung, innere Unfreiheit und infantile Abhängigkeit. Im Alltag äussert sich ein solches ungebildetes und fehlgebildetes psychisches Leben in Gier, Neid, Hass, Zerstörung, Gewalt, Despotismus und im Ego-Zentrismus.

Dieses Menschsein lebt weder Wahrhaftigkeit noch Solidarität zu psychisch-geistigen Werten des Kreis-Kreuz-Mandalas.

Reflexionen und Diskussion

■ Es gibt zahlreiche Modelle zur menschlichen Entwicklung und Entfaltung. Wir finden solche in:

• Psychologie	• Pädagogik	• Philosophie
• Religion	• Esoterik	• Gnosis
• Mystik	• Ideologie	• Sekten

■ Wir pflegen unsere äussere Erscheinung, gestalten unseren Wohnraum, entwickeln und produzieren Techniken für das tägliche Leben und für manches mehr. Wir schätzen die Güter, wollen Qualität und technische Perfektion.

Doch wie pflegen wir die Formung der psychischen Kräfte? Wie ernst nehmen wir unser psychisches Leben? Wie entwickeln wir die inneren Möglichkeiten? Wie leben wir mit unserem Innenleben und mit demjenigen der andern?

Geben Sie einige Antworten:

■ Zum psychischen Organismus gehört der psychisch-geistige Entwicklungsprozess, genannt "Individuation".

Diese innere Evolution ist der Prozess der Neuwerdung, der "geistigen Neugeburt", der psychisch-geistigen Transformationen wie sie die Mystik und Gnosis, freilich in anderen Worten und Bildern, überliefert haben.

Die Individuation erlaubt eine "Katharsis" ("Reinigung") des gelebten Lebens bis zurück in die vorgeburtliche Zeit, bis hin zur vollständig neuen ganzheitlichen Persönlichkeit. Das bedeutet: bis zur höchsten Stufe des psychisch-geistigen Menschseins.

Was halten Sie davon?

■ Jeder echte Erleuchtungsweg integriert den ganzen psychischen Organismus und vollzieht sich am Prozess der Individuation.

Jede echte Spiritualität und jedes sog. "höhere Bewusstsein" beinhaltet diesen Prozess und setzt diesen voraus.

Ganzheitliche psychische und geistige Bildung des Menschen verlangt den Miteinbezug von allen Wirklichkeiten wie:

* Die psychischen Subsysteme mit ihren einzelnen psychischen Kräften
* Den Prozess der Individuation als Katharsis, Bildung, Entfaltung und Wachstum
* Die Lebensräume, in denen der Mensch lebt, geformt und gebildet wird

Was verlangt "ganzheitliche Bildung" noch?

■ Damit sind die Grundkomponenten dargelegt, die ein umfassendes Menschenbild enthalten muss, wenn dieses zu höchsten Zielen der Evolution führen soll.

Diagramm 1.5: Evolutionäres Menschsein

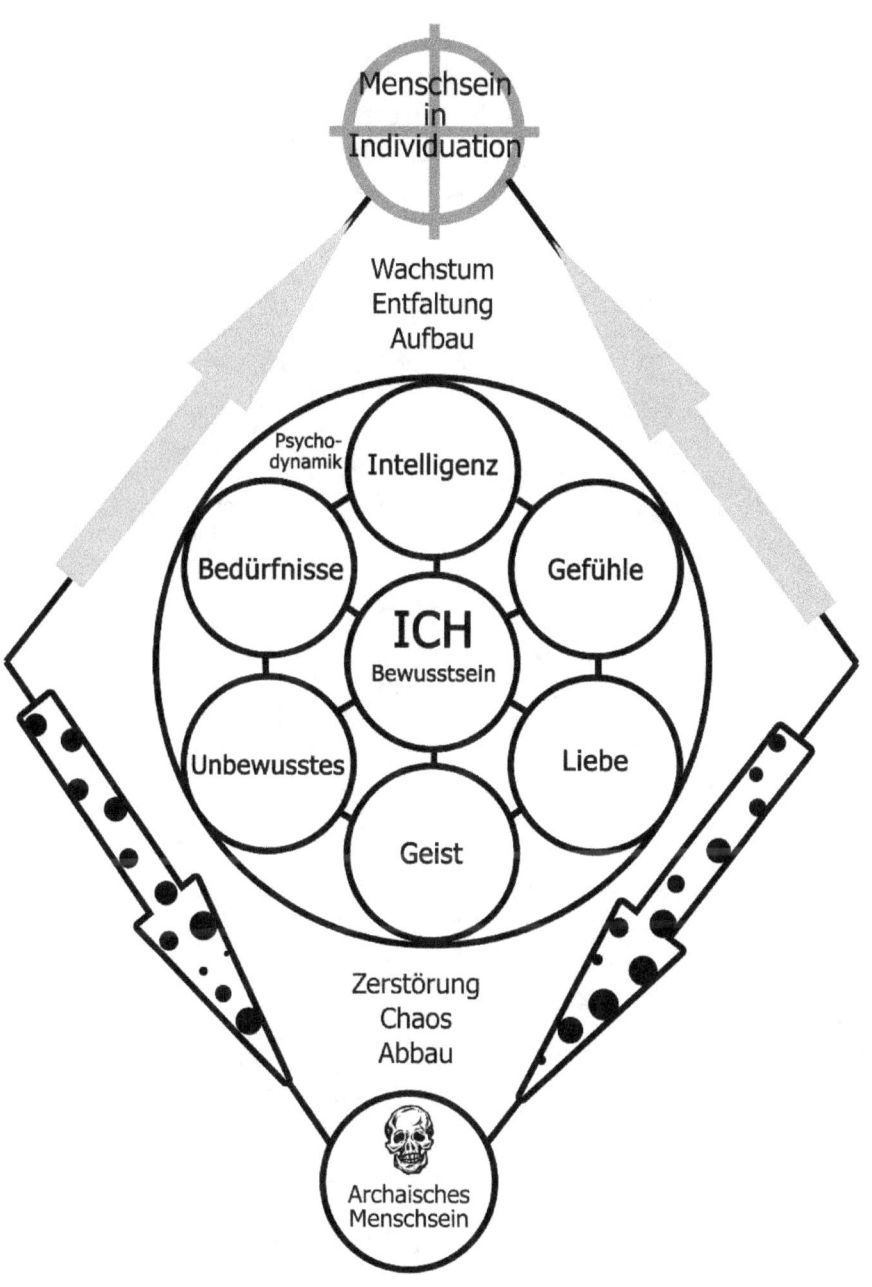

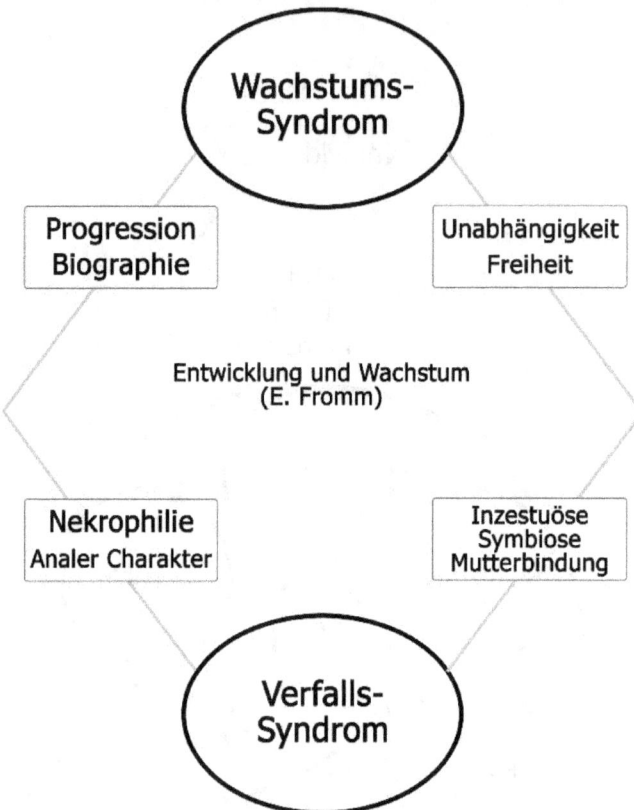

E.Fromm: Die Seele des Menschen (Stuttgart 1979)

Die Entwicklung ist ein Schreiten zu immer höheren, umfassenderen und flexibleren Strukturen. Dynamik: Jede vorausgehende Stufe gilt als Voraussetzung für die nachfolgende Stufe:

▪ Moralisches Urteil	▪ Eltern-Kind-Beziehung
▪ Gerechtigkeitsbegriff	▪ Religiöses Urteil
▪ Empathie	▪ Altruismus
▪ Gemeinschaftssinn	▪ Fremdkonzept
▪ Absichtskonzept	▪ Selbst-Konzept
▪ Individuumkonzept	▪ Glauben
▪ Freundschaftskonzept	▪ Familiäre Beziehungen
▪ Gleichaltrige Gruppen	▪ Rollenübernahmen

A. Flammer: Entwicklungstheorien (Bern 1993)

Abbildung GS1-51: Individuation im Modell der Mandalasymbolik
Die alchemische Darstellung des inneren Wachstumsprozesses
in Anlehnung an Jung, C.G.: Psychologie und Alchemie. Olten 1972
bzw. 1987, Seite 229; hier formal dargestellt:

"Opus"
Das grosse Werk der Individuation

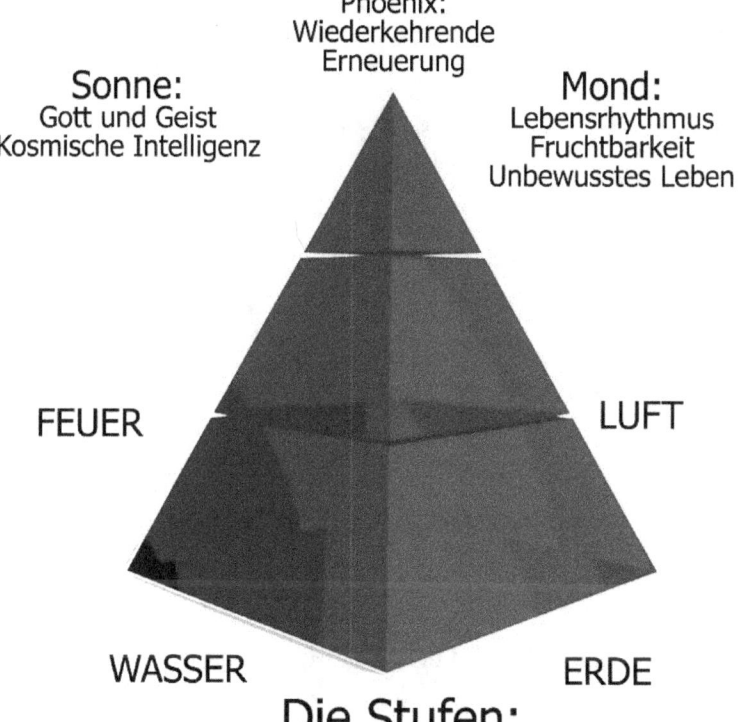

Phoenix:
Wiederkehrende
Erneuerung

Sonne:
Gott und Geist
Kosmische Intelligenz

Mond:
Lebensrhythmus
Fruchtbarkeit
Unbewusstes Leben

FEUER

LUFT

WASSER

ERDE

Die Stufen:

Umfassend neue Gestalt geben
Farbig-lebendigen Ausdruck verleihen
Zusammenfügen zu einem neuen Ganzen
Die Kernsubstanz herauskristalisieren
Altes mürbe machen – faul werden lassen
Auflösung – Vorhandenes in Teile zerlegen
Auf eine höhere Ebene erheben (Sinn/Geist)
Aufwärmen, erglühen durch erleben/begegnen

C.G.Jung: Psychologie und Alchemie (Olten 1987)

Notizen und Perspektiven

Wozu dient das evolutionäre Menschsein?

Notieren Sie die zentralen Schlüsselbegriffe dieses Unterkapitels:

Was ist der Mensch ohne Individuation?

Erklären Sie: Meine Individuation ist wesentlich, denn:...

Was haben Sie in Elternhaus, Schule und Kirche über das evolutionäre psychisch-geistige Menschsein gelernt?

Welche Bedeutung hat die Individuation im Gespräch zwischen Lebenspartnern und in sozialen Kontakten generell?

Wie nutzen Politik und Wirtschaft das Potential des evolutionären Menschseins?

Was vermittelt die Werbung über das evolutionäre Menschsein?

Formulieren Sie eine Ihnen wichtige Frage zur Individuation:

2.3. Verwirklichung des Menschen im Lebensraum

Ein Menschenbild ohne Lebensraum ist etwas sehr Abstraktes. Wir können das psychische Leben ohne Lebensumfeld nicht beschreiben.

- Was ist Denken ohne Inhalt?
- Was ist das Unbewusste ohne Bilder?
- Was ist das Bewusstsein ohne die verinnerlichten Wirklichkeiten?
- Was ist die Liebe ohne das Leben?
- Was ist das psychische Leben - und damit der Mensch - ohne das Irdische?

Ein Menschenbild ist offensichtlich in den Lebensraum einzubauen. Erst in der äusseren Wirklichkeit können wir den Menschen umfassend erkennen und verstehen.

Der Mensch schafft sich seine Umwelt. Ohne Gestaltung des Lebensraumes kann der Mensch nicht leben. Das ist eine besondere Fähigkeit, die kein Tier in der Weise hat: In Eis und Schnee, in Wüste und Steppe, in Urwald und Landschaften, überall kann sich der Mensch seinen Lebensraum machen. Der Erfindungsgeist ist schier unendlich.

Für alles kann sich der Mensch heute technische Hilfen konstruieren. Er macht sich seine Nahrung, seine Bekleidung, seinen Wohnraum, seine Fortbewegungsmittel, seine Kommunikationsnetze u.s.w.

Der Mensch schafft Institutionen, um das Leben in der Gemeinschaft zu organisieren. Bildungssysteme werden aufgebaut, um jede nachfolgende Generation für die Lebensformen vorzubereiten. Dies alles und vieles mehr tun die Menschen weltweit in vielen unterschiedlichen Formen.

Das Geschaffene ist der Raum, in den jeder hineingeboren wird. Was der Mensch darin wird, ist mitbestimmt durch diesen Lebensraum. Und alle nachkommenden Menschen erben das Geschaffene.

Lebensraum und Kulturgüter schafft sich der Mensch nicht nur aus einer Überlebensnotwendigkeit.

Der Mensch schafft vieles aus Kreativität, aus Lust, aus Liebe, aus Neugier, aus Freude und aus dem Drängen seines unbewussten Lebens. Vieles ist ein symbolischer Ausdruck von psychischen Kräften und inneren Bildern.

Dem Menschen scheinen kaum Grenzen gesetzt in dem, was er schafft. Er kann sich Mittel zur Zerstörung produzieren. Er kann die Ressourcen derart ausbeuten, dass einmal das "Ende" kommen wird.

Was immer die Menschen tun, sie schaffen sich Nebeneffekte, teils in der Natur, teils als Schadenwirkung in der Nutzung.

Immer auch hat der geschaffene Lebensraum Rückwirkungen auf das psychische Leben, auf die nachfolgenden Generationen. So ist das psychische Leben immer in Wechselwirkung mit dem geschaffenen Lebensraum.

Wollen wir den Menschen verstehen, so müssen wir auch seinen Lebensraum in die Betrachtung miteinbeziehen.

Die Frage drängt sich auf:

- Wo soll der Mensch sich Grenzen setzen?
- Was ist der Sinn der grenzenlosen Expansion?

Binden wir diese Frage an den psychischen Organismus und die Individuation, so ergeben sich konstruktive Antworten.

Reflexionen und Diskussion

■ Wir können den Menschen nicht hinreichend erfassen ohne seinen Lebensraum. Menschsein vollzieht sich immer im raum-zeitlichen System. Jede auch noch so spirituelle Äusserung ist raum-zeitlich gebunden. Jede psychisch-geistige Evolution vollzieht sich in einer historisch gewordenen Situation.

Wie sehen Sie das?

■ Die Individuation führt nicht weg vom "irdischen Leben", auch wenn durch zeitweilige Beschäftigungen die Innenorientierung Vorrang hat. Individuation führt in den Lebensraum und ist die dynamische Grundlage der Lebensgestaltung.

Individuation soll in allen Lebenssystemen Ausdruck finden:

▪ Familie	▪ Beziehungen	▪ Ethik
▪ Wirtschaft	▪ Industrie	▪ Philosophie
▪ Soziales	▪ Bildung	▪ Politik
▪ Internationales	▪ Interkulturelles	▪ Dienstleistungen
▪ Friedensarbeit	▪ Kultur	▪ Erziehung
▪ Religion	▪ Gestaltung Umfeld	▪ Arbeit

■ Wir können das Handeln des Menschen in verschiedenen Lebenssystemen betrachten, analysieren und beurteilen (werten).

Grundfragen dazu sind:

- Was tut der Mensch?
- Warum tut der Mensch dies?
- Wie tut der Mensch dies?
- Unter welchen inneren und äusseren Bedingungen tut der Mensch dies?
- Welche lebensgeschichtlichen Elemente bedingen das Handeln mit?
- Wozu tut der Mensch dies?
- Welchen tieferen Wert und Sinn können wir in seinem Handeln erkennen?
- Welcher tiefere Sinn und welche Werte fehlen in seinem Handeln?
- Wie verändert sich Handeln, wenn sich das psychische System ändert?
- Wie verändert sich sein Tun, wenn sich der Lebensraum verändert?

■ Der Mensch erkennt sich auch in dem, wie er lebt und wie er sich seinen Lebensraum schafft.

Kulturobjektivationen und Umgang zwischen den Menschen, in der Politik ebenso wie in den nachbarschaftlichen Beziehungen, sind Äusserungsformen dessen, was der Mensch als psychisch-geistiges Wesen ist, geformt durch seine Lebensgeschichte und formbar in der Gegenwart und Zukunft.

Was denken Sie dazu?

Diagramm 1.6: Die Vernetzungen des Menschen

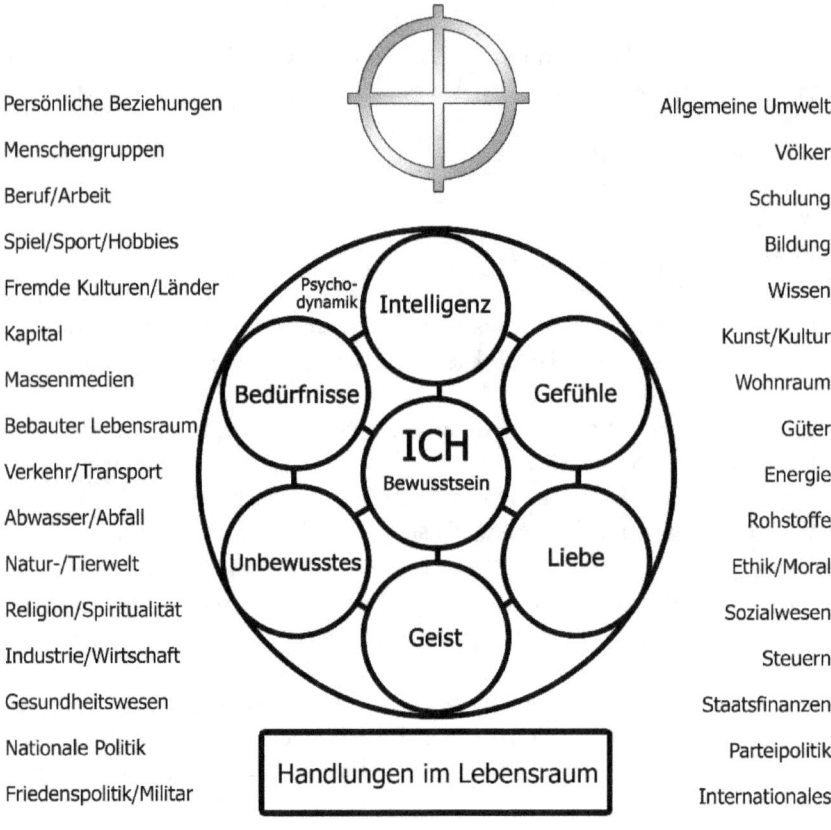

Persönliche Beziehungen	Allgemeine Umwelt
Menschengruppen	Völker
Beruf/Arbeit	Schulung
Spiel/Sport/Hobbies	Bildung
Fremde Kulturen/Länder	Wissen
Kapital	Kunst/Kultur
Massenmedien	Wohnraum
Bebauter Lebensraum	Güter
Verkehr/Transport	Energie
Abwasser/Abfall	Rohstoffe
Natur-/Tierwelt	Ethik/Moral
Religion/Spiritualität	Sozialwesen
Industrie/Wirtschaft	Steuern
Gesundheitswesen	Staatsfinanzen
Nationale Politik	Parteipolitik
Friedenspolitik/Militär	Internationales

Psycho-dynamik · Intelligenz · Bedürfnisse · Gefühle · ICH Bewusstsein · Unbewusstes · Liebe · Geist

Handlungen im Lebensraum

Umweltaneignung und Selbstverwirklichung

Die Natur des Menschen drängt ihn, die Umwelt sich anzueignen und daraus sich selbst zu verwirklichen. Es gibt viele Arten, wie der Mensch sich seine Umwelt aneignen kann. Immer hängt diese auch von der Qualität seiner psychisch-geistigen Formungsprozesse und damit von seinen Handlungskompetenzen ab.

A. Die anthropologisch-historische Perspektive:

1. Markieren, benennen, kategorisieren, bewerten
2. Bewegung im und durch den Raum, erforschen des Raumes, der Natur
3. Ausbeutung der Natur zum Lebensunterhalt
4. Ausbeutung der Natur als Rohstoffspender
5. Aneignung durch Domestikation von Tieren
6. Aneignung durch Eroberung und Unterwerfung anderer Menschen und Völker
7. Aneignung durch von Menschen gemachte Strukturen (Produkte, bebaute Umwelt)
8. Aneignung durch künstlerische oder wissenschaftliche Darstellungen von Raum
9. Aneignung durch Kommunikation (Überwindung von Distanz)

B. Die psychologische Perspektive:

1. Bewegung und Fortbewegung: berühren, ergreifen, gehen, führen, fahren
2. Erforschung des Raumes mit Hilfe der Sinne und Empfindungen
3. Manipulieren, machen, kategorisieren, produzieren, formen, entwickeln, zerstören
4. Kognitiv-sprachliches Beherrschen des Raumes: vermessen, abbilden, benennen
5. Kommunikation: Gebrauch des Raumes und räumlicher Objekte als Mittel
6. Inbesitznahme, Verfügung, Verwaltung von Natur und der bebauten Umwelt:

- vorübergehend oder dauerhaft
- durch Besetzung, Beschlagnahme, Markierung, Aneignung, Enteignung
- durch Einfrieden und einzäunen
- durch Verteidigung, Wahrung von Gesetzen und Ordnung
- durch Verwüstung (verbrannte Erde)
- durch legale oder illegale Besetzung

- durch Verletzung von Normen und Regeln
- durch kaufen, verkaufen, mieten, vermieten
- durch Erbschaft

7. Personalisierung von Räumen: Möblierung, dekorieren, markieren, schmücken, verändern oder umbauen; und damit bewohnbar bzw. wohnlich machen.

C. Die Verantwortung zur Selbstverwirklichung in der Umweltaneignung:

1. Menschsein ist ohne reflektierten Umgang mit den Ressourcen nicht möglich. Selbstverwirklichung vollzieht sich zwischen Lebensunterhalt und Selbstverwirklichung.

2. Der Mensch übernimmt Raum und gestaltet sich seine Lebenswirklichkeit durch seine psychische Disposition. Raum und Psyche stehen in einem aktiven Wechselspiel.

3. Produkte, bebaute Umwelt und die Tierwelt versteht der Mensch, je mehr er von der psychischen Wirklichkeit und der Vernetzung mit den Lebenswelten versteht.

4. Der Mensch verfügt, verwaltet und manipuliert, ohne dabei seine Freiheit in der Umweltgestaltung zu finden und die Freiheit den andern zu ermöglichen.

5. Umweltaneignung geschieht immer mit Kommunikation. Was redet der Mensch, wenn er sich der Art und Wirkung seiner Umweltaneignung nicht umfassend bewusst ist?

6. Verantwortung schafft erst den persönlichen Lebensraum. Ohne Verantwortung ist jeder auch noch so private Lebensraum nur äussere zweckorientierte Objektwelt, nie die Sinn-orientierte Chance (das Potential) und der Ausdruck der Selbstverwirklichung.

Belastungen der Verwirklichung im Lebensraum

Psychisch-geistige Funtkionen sind die ursächlichen Faktoren für die kritische Weltlage: Schreiben Sie nachfolgend einige Stichworte zu relevanten kritischen psychischen Faktoren:

Kritische psychische Faktoren im Kontext mit dem Lebensraum:

1. Luft (z.B. Verschmutzung	
2. Populationsentwicklung	
3. Wasser	
4. Boden	
5. Pflanzenwelt (z.B. Abholzen der Tropenwälder	
6. Tierwelt (z.B. Massentiertransporte	
7. Verstädterung	
8. Verkehr	
9. Strom	
10. Waffen	
11. Nahrungsmittelproduktion	
12. Abfälle	
13. Klima	
14. Chemie	
15. Psychopharmaka	
16. Unfälle	
17. Alkohol	
18. Essen	
19. Tabakkonsum	
20. Konsum von Süssigkeiten	
21. Medikamente	
22. Stärke und Macht	
23. Kapitalbildung (z.B. Betrug	
24. Aneignung von Besitz und Gütern (z.B. Diebstahl	
25. Leib und Leben	
26. Lebensraumausdehnung	
27. Arbeit	
28. Information/Wissen	
29. Medien	
30. Gesundheit	
31. Psychisches Leben	
32. Leistungen	
33. Nutzung von Arbeitskräften	
34. Ressourcen	
35. Radioaktivität	

Notizen und Perspektiven

Wozu dient die Betrachtung über das Zusammenspiel zwischen Lebensraum und Menschsein?

Notieren Sie die zentralen Schlüsselbegriffe dieses Unterkapitels:

Was ist der Mensch ohne reflektierte Gestaltung des Lebensraumes?

Erklären Sie: Reflektierte Umweltaneignung ist mir wesentlich, denn:...

Was haben Sie in Elternhaus, Schule und Kirche über die Wechselwirkung Mensch-Umwelt gelernt?

Welche Bedeutung hat die Umwelt im Gespräch zwischen Lebenspartnern und in sozialen Kontakten generell?

Wie gehen Politik und Wirtschaft mit den Umweltbelastungen um?

Was vermittelt die Werbung über das Wechselspiel Mensch-Umwelt?

Formulieren Sie eine Ihnen wichtige Frage zur Vernetzung des Menschen mit der Umwelt:

2.4. Übungen

1. Wie erleben und beurteilen Sie die Entwicklung Ihrer psychischen Kräfte?

2. Welche psychischen Kräfte möchten Sie bilden, entfalten, stärken oder verändern?

3. Welches Bild zu Ihren psychisch-geistigen Entfaltungsmöglichkeiten haben Sie?

4. Geben Sie zu den folgenden Statements spontan ein Beispiel:
Ich erlebe in mir Widersprüche und Gegensätze:

- Ich bin innerlich rückgebunden an:

- Meine psychischen Regierungsprinzipien sind:

- Mein Unbewusstes erlebe ich als:

- Ich führe/manage mich selbst im Alltag:

- Umwandeln sollte ich wohl:

- Neu geworden ist in mir in den letzten Jahren:

- Mein Verhältnis zum Gegengeschlechtlichen (Männlichen/Weiblichen) ist:

- Entfalten könnte ich an/in mir:

- Meine psychischen Kräfte sind mir:

5. Die psychische Wirklichkeit der Menschen bedeutet mir:

- Liebe leben tue ich wie folgt:

- Nicht harmonisch/ausgewogen sind bei mir:

- Meine Ganzheit erlebe ich:

- Mein Verstand/Intellekt und meine Gefühle/Bedürfnisse sind:

- Ich erlebe Einklang zwischen innen und aussen bei:

- Auf mich ist Verlass, denn mein psychisches Leben ist:

- Wenn ich meine psychischen Kräfte bilde, erlebe ich das Resultat so:

- Intuition nutze ich wie folgt:

- Ihre Folgerungen im Gesamtüberblick:

6. Vermerken Sie die Zahl, die für Sie zu jedem einzelnen Satz gilt:

4 = tue/lebe/habe ich regelmässig
3 = tue/lebe/habe ich oft
2 = tue/lebe/habe ich manchmal
1 = tue/lebe/habe ich wenig
0 = tue/lebe/habe ich selten/nicht

☐ Ich integriere mein psychisches Leben umfassend.
☐ Ich bin offen, die Wirklichkeiten zu entdecken und zu sehen, wie sie sind.
☐ Ich lebe in Rückbindung an meinen inneren Entfaltungsprozess.
☐ Ich lebe mit einem hohen Ausmass an Bewusstsein über mein Innenleben.
☐ Ich pflege Ordnung und ausgewogene Struktur in meinem Innern.
☐ Träume und Meditationen sind meine übergeordnete Instanz zur Lebensgestaltung.
☐ Ich habe ein hohes Mass an innerer Freiheit (Unbewusstes, Denken, Einstellungen).
☐ Ich denke, fühle, lebe tendenziell konstruktiv (einen "Lebensbaum" verwirklichend).
☐ Ich erlebe mich und mein Leben umfassend bewusst.
☐ Ich expandiere mein Wissen und Können, mein Leben generell, in Qualität.
☐ Soweit ich Macht habe, nutze ich diese zur Förderung und Führung.
☐ Mit meinem ganzen Wesen bin ich lebenszugewandt.
☐ Da, wo ich gebunden bin, lebe ich diese Bindung progressiv-aufbauend.
☐ Ich bejahe voll das psychisch-geistige Leben.
☐ Ich bin gegenüber dem psychischen Leben lernoffen.
☐ Mein Inneres (Unbewusstes) ist gut steuerbar, berechenbar und ausgewogen.
☐ Ich erlebe in mir aus der Bearbeitung der Biographie zunehmend neues Leben.
☐ Die Kraft der Liebe ist mir zentral in allem, was ich lebe, auch beruflich.
☐ Ich habe innere Wandlungen in Kleinen schon deutlich erfahren.
☐ Meine Gegensätze werden zunehmend aufgelöst zu einer ausgewogenen Ganzheit.
☐ Ich lebe im Einklang zwischen meinem Innern und dem äusseren Leben.
☐ Ich habe meditativ erfahren, was der Vollzug des Kreis-Kreuz-Mandalas bedeutet.
☐ Meine psychischen Kräfte sind umfassend und weitgehend entfaltet.
☐ Ich umsorge meine Gefühle und Bedürfnisse.
☐ Ich begegne allem wohl gebildeten psychischen Leben mit Respekt.
☐ Ich erlebe mich als eine innere Einheit.

◻ Den transzendentalen Dimensionen begegne ich mit Vernunft und Sachlichkeit.

◻ Wahrhaftigkeit ist mir sehr zentral in meinem Leben.

Gesamtsumme: ....

Interpretieren Sie den Stand/die Tendenzen Ihrer Regression-Progression:

Formulieren Sie einige Massnahmen für eine progressiven Entwicklung:

Multipe Choice Test

Wählen Sie die vier richtigen Antworten und kreuzen Sie diese an, so: ☒ a) Lust

2.1. Die Formung der psychischen Kräfte: Richtige Aussagen dazu sind:

☐ a) Lernprozesse beginnen ab dem Moment der Vorschule.
☐ b) Geeignete Formung führt zu Lebenskompetenzen.
☐ c) Selbstverwirklichung hat wesentlich mit Durchsetzungsvermögen zu tun.
☐ d) Der Mensch kann seine früheren Lernprozesse (Lernergebnisse) verändern.
☐ e) Psychische Kräfte können negativ geformt werden.
☐ f) Der Mensch kann die aktuellen Formungsprozesse bewusst mitbestimmen.

2.2. Charakteristisch für die psychisch-geistige Entfaltung ist:

☐ a) Loslösung aller irdischen Bedürfnisse
☐ b) Innen-Aussen-Einklang
☐ c) Wahrhaftigkeit
☐ d) Realisierung des Geistprinzips
☐ e) Ich-Auflösung
☐ f) Vernetzte Bildung aller psychischen Systeme

2.3. Die Vernetzung des Menschen im Lebensraum: Individuation ist besonders bedeutsam in folgenden Bereichen:

☐ a) Entfaltung der psychischen Kräfte
☐ b) Beziehungen
☐ c) Menschenführung
☐ d) Anerkennung in der Gesellschaft
☐ e) Kulturleben
☐ f) Mental-Training

3. Persönlichkeitsqualitäten

Wer die Ziele für seine Selbstbildung im psychischen Organismus und in der Individuation sucht, findet ein standfestes dynamisches Lebensfundament.

Essentielle Thesen

❑ Bilden heisst: Gezielt Wissen aneignen, zuwenden, erkennen, analysieren, Ziele festlegen, erweitern, verändern, anwenden, umsetzen, überprüfen.

❑ Die Ziele der Persönlichkeitsbildung basieren auf dem Modell des psychischen Organismus mit den anthropologischen Implikationen (Bildungskategorien).

❑ Bildungsziele stehen immer im Prozess der psychisch-geistigen Enfaltung und haben immer auch einen Bezug zur Lebenswirklichkeit.

❑ Persönlichkeitsziele basieren auch auf einem Interesse an Erkenntnis, an Handlung, an Glück und an Wachstum.

❑ Die Zielformulierungen setzen eine Beurteilung voraus über Dimensionen wie:

- ● entwickelt-unentwickelt
- ● bewusst-unbewusst
- ● entfaltet-unentfaltet

- ● geordnet-ungeordnet
- ● ausgewogen-unausgewogen
- ● integriert-abgewehrt

❑ Die Ziele basieren auf dem Interesse an Erkenntnis, Wachstum, Handlung und Glück.

Diese wiederum sind auf "höhere Werte" und auf zentrale "Lebenswerte" ausgerichtet.

❑ Ideale und Werte wie "Glück", "Friede", "Hoffnung", "Freude", "Harmonie", "Erfüllung" u.s.w. können konstruktiv diskutiert werden, wenn sie im psychischen System, im Individuationsprozess und gleichzeitig in der Lebenswirklichkeit rückgebunden sind.

3.1. Die Persönlichkeitsbildung als Prozess

Selbsterkenntnis und Individuation finden in der Persönlichkeitsbildung ihren konkreten Ausdruck. "Bildung" heisst: Formen, Gestalten, Verändern, Lernen, Aneignen und Werden.

Bildung in diesem Sinne ist ein Arbeitsprozess mit verschiedenen Zielen und Methoden in unterschiedlichen Bereichen. Die Bereiche sind festgelegt durch das Modell des psychischen Organismus im Lebensraum.

Die Arbeitsformen haben verschiedene Abstufungen. Zuerst muss man sich ein bestimmtes Wissen aneignen. Das Sachwissen (Theoriewissen) ist durch Zuwendung zur konkreten Wirklichkeit zu verstehen.

Was dabei wahrgenommen wird, ist durch Interpretation in Sprache zu fassen. Das beinhaltet auch ein Analysieren des Vorgegebenen.

Jede Analyse menschlicher Gegebenheiten erreicht auch die Entstehungsgeschichte, also die Zeit- und Raumdimension. Sodann können die Ziele der Veränderung, Erweiterung und Differenzierung festgelegt werden. Dies geschieht in Rückkoppelung mit dem inneren Geist und mit der Liebe.

Damit eine vielseitige Ausgewogenheit der Bildungsprozesse entstehen kann, sind die Ziele auch im Kontext mit anderen, dabei bedeutungsvollen psychischen Kräften in Verbindung zu bringen. Dann folgt die eigentliche Bildung: Ein Zustand A wird in einen Zustand B in Richtung der festgelegten Ziele verändert. Das Ergebnis wird im Leben eingesetzt. Schliesslich kann man prüfen, was die Anwendung im Leben bewirkt.

Werden alle psychischen Subsysteme und einzelnen Kräfte schrittweise gebildet, so hat dies Auswirkungen auf viele Lebensbereiche: Das persönliche Leben erhält eine differenzierte, vielseitig ausgewogene Prägung.

Gewisse Störungen lösen sich durch diesen Bildungsprozess von selbst. Manche Probleme können gar nicht erst auftauchen. Lebensherausforderungen, Krisen und Leiden können durch diese Bildung differenziert bewältigt werden. Die allgemeine Gestaltung des Lebensraumes erfährt eine Ausgewogenheit, die innen zentriert ist. Der Lebensraum wird für den Menschen gestaltet und nicht für ideologische oder wirtschaftliche Interessen.

So wie der Mensch geschult wird, bestimmte Sektoren des Lebens mit Fähigkeiten kompetent zu bewältigen, vom Autofahren bis zu beruflichen Tätigkeiten, so eignet sich der Mensch in der Persönlichkeitsbildung Lebenskompetenzen an, um seine psychische Wirklichkeit zu führen und zu nutzen.

→ Lebenskompetenzen (Wissen, Fähigkeiten) verändern das Leben.

Wer mit seinem psychischen Leben umgehen kann, erlebt seinen Selbstwert, baut Selbstvertrauen auf, findet Zufriedenheit, Freude und Glück.

→ Persönlichkeitsbildung ist die Lebensforderung.

Reflexionen und Diskussion

■ Bildung ist eine Tätigkeit mit folgenden abgestuften Prozessen:

▪ Wissen aneignen	▪ Zuwenden zur psychischen Realität
▪ Erkennen der einzelnen Elemente	▪ Interpretieren des Wahrgenommenen
▪ Analysieren der Wahrnehmungsinhalte	▪ In der Historizität verstehen
▪ Veränderungsziele festlegen	▪ Allseitig rückkoppeln mit allen Kräften
▪ Lage verändern	▪ Einsetzen im Leben
▪ Erfolgskontrolle	

Was verstehen Sie unter "Bildung"?

■ Durch diesen Bildungsprozess über alle psychischen Subsysteme ergeben sich Verbindungen zwischen Formungen und Wirkungen:

▪ Alltagsgestaltung	▪ Lebensraumgestaltung
▪ Lebensschwierigkeiten	▪ Krisen
▪ Konflikte	▪ Störungen
▪ Lebensleiden	

■ Bildung in diesem Sinne ist nicht Psychotherapie.

Voraussetzungen zur Psychotherapie sind:

- Notwendigkeit der medizinischen (ärztlichen) Betreuung
- Notwendigkeit der Fürsorge
- Behinderung in der selbständigen Lebensführung
- Einschränkungen in den allgemeinen Lebensformen
- Arbeitsunfähigkeit oder eingeschränkte Arbeitsfähigkeit
- Aktualität der Selbstschädigung

These: "Probleme gehören zum Leben". Was halten Sie davon?

■ Durch die einzelnen Schritte in diesem Bildungsprozess ergeben sich als innere Erfahrung auch Antworten auf die Grundfragen des Daseins, zuerst vor allem über Sinn und Werte des Menschseins.

Verschiedene allgemeine Lebensthemen erhalten eine neue Tiefe, so z.B.:

▪ Glück	▪ Frieden	▪ Urvertrauen
▪ Weisheit	▪ Freude	▪ Liebe
▪ Hoffnung	▪ Selbstvertrauen	

Was wünschen Sie sich zusätzlich in Ihrem Leben?

Was würden Ihre Wünsche in Ihrem Leben verändern?

Diagramm 1.7: Bildung des psychischen Organismus

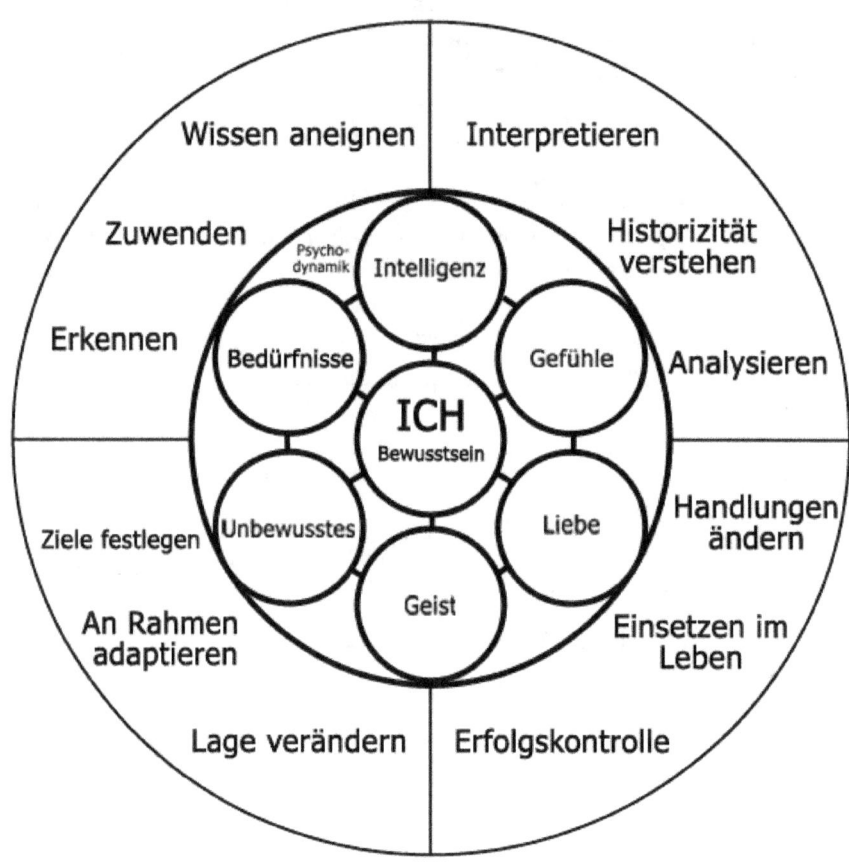

Persönlichkeit lernen oder Persönlichkeit bilden

In der Alltagssprache verstehen wir unter der "Persönlichkeit" einen Menschen, der mit folgenden Attributen ausgezeichnet ist: selbstbewusst, eigenständig, zielstrebig, durchsetzungsfähig, standfest, stark, entschlossen, beharrlich u.ä.m.

"Persönlichkeit" definieren wir als "der individuell geformte psychische Organismus", der weiter geformt, entfaltet, verändert und differenziert werden kann. Persönlichkeit ist das Gesamt der psychologischen Charakteristiken einer Person.

"Persönlichkeit" akzentuiert das individuell Geformte und Formbare. Wenn wir von "Menschenbildung" reden, erweitern wir den Horizont mit philosophisch-anthropologischen Dimensionen. "Mensch" meint dabei: die bei allen Menschen vorhandene psychisch-geistige Wirklichkeit.

In anderer Sprachverwendung meint der Begriff "Selbst" dasselbe wie "Person" oder "Persönlichkeit". Das ‚Selbst' hat auch eine spirituelle Dimension (C.G.Jung).

Da dieser Begriff zuerst ganz einfach reflexiv zu verstehen ist, und damit die ganze Person meint, ziehen wir es vor, hier von Person bzw. Persönlichkeit zu sprechen.

Die Kernthese lautet: Alle psychischen Kräfte können vollumfänglich ins Bewusstsein aufgenommen und bewusst gebildet bzw. verändert werden können. Diese Bildung tun nur wenige Menschen.

Die meisten Menschen wissen nicht, dass dies möglich ist. Sie haben nie gelernt, dass dies für ein aufbauendes Leben notwendig ist. Sie haben gar Angst vor der Zuwendung zu sich selbst.

Viele meinen, das Unbewusste sei ein "schwarzes Loch ohne Boden". Oder die Träume seien "dumme Geschichten", oder die Gefühle seien nur störende Kräfte. Oder die Liebe sei sexuelle Lust und Bedürfnisbefriedigung. Oder das Denken funktioniere automatisch richtig. Das alles ist grundfalsch.

Alle psychischen Kräfte sind eingrenzbar, bewusstseinsfähig, reflektierbar, veränderbar und vom Ich in die Lebensführung integrierbar. Hier setzt Persönlichkeitsbildung an.

So wie der Mensch psychisch geformt ist, so lebt er mit sich selbst, mit andern Menschen und mit dem Lebensraum. Der Umgang mit der eigenen Psyche zeigt sich im Umgang mit der Natur, mit dem Wasser, der Luft, der Erde, der Tierwelt.

So wie die psychischen Kräfte geformt sich, so gestaltet der Mensch sich seine Welt.

Persönlichkeitsbildung

- ist die Schlüsselqualifikation für das berufliche und persönliche Leben.
- ist in der Zukunft die notwendige Grundbildung jeder beruflichen Weiterbildung.
- schafft die Kompetenzen für aufbauende Beziehungen.
- reduziert viele Risiken im Lebenslauf und in der gesellschaftlichen Vernetzung.
- ist überall einsetzbar, kommt vielseitig zum Tragen, stabilisiert die Selbstidentität.
- bedeutet Lebenswissen und Alltagshandeln, das durchdacht und bearbeitet ist.
- qualifiziert zur Freizeitgestaltung, zum optimalen Umgang mit der Lebenszeit.
- schafft innere Sicherheit und Vertrauen in die eigenen Kräfte.
- führt hin zu einem allseitig ausgewogen gebildeten psychischen Organismus.
- ist unerlässlich in allen Lebensphasen für eine substantielle Erfüllung.
- integriert hohe ethische Verantwortung für sich, andere, Beruf, Gesellschaft.
- ist Investition für die Zukunft, weil die Zukunft grosse Herausforderungen stellt.
- ist Voraussetzung für Verantwortung in Bildung, Beratung, Pflege und Management.
- erreicht den Menschen in seinem tiefsten psychisch-geistigen Sein.

Unsere These: Persönlichkeitsbildung und Individuation formen einen Menschentypus, der in der Zukunft in allen Systemen der Gesellschaft gefragt sein wird.

Bildungsziele der Selbstbildung (der Persönlichkeitsbildung)

In der humanistischen Psychologie haben sich die folgenden 13 klassischen Ziele der Selbstbildung etabliert:

1. Grössere Wahrnehmung der Realität.

2. Wachsende Akzeptierung seiner selbst, der andern und der Natur.
3. Zunehmende Spontaneität.
4. Bessere Problemzentrierung.
5. Grössere Distanz und Sehnsucht nach Zurückgezogenheit.
6. Wachsende Autonomie gegen Akkulturation (Aneignung von Kultur).
7. Grössere Frische des Verständnisses/grösserer Reichtum der emotionalen Reaktion.
8. Höhere Frequenz der Grenzerfahrungen.
9. Identifikation mit der menschlichen Spezies.
10. Veränderte zwischenmenschliche Beziehungen.
11. Demokratische Charakterstruktur.
12. Stark zunehmende Kreativität.
13. Gewisse Wandlungen im Wertsystem.

Gibt es diese positive persönliche Eigendynamik der Selbstbildung?

Der realistische Umgang mit solchen Zielen verlangt die Beachtung einiger Aspekte und Tatsachen:

- Es gibt keine ungestörte (unbeeinflusste), natürliche Entwicklung der Persönlichkeit.
- Die Psyche und das menschliche Verhalten sind komplex und vielseitig vernetzt.
- Viele Kräfte, die den Menschen formen, stehen ausserhalb seiner Kontrolle.
- Es trifft nicht zu, dass der Mensch natürlicherweise sich selbst verwirklichen will.
- Vieles ist nicht, wie es scheint; Masken und Fassaden verdecken Realitäten.
- Ohne Wissen und Bearbeitung der Erfahrungen entsteht keine Selbstbestimmung.
- Frei werden vom Erfüllen kultureller Normen verlangt die Erarbeitung der Freiheit.

Die harten Fakten, die nach Persönlichkeitsbildung verlangen:

→ Viele Menschen in unserer Gesellschaft leiden an Depressionen, Migräne, sozialer Phobie, chronischer Angst oder an Schlaflosigkeit, haben täglich Kopfschmerzen, leiden an chronischer Verstopfung etc.

→ Viele Menschen in unserer Gesellschaft leiden an Problemen mit der Wirbelsäule oder haben Allergien, chronische Schmerzen, Asthma, Krebs, Sodbrennen etc.

➔ Viele Menschen in unserer Gesellschaft haben Gedanken, sich selbst umzubringen.

➔ Viele Menschen in unserer Gesellschaft sind süchtig von: Nikotin, Alkohol, Drogen, Medikamenten, Spiel, Konsum, Süssigkeiten, Pornografie, Essen, Fernsehen, Handy etc.

➔ Viele Menschen in unserer Gesellschaft sterben durch Unfälle (Verkehr, Arbeit, Freizeit), oder sie sind verletzt.

- Wie viele Menschen in unserer Gesellschaft scheitern mit ihrer Ehe?
- Wie viele Menschen in unserer Gesellschaft betrügen andere?
- Wie viele Menschen in unserer Gesellschaft sind Opfer von Gewalt oder Wirtschaft?
- Wie viele Menschen in unserer Gesellschaft leiden an Stresssymptomen?
- Wie viele Menschen in unserer Gesellschaft leben auf tiefstem ökonomischem Niveau?
- Wie viele Menschen in unserer Gesellschaft leiden an Emissionen (des Verkehrs)?
- Wie viele Menschen in unserer Gesellschaft leben von der Sozialhilfe?
- Wie viele Menschen in unserer Gesellschaft können sich sprachlich nicht ausdrücken?
- Wie viele Menschen in unserer Gesellschaft leben allein und in Einsamkeit?
- Wie viele Menschen in unserer Gesellschaft konsumieren Sex auf dem Markt?

These: Mindestens 50% dieser Leiden liesse sich durch Menschenbildung reduzieren!

Notizen und Perspektiven

Was ist der Gewinn der Persönlichkeitsbildung im Alltag?

Notieren Sie die zentralen Schlüsselbegriffe dieses Unterkapitels:

Was ist der Mensch ohne Persönlichkeitsbildung?

Erklären Sie: Meine Persönlichkeitsbildung ist wesentlich, denn:...

Was haben Sie in Elternhaus, Schule und Kirche über die Selbstbildung gelernt?

Welche Bedeutung hat die Persönlichkeitsbildung im Gespräch zwischen Lebenspartnern und in sozialen Kontakten generell?

Welche Persönlichkeitsbildung fördern Politik und Wirtschaft?

Was vermittelt die Werbung über die Notwendigkeit der Persönlichkeitsbildung?

Formulieren Sie eine Ihnen wichtige Frage zur Persönlichkeitsbildung:

3.2. Die Formulierung von Bildungszielen

Das Ergebnis der Persönlichkeitsbildung ist weder politisch, noch religiös, noch esoterisch oder spirituell zu klassifizieren.

Es entsteht dabei kein Rassist, kein Sozialist, kein Kommunist, kein Christlich-Sozialer, kein Christ, kein Moslem, kein Hindu. Individuation führt nicht in eine bestimmte psychologische oder philosophische Richtung herkömmlicher Art. Man wird auch nicht Anhänger einer psycho-religiösen Bewegung.

Die Gesamttheorie, d.h. der psychische Organismus und der Individuationsprozess, ist zwar verbindlich. Doch die Modelle sind stetig durch die Wissenschaft zu revidieren, zu erweitern und praktikabler zu formulieren.

Noch viel weniger geht es bei der hier vorgestellten Konzeption darum, eine "Idee" mehr neben hundert andere Ideen und Lehren zu stellen. Die Persönlichkeitsbildung mit Selbsterkenntnis und Individuation hat den Menschen selbst zum Ziel.

Das, was jeder ist, aus seiner psychisch-geistigen Wirklichkeit und Möglichkeit, ist Ausgangslage und Ziel.

Warum sollte der Mensch sich Ziele ausserhalb dieses Seins festlegen müssen?

Damit dieser Bildungsprozess effektiv das umfassende psychische Leben erreicht, sind die Bildungsziele abgestuft zu formulieren.

Die psychischen Kräfte, die Lebensraumkomponenten und das Geschehen der Bildung sind die Orientierungskriterien.

Wer dann von "Selbstverwirklichung" spricht, weiss, dass dies alle psychischen Kräfte miteinbezieht.

Wer für "Mündigkeit" plädiert, kommt nicht darum herum, diesen Zustand mit "Fähigkeit, die psychischen Kräfte zu steuern" zu umschreiben.

"Selbstverantwortung" steht inmitten dieser psychischen Wirklichkeit.

Was bedeuten "Glück" und "Erfolg", wenn solche Werte das psychische Leben ausschliessen? Dann entpuppen sie sich als "leere Hülsen".

→ Wo führt eine Persönlichkeitsbildung hin, die praktisch nur das Intelligenzsystem und die Ich-Stärke trainiert?

Es ist Aufgabe der Pädagogik und Andragogik, die kleinen Schritte der Bildung von allen psychischen Kräften zu erforschen und für das Bildungsprogramm festzulegen. Darüber kann dann diskutiert werden.

Hier gibt keiner "Befehle", ächtet niemand einen "Glaubensabtrünnigen" und zwingt keiner einen andern, sich eine Idee überzustülpen. Die Bildungsziele sind thematisch klar und in der Abstufung argumentierbar. Immer geht es dabei um Wachstum, Differenzierung, Entfaltung, Harmonisierung, Flexibilisierung u.s.w.

→ Da gibt es "Endziele", die dann alle wieder zur Ausgangslage für neue Ziele werden.

Das Leben ist immer in Bewegung. Die psychischen Kräfte werden zu einer Quelle für immer neue Kreationen. Der Lebensraum mit den Milliarden Menschen bietet unerschöpfliche Möglichkeiten und Herausforderungen, sich selbst und das Leben zu verwirklichen.

Reflexionen und Diskussion

■ Die Formulierung von Zielen in der Persönlichkeitsbildung basiert auf eindeutigen und sachlich diskutierbaren Grundlagen:

- Der psychische Organismus mit allen psychischen Kräften
- Der Prozess der Individuation
- Die Verflechtungen mit dem Lebensraum
- Die Stufen der praktischen Bildungsarbeiten

Wie haben Sie bis heute Ihre Bildungsziele formuliert?

■ Sind die Bildungsziele in erwähnter Weise rückgebunden an die psychische Wirklichkeit und den Lebensraum, dann erhalten allgemeine Zielbegriffe einen eindeutigen Inhalt, z.B.:

▪ Selbstverwirklichung	▪ Emanzipation	▪ Selbstbestimmung
▪ Selbstaktualisierung	▪ Selbstverantwortung	▪ Solidarität

Transformieren Sie diese Ziele in einzelne psychische Kräfte:

■ Auch allgemeine Lebensideale erhalten durch die klare Zielformulierung ein unmissverständliches Fundament, z.B.:

▪ Glück	▪ Erfüllung
▪ Erfolg	▪ Freude

Beschreiben Sie solche Ideale im Verbund mit den psychischen Kräften:

■ Formal enthalten alle "Endziele" dieselben Grundkomponenten:

▪ Entfaltung	▪ Stärkung	▪ Umsetzung
▪ Wachstum	▪ Stabilität	▪ Kreativität
▪ Differenzierung	▪ Harmonisierung	▪ Klarheit
▪ Ausgewogenheit	▪ Konstruktivität	▪ Nutzung
▪ Flexibilität	▪ Einsatzfähigkeit	▪ Tragfähigkeit

Was spricht Sie davon besonders an? Können Sie das erklären?

■ Alle Endziele erhalten im Prozess der Bildung verschiedene Abstufungen. Deshalb eignet sich die Formulierung: "In Richtung....Endziel".

Diagramm 1.8: Die gebildete Persönlichkeit

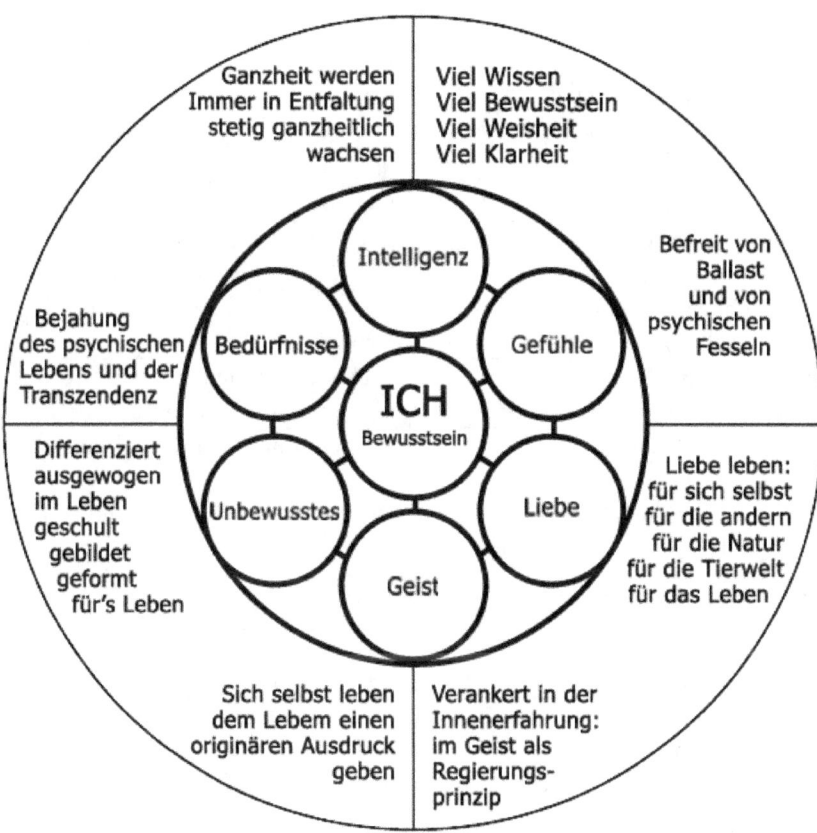

Ganzheit werden
Immer in Entfaltung
stetig ganzheitlich
wachsen

Viel Wissen
Viel Bewusstsein
Viel Weisheit
Viel Klarheit

Befreit von
Ballast
und von
psychischen
Fesseln

Bejahung
des psychischen
Lebens und der
Transzendenz

Differenziert
ausgewogen
im Leben
geschult
gebildet
geformt
für's Leben

Liebe leben:
für sich selbst
für die andern
für die Natur
für die Tierwelt
für das Leben

Intelligenz

Bedürfnisse

Gefühle

ICH
Bewusstsein

Unbewusstes

Liebe

Geist

Sich selbst leben
dem Lebem einen
originären Ausdruck
geben

Verankert in der
Innenerfahrung:
im Geist als
Regierungs-
prinzip

Ziele der Persönlichkeitsbildung in der Werbung

Einige Beispiele (Material aus einschlägiger Presse, von jedermann auffindbar und überprüfbar):

Weg zur sexuellen Ekstase	Sexuelle Luststeigerung
Erweckung schlafender Energien	Universelle Gesetze zum Reichtum
Persönlicher Erfolg durch Intuition	Dauerhaft vorwärtskommen
In Stimmung kommen	Metaphysische Heilung
In Liebe sein wie ein Fisch im Wasser	Erfolgreiche Steilkarriere; Gewinne!
Reisen in die Multidimensionalität	Überall geschätzt sein
Erfolg durch geheimes Wissen	Höchste Erleuchtung für Erfolg
Gewaltige Energien zur Verfügung	Wohlbefinden zum Überleben
Grenzen sprengen	Spirituelle Therapie-Technologie
Glücklich werden	Geistige Siebenmeilenstiefel z.Erfolg
Lächelnd in den Frieden kommen	Die grössten Geheimnisse erfahren
Ohne Gesundheit ist alles nichts	Das Wunder in 3-4 Minuten erleben
Persönlichkeitsanalyse für 80 Euro	Werde wohlhabend und reich
Schnell reich werden mit Astrologie	Erfahre die Liebe Gottes
Das Leben geniessen; Spass haben	Eins sein mit dem Universum
Anerkennung, Bewunderung finden	Heilung mit Reinkarnationserfahrung
Heilung in 10 Stunden	Erleuchtung durch Jenseitskontakte

Ziele der Persönlichkeitsbildung aus Buchtiteln der Lebenshilfe; Einige Beispiele (teilweise etwas gekürzt):

Rede und Du hast Erfolg	Heilmittel gegen Unglück
Sorge Dich nicht, lebe	Werde die Nr.1
Lebe begeistert und gewinne	Lebe positiv
Jeder Tag ein froher Tag	Jeder kann es schaffen
Glaubet aneinander	Lösung für jedes Problem
Ich kann, was (wenn) ich will	Sonnenschein für jeden Tag
Morgen wird alles anders	Wie man Zufall manipuliert
Du bist, was Du denkst	Täglich leben in Harmonie
Das Leben geniessen, trotz allem	Gesundheit über alles
Rezepte zum Glück	Wer krank ist, ist selber schuld
Sieh das Leben positiv	Sei Senkrechtstarter

Unser Standpunkt zu solchen Bildungszielen:

Sie täuschen etwas vor, was so nicht zu erreichen ist; sie versprechen Illusionen; sie sind rassistisch; sie sind diskriminierend; sie betrügen den suchenden Menschen; sie hintergehen das wirkliche Menschsein; sie lügen krass; sie nützen den hilfebedürftigen Menschen aus; sie halten den Suchenden und Hilfebedürftigen infantil; sie sind gegen tiefenpsychologische, gegen lebenswelttheoretische und gegen philosophische Aufklärung.

Sie sind aus der Sicht der hohen menschlichen Werte der pädagogisch-philosophischen Tradition des Abendlandes nicht akzeptierbar.

➔ Bilden Sie sich selbst Ihr Urteil und Ihre Begründungen.

Wachsamkeit, Fairness und echte Kritik

Tatsachen: Sekten werden kritisiert. Kirchen werden kritisiert. Parteien werden kritisiert. Philosophien werden kritisiert. Psychologien werden kritisiert. Wissenschaft wird kritisiert. Jeder kritisiert jeden: Die Leser die Zeitschriften, die Redaktoren die Autoren, die Autoren die Forscher, die Wissenschaftler die Praktiker und ... und ... und. Wir behaupten, durchaus begründet: würde Christus heute leben, die überwiegende Mehrheit der Redaktoren, der Wissenschaftler, der Forscher, der Esoteriker, der Psychologen, der Pfarrer, der Hobby-Parapsychologen, der Politiker, der 'einfache' Bürger würden ihn wieder kreuzigen (wollen). Darum mahnen wir ganz generell zur Vorsicht in Sachen "Wahrheit" und Kritik an denen, die behaupten, "Wahrheit" zu vermitteln. Der Standort des Kritikers ist nicht unerheblich!

Sekten bieten Menschenbildung an. Was aber ist eine "Sekte"? Ist eine Bildungsinstitution mit spirituellen Lehren und Praktiken eine Sekte? Warum ist die katholische Kirche keine Sekte? Sind die Freimaurervereinigungen, die Rosenkreuzer, die Geistheilervereinigungen Sekten? Warum sollten Erziehungswissenschaftler keine Sektierer sein, kann ein Spiritist fragen.

Ist es die Lehre, die eine Organisation als Sekte charakterisiert? Oder ist es das Geschäftsgebaren? Ihre zweifelhaften Geschäftspraktiken finden wir nun aber in vielen Berufszweigen und Firmen.

Viele Gründe bewegen Menschen zu jenen Organisationen zu gehen, die von den Medien und von Experten als Sekten gelten: Das Streben nach Zugehörigkeit; die Suche nach Ganzheit; die Suche nach kultureller Identität; das Bedürfnis anerkannt zu werden; das Bedürfnis, etwas Besonders zu sein;

die Suche nach Transzendenz; das Bedürfnis nach geistiger Lenkung; und das Bedürfnis nach einer Vision.

Nun gibt es allerdings viele Menschen, die aus denselben Beweggründen bei esoterischen und psychologischen Organisationen mitmachen, die nicht als "Sekte" gelten. Wohin soll denn ein Mensch gehen, der auf der Suche nach sich selbst und nach höheren Erkenntnissen ist? Auf was soll er kritisch schauen?

Zur Klärung und kritischen Beurteilung sind folgende Fragen massgebend:

- Werden die psychischen Kräfte des Menschen und der gesamte psychische Organismus umfassend angesprochen, gelehrt, gebildet und gewandelt?
- Praktizieren die Institutionen (Lehrer) jene Methoden, die ganzheitliche Selbsterkenntnis, Selbsterneuerung und Selbstwerdung schaffen für Mann und Frau?
- Lehren und praktizieren sie den inneren Weg, geführt und entfaltet durch die innere geistige Kraft (Geist) im Menschen?
- Erreichen und bilden sie all jene psychischen Kräfte im Menschen, die Lebensprobleme, Leiden, Schäden und Krieg schaffen?
- Führen sie die Menschen zu ihrem inneren Geist, der Lebensquelle in jedem Menschen?
- Erhalten die Menschen ein tiefenpsychologisches Bewusstsein über das Unbewusste, das sie als 'religiös' erleben?
- Bauen sie den Frieden in der Welt da auf, wo die Wurzeln beginnen, nämlich in den unbewussten psychischen Kräften im Menschen?
- Reflektieren und bilden die Verantwortlichen ihren eigenen psychischen Organismus und ihr Tun auf tiefenpsychologischem Hintergrund?
- Erfassen die Vertreter der Institution ihr Machtgebaren in der tiefenpsychologischen Wirkung auf das Unbewusste der Menschen?
- Werden die Projektionsphänomene - Bindung der Libido an Institution, Person und Lehre - offengelegt?
- Lieben (sie) den Menschen mit seiner Psyche und lieben sie das Leben als Ausdruck der psychischen Kräfte?
- Fördern sie Autonomie, Selbstverantwortung, Individualität, kritisches Denken und den Vollzug der innerpsychischen archetypischen Prozesse durch die Individuation?

Notizen und Perspektiven

Was ist der Nutzen eines Modells über die "gebildete Persönlichkeit"?

Notieren Sie die zentralen Schlüsselbegriffe dieses Unterkapitels:

Was ist der Mensch ohne Bildungsziele?

Erklären Sie: Die Formulierung von Bildungszielen ist mir ist wesentlich, denn:...

Was haben Sie in Elternhaus, Schule und Kirche über Bildungsziele gelernt?

Welche Bedeutung haben Bildungsziele im Gespräch zwischen Lebenspartnern und in sozialen Kontakten generell?

Welche psychisch-geistigen Bildungsziele zeigen sich in Politik und Wirtschaft?

Was vermittelt die Werbung über psychisch-geistige Bildungsziele?

Formulieren Sie eine Ihnen wichtige Frage zur Formulierung von Bildungszielen:

3.3. Die Begründung von Zielen

Jeder kann Persönlichkeitsbildung von sich weisen und sich irgendein System zur Bewältigung des Lebens aussuchen oder schaffen.

Jeder hat die Freiheit zu sagen: "Meine Gefühle interessieren mich nicht", oder "Liebe und Geist sind leeres Geschwätz", oder "Mein Glaube ist mein Heil", oder "Mein Kapital ist mein Glück".

Zuerst ist es Sache des einzelnen zu prüfen und zu entscheiden, ob und wie umfassend er sich selbst bilden will. Solange der Schaden in der Gesellschaft durch ungebildete Menschen tragbar ist, wird die Persönlichkeitsbildung kaum durchschlagend praktiziert werden.

Führt die fehlende Bildung aber zu katastrophalen Zuständen in einem Staat, zerstört sie den Lebensraum, dann werden die Menschen zu diskutieren haben, ob sie sich selbst bilden oder das Risiko weiterhin in Kauf nehmen wollen.

Die Diskussion um die Begründung beginnt mit der Entscheidung, ob die Menschen ein Interesse haben an dem, was jeder in seiner psychischen Innenwelt ist und wie diese Wirklichkeit das Handeln und das Daseinserleben beeinflusst.

Wenn erkannt wird, wie der gestaltete Lebensraum vom geformten psychischen Leben abhängt, wie die Zusammenhänge sind zwischen fehlender Liebe und Lebensleiden, wie das unbewältigte vergangene Leben im Unbewussten jeden Menschen bindet, dann beginnen die Menschen sich für das Wachstum zu interessieren.

Sie wollen sich bilden, entfalten, formen und evolutionär leben. Denn sie wollen Kultur schaffen und nicht Zerstörung, Frieden und nicht Krieg, Gerechtigkeit und nicht Ungerechtigkeit, Liebe und nicht Hass, Lebensfreude und nicht Not.

Wenn der Schaden "unter die Haut" geht und dramatisch wird, weiträumig Völker ausgelöscht werden, Hunger und Not Millionen in eine Katastrophe führen, die vitalen Lebensraumbedingungen so zerstört sind, dass sie viele hundert Millionen krank machen mit Todesfolgen, dann reden die Menschen darüber, ob es genügend Begründungen gibt für Selbstbildung, für humane Lebensräume, für Beziehungen mit Liebe und Geist.

Die Begründung der Persönlichkeitsbildung beginnt mit einem Grundsatzentscheid und führt dann zu den Einzelbereichen der psychischen Subsysteme und Lebenswirklichkeit. Die wissenschaftlichen Forschungen werden immer wieder neues Material zur Diskussion vorlegen.

Der einzelne kann für sich selbst entscheiden, ob und welche Ziele er in der Bildung erreichen will. Ist das Wohl des Staates, einer kontinentalen Gemeinschaft, ernsthaft bedroht, dann sind Persönlichkeiten nötig, die mit der ganzen Kraft ihrer Autorität, die Persönlichkeitsbildung mit Liebe und Geist in der Gesellschaft demokratisch durchsetzen.

Die "Lebensfrage" trifft letztlich alle: Wollen Sie leben? Bejahen Sie Ihr Leben?

Reflexionen und Diskussion

■ Die Begründungszusammenhänge liegen im Bereich der Grundlagen zu den ZielFormulierungen (der psychische Organismus und die Individuation). Es sind dazu keine weiteren Gedankensysteme wie Philosophie, Religion oder Ideologie nötig, um eine sachliche Einigung finden zu können.

Oder, wo sehen Sie weitere Begründungszusammenhänge?

■ Ein Grundsatzproblem bleibt: Der Mensch kann solche Ziele verweigern. Die entscheidenden Voraussetzungen liegen in vier Interessenbereichen. Wollen die Menschen:

• Erkenntnis	• Wachstum
• Handlung	• Glück (Erfüllung)

Was geschieht, wenn jemand diese vier Interessen nicht hat?

a) Erkenntnisinteresse:

▪ Neugier und Entdeckungslust	▪ Wunsch zu verstehen
▪ Bedürfnis nach Bewusstsein	▪ Reflexion der Daseinserfahrung

b) Wachstumsinteresse:

▪ entwickeln	▪ entfalten
▪ Integrieren, assimilieren	▪ evolutionär leben

c) Handlungsinteresse:

▪ Schaffensdrang (Kultur schaffen)	▪ Schöpfungsdrang (Kreativität)
▪ Lebensbedingungen erweitern	▪ Lebensmöglichkeiten nutzen

d) Glücksinteresse:

▪ Sinn und Erfüllung	▪ Liebe und Geist leben
▪ Wohlbefinden	▪ Frieden

■ Die entscheidenden Grundlagen zur Zielbegründung sind somit:

➔ die zunehmende Zerstörung des Lebensraumes und des Menschen nach dem Prinzip der Evolution: Selektion der nicht gebildeten Menschen

➔ der freie Wille zur verbindlichen Pflicht aufgrund der Erfahrung des psychischen Organismus, insbesondere der Liebe und des Geistes (auch der Vernunft)

➔ die vier Interessenbereiche, abhängig von der Bildung, denn: je grösser die Regression und der archaische Zustand, desto geringer diese Interessen

Sehen Sie weitere zentrale Grundlagen zur Zielbegründung?

Diagramm 1.9: Zielformulierungen für Persönlichkeit

Allgemeine Endziele der Persönlichkeitsbildung

Schritte der Selbstbildung - Etappenziele/Teilziele

Der nicht bewohnte und bebaute Lebensraum

Der Psychische Organismus und das Handeln

Der bewohnte und bebaute Lebensraum

Erkenntnis-
interesse

Wachstums-
interesse

Handlungs-
interesse

Glücks
interesse

Lernziele der Persönlichkeitsbildung

Jeder Bildungsprozess orientiert sich an Zielen. Die grossen Ziele (Richtziele) können in kleinere abgestufte Teilziele zerlegt werden.

Formulieren Sie eigene Ziele zur Persönlichkeitsbildung:

a) Richtziele: Starke, ausgeglichene Persönlichkeit werden; ganz sich selber verwirklichen; belastbar sein bei Stress; eine Beziehung partnerschaftlich leben; eine erfüllte Sexualität leben; die eigenen Potentiale verwirklichen u.s.w.

b) Grobziele: Die eigenen Persönlichkeitseigenschaften kennen und verstehen; Stressoren erkennen, handhaben können; die Psychodynamik stärken; die Prinzipien der Partnerschaft kennen; mit dem Lebenspartner reden u.s.w.

c) Feinziele: Schatten integrieren; kritische Situationen analysieren; Entspannungsmethoden erlernen; Kommunikationsregeln aneignen; die eigenen Potentiale kennen; die Körpersprache erkennen; sehr Intimes mit dem Partner mitteilen können u.s.w.

Hinweis: Die Lernzielbereiche unserer Persönlichkeitsbildung ergeben sich aus dem Modell des "psychischen Organismus". Formulieren Sie selbst die Bereiche und 'Unterbereiche', die Makro- und ihre Mikrobereiche, von der Ebene 'Richtziele' bis zur "Feinziel"-Ebene und diese dann noch in ihren einzelnen Mikro-Teile!

Praktische, noch formale Aspekte bei einer Zielformulierung sind:

● Wissen/Information/Erkennen/Bewusstsein/Beschreibung
● Können/Anwendung/Realisierung/Verwirklichung/Reagieren
● Planen/Entstehungsphase/Organisieren/Koordinieren
● Werten/beurteilen/Sinn zuordnen/Bedeutung erfassen/erklären
● Gewöhnung/Training/Einübung/Kontrolle
● Vernetzungen/Strukturen in der Sache, im Beziehungssystem, im Umweltsystem

Zielfragen führen immer zu den "obersten Zielen", zum Beispiel:

▪ Persönlichkeit (als Ziel)
▪ Moralischer Charakter
▪ Demokratischer Charakter
▪ Humanistische/christliche/sozialistische Persönlichkeit

- Menschlichkeit (Humanität)
- Gewissen
- Freiheit
- Verantwortungsbewusstsein
- Selbstbestimmung
- Selbstverwirklichung
- Liebe
- Tugend

Philosophische Begründung von Bildungszielen

These: Die Begründung von Zielen wurzelt letztlich in der Ethik und diese wiederum in der Philosophischen Anthropologie, d.h. im gesetzten Menschenbild.

Wer Bildungsziele sucht, philosophiert, frägt, forscht und bemüht sich zu verstehen. Denn die Bildung des Menschen erreicht sein Sein und damit auch seine Bestimmung.

Dazu einige Anregungen (aus vielerlei Literatur):

- Worauf kann und soll der einzelne Mensch hoffen dürfen?
- Was ist das menschliche Leben heute noch wert?
- Philosophieren bedeutet nicht einen Besitz der Philosophie häufen, sondern das Philosophieren als Bewegung vertiefen.
- Der Fluch des unaufhaltsamen Fortschritts ist die unaufhaltsame Regression.
- Die Freiheit in der Gesellschaft ist vom aufklärenden Denken unabtrennbar.
- Alles Rationalisierte ist entgeistigt; der Einzelmensch wird entwertet, ja entgeistigt.
- Aufklärung ist die Befreiung des Menschen aus seiner selbst verschuldeten Unmündigkeit.
- Glück, Gesundheit, Gerechtigkeit, Frieden, Freiheit, Mündigkeit enthalten ein imperativistisches Moment.
- "Emanzipation" will frei machen von nicht rational ausmachbaren und ausweisbaren Zwängen.
- Ein Akt der Selbstreflexion, der ein Leben ändert, ist eine Bewegung der Emanzipation.
- Freiheit kann nicht mehr auf einen weiteren Grund zurückgeführt werden. Die Freiheit des Menschen ist jedoch keine uneingeschränkte, beliebige Freiheit, sondern autonome Freiheit, die sich selbst ihr Gesetz gibt.

- Ohne Verpflichtung auf die Gesetze, Werte, ja 'Grundwerte' des Menschlichen ist Freiheit eine Illusion.
- Bekenntnis und Lebensweise in Liebe, Wahrheit, Gewissenhaftigkeit, Individualität, Freiheit, Subjekthaftigkeit können wissenschaftlich nicht bewiesen werden.
- Der Mensch muss lernen, Hoffnungen selbst zu gründen.
- Menschenbildung muss normativ sein, will sie dem Menschen helfen, zu einem Handeln zu gelangen, das sich abhebt von gelegten Geleisen und fremdgestellten Weichen, das sich frei weiss von Routen und Routenvorschriften mit eingebauten Ersatzrouten und darf dabei dennoch nicht in Indifferentismus, Anarchismus, Skeptizismus, Nihilismus und Kritizismus landen.
- Menschenbildung bedeutet: erste und vornehmste Aufgabe, einen Menschen werden zu lassen.
- Der wahrhaft freie Mensch will nur, was er kann und tut, was ihm gefällt.
- Unsere ganze Weisheit besteht in knechtischen Vorurteilen.
- Das Licht der Vernunft ist uns von Gott mitgegeben; der Mensch ist zur Bindung an Gott freigegeben.
- Das göttliche Licht ist der Ursprung der Erkenntnisfähigkeit des Menschen und seiner Einsichtfähigkeit.
- Der Mensch weiss nicht um das Wirkliche und weiss auch nicht um sein Nicht-Wissen.
- Der Mensch ist aufgrund seiner nicht leugbaren prinzipiellen Geistigkeit ein entscheidungsfreies und handlungsoffenes Wesen, dem es aufgegeben ist, durch seine Geistigkeit sich selbst in seinem Entscheiden und Handeln, Denken und Wollen zu erleisten, damit sich seine Welt zu schaffen und seine Geistigkeit in allen seinen Denk-und Handlungsvollzügen zu bewähren.
- Personale Sittlichkeit lässt sich nicht an der Handlung als solcher, sondern nur an der Qualität des zugrundeliegenden Willens ausmachen.

Notizen und Perspektiven

Wozu dient die Begründung von Bildungszielen?

Notieren Sie die zentralen Schlüsselbegriffe dieses Unterkapitels:

Was ist der Mensch ohne reflektierte Begründung von Bildungszielen?

Erklären Sie: Begründung von Bildungszielen ist mir wesentlich, denn:...

Was haben Sie in Elternhaus, Schule und Kirche über die Begründung von Bildungs-zielen gelernt?

Welche Bedeutung hat die Begründung von Bildungszielen im Gespräch zwischen Lebenspartnern und in sozialen Kontakten generell?

Wie begründen Politik und Wirtschaft die allgemeinen Bildungsziele?

Welche Argumente vermittelt die Werbung zur Persönlichkeitsbildung?

Formulieren Sie eine Ihnen wichtige Frage zur Begründung von Bildungszielen:

3.4. Übungen

1. Welches sind bis heute Ihre Persönlichkeitsideale?

2. Wie zeigen sich Ihre "ungeeignet geformten" psychischen Kräfte im Leben?

3. Wie zeigen sich Ihre "geeignet geformten" psychischen Kräfte im Leben ?

4. Machen Sie sich zu den folgenden Fragen je einen Gedanken:

- Was geschieht, wenn Sie Ihre Psychodynamik nicht pflegen?

- Was geschieht, wenn Sie Ihre psychischen Grundbedürfnisse nicht ernst nehmen?

- Welche Folgen entstehen, wenn Sie Ihren Gefühlen immer freien Lauf lassen?

- Was bleibt übrig, wennn Sie keine Liebe mehr leben?

- Wo führt das hin, wenn Sie Ihre Intelligenz nicht hinreichend nutzen?

- Was haben Sie zu erwarten, wenn Sie Ihr Unbewusstes nie bereinigen?

- Welche Qualität hat Ihr Leben ohne Meditation, Traum und Geist?

- Was bewirkt es langfristig, wenn Sie Ihre psychischen Kräfte nicht ernst nehmen?

- Wie ist eine Liebesbeziehung ohne bewusste Integration des psychischen Lebens?

- Was ist der Unterschied in Ihrem Leben mit und ohne psychisch-geistige Entfaltung?

5. a) Formulieren Sie drei besonders wichtige Ziele Ihrer Persönlichkeitsbildung:

5. b) Was geschieht in Ihrem Leben, wenn Sie diese Ziele nicht anstreben?

6. Kreisen Sie ein, welche formalen Zielaspekte Ihnen besonders wichtig sind:

Entfaltung	Wachstum	Stärkung	Wissen
Differenzierung	Flexibilität	Harmonisierung	Steuern
Ausgewogenheit	Tragfähigkeit	Einsatzfähigkeit	Bewusstsein
Freiheit	Kreativität	Konstruktivität	Ordnung
Nutzung	Umsetzung	Ausschöpfung	Integration

7. Die Bildungsfrage: Was wollen Sie wie neu bilden und fördern?
Formulieren Sie mit Hilfe der nachfolgenden Punkte ein konkretes Ziel:

● Wissen ● Können ● Organisieren ● Beurteilen ● Training ● Vernetzung

Konkreter Ausgangspunkt: Psychische Kraft, Persönlichkeitsaspekt Wählen Sie dazu etwas aus:	Konkretes Ziel: Handlungsorientierte Umschreibung Formulieren Sie Ihr Ziel:

Multiple Choice Test

Wählen Sie die vier richtigen Antworten und kreuzen Sie diese an, so: ☒ a) Lust

3.1. Die Persönlichkeitsbildung als Prozess: Aktive Bildungsleistungen zum psychischen Organismus sind:

☐ a) Vergangenes nicht wichtig nehmen
☐ b) Erkennen ☐c) Verstehen
☐ d) Dominieren des Unbewussten
☐ e) Erfolgskontrolle
☐ f) Wissen aneignen

3.2. Die Formulierung von Bildungszielen: Die folgenden Aussagen zum Thema sind richtig und geeignet für die Individuation:

☐ a) Ziele enthalten (fast) immer auch einen Wachstumsaspekt.
☐ b) Ziele der Persönlichkeitsbildung sind an eine Ideologie zu binden.
☐ c) Die Glaubenslehre als Grundlage für Zielentscheidungen ist elementar.
☐ d) Ziel-Formulierungen basieren immer auf dem psychischen Organismus.
☐ e) Endziele und Prozessziele lassen sich in kleine Ziele zerlegen.
☐ f) Die Verflechtung mit dem Lebensraum ist ein wichtiger Aspekt in der Ziel-Formulierung.

3.3. Die Begründung von Zielen: Zielbegründungen sollten enthalten:

☐ a) Erkenntnisinteresse
☐ b) Handlungsinteresse
☐ c) Wachstumsinteresse
☐ d) Gipfelerlebnisse
☐ e) Glücksinteresse
☐ f) Interesse des Zeitgeistes

4. Selbsterkenntnis als Prozess

Systematische Selbsterkenntnis ist Voraussetzung für ein menschenzentriertes Leben und für eine allseitig ausgewogene Lebensentfaltung.

Essentielle Thesen

❑   Im allgemeinen kennen die Menschen über 90% Ihrer eigenen psychischen Kräfte nicht oder vage.

❑ Die meisten Menschen wehren sich gegen eine vertiefte Selbsterkenntnis. Sie wollen nicht sehen und nicht erleben, was sie in ihrer psychischen Innenwelt sind. Sie haben nie Gelegenheit erhalten, dies zu lernen.

❑ Selbsterkenntnis ist die Grundlage und die unerlässliche Voraussetzung für ein bewusstes und differenziertes Menschsein mit Liebe und Geist.

❑   Der Mensch kann nur steuern, verändern, bilden, entfalten und lieben, was er kennt und innerlich auch als Realität erlebt.

❑   Selbsterkenntnis reduziert Störungen und Schwierigkeiten, fördert Wachstum und Entfaltung, befreit von Illusionen und Abhängigkeiten, aktiviert Verantwortung und damit Pflichtbewusstsein für sich und die Lebensmöglichkeiten.

❑ Selbsterkenntnis ist ein Prozess:

● Immer mehr Wissen: erkennen und erfahren
● Immer mehr Handlungen: bilden, entfalten, erweitern
● Immer mehr Glück bzw. Erfüllung: realisieren und erleben
● Und wieder: breiteres Bewusstsein für noch mehr Wissen

4.1. Die Offenheit für Selbsterkenntnis

Selbsterkenntnis ist der Anfang jeder evolutionären Lebensweise. Ohne Selbsterkenntnis bleibt der Mensch ein "archaisches Wesen", gefangen in Unbewusstheit und innerem Chaos.

Die meisten Menschen können wenig anfangen mit ihren Träumen. Ausserhalb gewisser psychologischer Richtungen, der Werbung und der politischen Manipulationen hat das Unbewusste keine praktische Bedeutung. Niemand interessiert sich dafür. Jeder versucht, mit seinen Gefühlen und Bedürfnissen "irgendwie" fertig zu werden.

Entspannung wird wenig methodisch gesucht und der Spannungszustand auch selten hinterfragt. Wie der Mensch wahrnimmt, wie er denkt und spricht, das beschäftigt nicht viele Menschen. Dass der Mensch abwehrt und verdrängt, nimmt man meist nur nebenbei zur Kenntnis.

Das gesamte psychische Leben ist in der Volksschule nur fragmentarisch angesprochen. Das Leben soll die "Schule" des Erwachsenen sein, heisst es. Im Leben lernt der Mensch: Gier und Neid, Hass und Aggressionen, Lügen und Maskenspiele, Spiessrutenlaufen und Machtstrategien.

Wer von "Psychologie" nichts wissen will und für "Persönlichkeitsbildung" nur ein "müdes Lächeln" übrig hat, wird kaum Zugang finden zur Selbsterkenntnis.

Die Standardreaktionen sind da etwa:

"Ich kenne mich genug", oder "Ich bin schon entwickelt", oder "Mir hat niemand etwas zu sagen", oder "Ich habe genug Schulung gehabt", oder "In der Bibel steht, wie der Mensch leben soll", oder "Ich glaube an Gott, das genügt", oder "Ich bin bescheiden und will keine Weisheit", oder "Lassen Sie mich in Frieden mit solchem Geschwätz", oder "Reich lebt sich's leichter". Immer wieder haben die Menschen alle möglichen Reaktionen auf das Thema "Selbsterkenntnis".

Beginnen die finanziellen Probleme in einer Ehe, sind Liebe und Geist schnell weg. Das Leben ist ökonomischer Überlebenskampf für Millionen. Was soll da Selbsterkenntnis?

Solidarität zur Selbsterkenntnis ist in der Gesellschaft kaum vorhanden. Damit lässt sich kein Geld verdienen, kein Ansehen schaffen und wenig erotische Lust erzeugen. Die positiven Möglichkeiten der Selbsterkenntnis sind unbekannt.

Selbsterkenntnis ist ein gezielter Bildungsprozess: Der Mensch muss diese Bildung wollen. Er muss dazu bestimmte Methoden lernen. Er hat eine ganze Reihe eindeutig definierbarer Arbeiten zu tun. Dazu sind auch einige konstruktive Einstellungen nötig. Selbsterkenntnis sucht jemand, weil er darin einen Gewinn sieht, äusserlich, innerlich oder geistig.

Wer Selbsterkenntnis praktiziert, schätzt innere Werte hoch ein. Wer sein Leben höher bewertet als technische Güter und Kapital, wird ein Interesse an seinem Innenleben aufbauen können.

➜ Selbsterkenntnis ist innere Erfahrung und nicht bloss Reden.
➜ Wie können Sie Psychologie studieren und die Bedeutung für Sie ignorieren?

Reflexionen und Diskussion

▪ Im allgemeinen kennen die Menschen über 90% ihrer psychischen Kräfte nicht oder nur vage. Sie verfügen über wenig Bewusstsein über das Wirken ihres psychischen Lebens. Dies hat viele Gründe:

• Die Schule vermittelt wenig Einblick in das innere Leben und in die Wirkungsweise des psychischen Lebens.
• Die Lebensweise in der industrialisierten Gesellschaft orientiert sich an äusseren Werten.
• Die Denkweise der Menschen und damit der Zeitgeist tendiert auf Verdrängung von Leid, Schwächen, Angst, Minderwertigkeit, Sorgen und Mühen.
• Die Bindung an das Materielle, an Ideologien und Dogmen ist einfacher als die Arbeiten der Selbsterkenntnis.
• Es gibt eine unausgesprochene Solidarität zwischen den Menschen, die heisst:

➜ Finde Dich nie.
➜ Schaue nie in die eigenen Tiefen.
➜ Nimm Liebe nicht so ernst.
➜ Decke nie die 'Lebenslüge' auf.".
➜ Niemals sage die Wahrheit"

Wie sehen Sie Ihr Bewusstsein über das Wirken Ihrer eigenen psychischen Kräfte?

■ Offenheit zur Selbsterkenntnis basiert auf Lebenseinstellungen, wie z.B:

- Das innere Erleben ist wichtiger als Worte.
- Innere Werte stehen über äusseren Werten.
- Das Leben steht über der Technik und industrialisierten Organisation.
- Selbstbildung ein Leben lang ist eine Lebensweise.
- Innen Orientierung und Halt suchen ist sicherer als äussere Fixierungen.
- Vielseitig ausgewogen leben bringt mehr Erfüllung als einseitig leben.

Wie steht es um die Offenheit der Menschen?

■ Hemmend auf die Bemühungen zur Selbsterkenntnis sind dem gegenüber z.B.:

- Abwehren von Gefühlen
- Nach aussen gerichtete Hyperaktivitäten
- Probleme und Schwierigkeiten als "negativ" bezeichnen
- Fundamentalistisches Denken
- Mit Vorurteilen alles "Psychologische" von sich weisen
- Liebe und Geist als elementare Lebenswerte negieren
- Mehr reden als denken und das eigene Denken wenig reflektieren
- So tun, als ob man über den Menschen und das Leben genug wüsste

Diagramm 1.10: Das Erleben der Selbsterkenntnis

SELBSTVERANTWORTUNG
LERNBEREITSCHAFT
ERNSTHAFTIGKEIT
MENSCHLICHKEIT
SELBSTVERTRAUEN
BEREICHERUNG
VERSÖHNUNG
ENTLASTUNG
OFFENHEIT
NÜCHTERNHEIT
EHRLICHKEIT
ECHTHEIT
REALISMUS
SACHLICHKEIT

Selbsterkenntnis lexikalisch

Selbsterkenntnis ist im Laufe der Geschichte unter vielen Aspekten diskutiert worden. Dazu eine Auswahl an Statements:

Selbsterkenntnis ist Hinwendung des Erkennens auf das eigene Ich. Das Selbst als eine gestaltete und überdauernde Vorstellung in der Erfahrung des Menschen wird auf seine Eigenarten untersucht (eigenes Sein, Verhalten, Anlagen, Fähigkeiten, Einstellungen, Motivationen).

Als Voraussetzung für die Entfaltung und Gestaltung der eigenen Persönlichkeit wurde Selbsterkenntnis schon bei den Griechen der Antike als Grundlage gefordert, wie es u.a. aus der Aufschrift des Apollotempels in Delphi hervorgeht: "Erkenne Dich selbst".

Die Selbsterkenntnis, das Innewerden des Selbst, beruht einerseits auf der Selbstbeobachtung, anderseits auf Rückempfindungen, welche aus der Konfrontation des Menschen mit Problemen in seiner Umwelt und der zwischenmenschlichen Kommunikation erfasst werden.

Trotz der berechtigten Forderung nach Selbsterkenntnis hat es an skeptischen Stimmen ihr gegenüber nie gefehlt, welche auf die Neigung des Menschen hinweisen, sich (auch) vor sich selbst zu maskieren.

Erkenne Dich selbst ist Vorbedingung der Sittlichkeit, ist Anfang und Mittelpunkt aller menschlichen Weisheit.

Selbsterkenntnis geschieht niemals durch Betrachten, wohl aber durch Handeln. Versuche Deine Pflicht zu tun und Du weisst gleich, was an Dir ist.

Erkenne Dich selbst bedeutet, dass der Mensch hinter die sinnlichen Inhalte seiner Erkenntnis zurückfragen und sich der Voraussetzung der Ideen, insbesondere der Idee des Guten, bewusst werden müsse.

Der Mensch kommt nur zu einer richtigen Einschätzung seiner selbst, wenn er sich als Mittler zwischen Tier und Gottheit begreift.

Was der Mensch ist, erfährt er nur durch die Wahrheit. Der Sinn jeder Selbsterkenntnis kann also nur darin bestehen, den personal anzusprechenden Gott zu erkennen.

Selbsterkenntnis ist: 1) Selbstbewusstsein; 2) Selbstreflexion; 3) Wissen um das eigene tatsächliche Leben (im Gegensatz zum Selbstbetrug); 4) Wissen um das eigene Wesen; 5) Wissen um den wahren Zweck des eigenen Lebens - oder Einsicht, dass es einen solchen Zweck nicht gibt, sondern nur das Absurde.

➔ Was der Mensch ist, sagt ihm nur seine Geschichte.

Wenn der Mann auf der Strasse beginnt, sich selbst zu 'entdecken' , wenn er über sein Verhalten, seine Moral, seine Gefühle, die Basis seiner Prinzipien und seiner Erwartungen nachdenkt, dann tut er nichts anderes als was ein Wissenschaftler tut, der das menschliche Verhalten erforscht - nur eben laienhaft und unsystematisch.

Könnte der Laie wissenschaftlich vorgehen, ja könnte er sich auch nur die elementarsten Grundlagen der Wissenschaft aneignen, dann wären seine Chancen zur Selbsterkenntnis beträchtlich höher.

Der Mensch ist ein Wesen, das in sich gleichermassen die Möglichkeit birgt, auf das Niveau eines Tieres herabzusinken oder sich zu einem heiligmässigen Leben aufzuschwingen.

Wer bin ich? Was bin ich? Alltagsperspektiven

- Am Abend vor dem Fernseher
- Nach einem üppigen Essen, zwei Glas Wein und einem Schnaps
- Am Strand inmitten einer Menschenmasse
- Nach Feierabend auf der Heimfahrt im Auto in stehender Kolonne
- Im Erleben eines einschneidenden Misserfolges am Arbeitsplatz
- Als Vorgesetzter im Umgang mit psychisch viel schwächeren Untergebenen
- Mit grossem Hunger beim Einkaufen im Supermarkt
- Während einer heftigen Grippe
- Nach sechs Stunden Fussmarsch, ziemlich erschöpft
- Während dem Essen, das zu spät kommt und erst noch versalzen ist
- Im Gespräch mit einem Tiefenpsychologen
- Wenn ich lache
- In einem Moment tiefer Trauer
- Wenn ich verzweifelt und ohnmächtig bin
- In einer Situation, wo mich andere zutiefst demütigen
- Wenn ich ganz allein bin und dies kaum mehr ertragen kann
- Wenn ich Gemeinheiten und Intrigen ausgeliefert bin
- Allein am Samstagabend mit dem Bedürfnis nach Zärtlichkeit und Sex
- Mit Freunden und Bekannten an einer Party um 0345 Uhr

- Im Umgang mit Haustieren
- Inmitten jahrelanger Arbeitslosigkeit
- Nach Verlust der eigenen Firma (oder der "Top-Stelle")
- Vom Schicksal hart getroffen als Opfer einer kriminellen Tat
- Wenn ich schwere Fehler begangen habe und dies erkenne
- Nach Verlust des Lebenspartners, eines Kindes, eines geliebten Menschen
- In lange anhaltender Stresssituation

Das Selbstbild (Selbstidentität): Wenn die Rede ist von Selbstbild, dann meint man generell die Gesamtheit der Person (die Gesamtpersönlichkeit), das psychische Leben und den Charakter, einschliesslich die realisierten Lebensmöglichkeiten. Das Selbst ist also im Kern die psychische Struktur, d.h. der psychische Organismus, einschliesslich der Handlungen.

Das Selbstbild ist das Resultat der eigenen Selbsterkenntnis. Im Selbstbild gibt sich der Mensch im Kern phantasiereich seinen eigenen Wert durch Äusseres, ganz gemäss dem Zeitgeist: Geld, Güter, Ansehen, Macht, Status, Kleider, Konsum u.s.w. Der Eigenwert gründet nicht auf den eigenen Potentialen, Anlagen und Fähigkeiten, nicht auf Kreativität, Denken, Liebesfähigkeit u.s.w.

Das Selbstbild und damit die Selbsterkenntnis ist meist Ausdruck der Anpassung und Selbstablehnung.

Das realistische Selbstbild basiert auf:

- Selbstbild erweitern wollen	- Verantwortlich sein für das eigene Schicksal
- Wissen aneignen	- Dem psychischen Leben die Wichtigkeit geben
- Gefühle bewusst erkennen	- Bereitschaft zum Lernen
- Soziale Anpassung flexibel halten	- Offenheit für selbstkritische Wahrnehmung
- Abgewehrtes anschauen und bearbeiten	- Innenorientierung als Methode erlernen
- Verdrängtes bewusst machen	- Entwicklung und Wachstum wollen

"Schicksal" als das vorgegebene Leben verantworten.

Notizen und Perspektiven

Was ist der allgemeine Gewinn der Selbsterkenntnis?

Notieren Sie die zentralen Schlüsselbegriffe dieses Unterkapitels:

Was ist der Mensch ohne Selbsterkenntnis?

Erklären Sie: Meine Selbsterkenntnis ist wesentlich, denn:...

Was haben Sie in Elternhaus, Schule und Kirche über die Selbsterkenntnis gelernt?

Welche Bedeutung hat die Selbsterkenntnis im Gespräch zwischen Lebenspartnern und in sozialen Kontakten generell?

Wie gehen die Akteure in Politik und Wirtschaft mit ihrer eigenen Selbsterkenntnis um?

Was vermittelt die Werbung über die Selbsterkenntnis?

Formulieren Sie eine Ihnen wichtige Frage zur Selbsterkenntnis:

4.2. Die Selbsterkenntnis als Prozess

Wissen über den Menschen "im Kopf" bewirkt keine Selbsterkenntnis. Erst die erlebnismässige Erfahrung des Wissens durch die Begegnung mit sich selbst kann als Selbsterkenntnis bezeichnet werden. Deshalb ist die Selbsterkenntnis nicht nur ein Sachbereich der Psychologie, sondern vor allem der Andragogik, d. h. der Wissenschaft über die Menschenbildung.

Erlebnismässige Selbsterkenntnis setzt einen vielseitigen komplexen Prozess in Gang. Wer den Zustand und das Funktionieren seiner psychischen Kräfte bewusst erlebt, entwickelt ein Veränderungsbedürfnis da, wo es als wünschbar erscheint.

Je mehr der Mensch an sich selbst erkennt, desto mehr erweitert er seine Wahrnehmung auch gegen aussen. Er sieht die Menschen immer differenzierter.

Selbsterkenntnis führt immer wieder zur Frage: Warum ist das so? Wie ist das geworden? Dies drängt zu einer akzeptierenden und versöhnlichen Haltung gegenüber der eigenen Lebensgeschichte. Das ist dann eine Grundlage, den andern Menschen zu begegnen.

Als nächster Prozess folgen die kleinen Veränderungen im eigenen psychischen Leben. Sie haben Auswirkungen auf die Lebensgestaltung. Das bedeutet Bewegung, Differenzierung und immer mehr bewusste Selbststeuerung.

Diese Entwicklungen werden in der Selbsterkenntnis erfasst, woraus sich wiederum ein erweitertes Bewusstsein über sich und sein Leben ergibt. Der Prozess wird spiralförmig.

Wer durch Selbsterkenntnis in diesen Bildungsprozess hineinwächst, wird auch auf sein Beziehungsleben entsprechend einwirken. Er sieht seinen Lebenspartner so differenziert wie sich selbst. Er fördert die Entfaltung des Partners wie seine eigene. Er kommt ins Gespräch über die inneren Erfahrungen. So kann eine Beziehung immer lebendiger werden im Austausch der Selbstbegegnung. Die Träume des andern, die Verarbeitung des gelebten Lebens und die Entdeckung echter Bedürfnisse machen eine Beziehung kreativ und spannend. Das ist wahrhafte Liebe.

→ Ohne Selbsterkenntnis gibt es diese Liebe nicht.

Die Utopie:

Alle Erwachsenen üben täglich eine halbe Stunde Selbsterkenntnis. Die Erfahrungen werden zum "Montagsthema" am Arbeitsplatz, statt Sporthöchstleistungen. Die Leute berichten sich, wie die Entspannungsübungen wirkten, das Mental-Training befreiend war, die Bearbeitung des Lebens interessante und spannende Neuentdeckungen gebracht hat. "Tricks" und "Kniffe" im Selbstumgang werden entdeckt und zum Stammtischgespräch. Statt über den Nachbarn quatschen oder neugierig am Leiden anderer teilnehmen, spricht man von sich selbst. Statt über Geld und Karriere, Mode und Autos zu reden, wird der Mensch zum Thema, der eigene innere unterdrückte Mensch, der in solchen Gesprächen endlich auftauen kann. Diese Real-Utopie erweist sich vielleicht schon bald als die einzige Zukunftschance.

Reflexionen und Diskussion

■ Selbsterkenntnis ist ein spiralförmiger Prozess:

- Je mehr der Mensch über sich weiss, desto mehr versteht er sein Leben.
- Je mehr der Mensch über sich weiss, desto mehr versteht er die andern.
- Je mehr der Mensch sich und das Leben versteht, desto mehr kann er wachsen.
- Je mehr der Mensch wächst, desto mehr kann er andere wachsen lassen.
- Wachstum führt zu mehr Bewusstsein über sich und andere.
- Das erweiterte Bewusstsein ist Ausgangslage für neue Selbsterkenntnis.
- Die Erkenntnis- und Lernprozesse setzen sich aufbauend fort.

■ Selbsterkenntnis als zunehmender Wachstums- und Lernprozess hat Auswirkungen auf den eigenen äusseren Lebensraum, z.B.:

- Die andern Menschen werden differenzierter gesehen und erlebt.
- Die Beziehungen (enge und lockere) werden klarer und tiefer.
- Die Mobilität wird bewusster und "vernünftiger".
- Der Konsum wird bewusster und differenzierter.
- Der Umgang mit der Umwelt wird reflektierter.
- Die Güter werden zu Instrumenten für das Leben (und nicht umgekehrt).

■ Selbsterkenntnis verändert die Selbstbeziehung, die Beziehung zu anderen Menschen und die Lebensweise. Dies wiederum ist der neue Rahmen für weitere Entwicklungsschritte in der Selbsterkenntnis:

- Eine vertiefte Selbstbeziehung setzt den Massstab für die persönliche Beziehung und generell für Beziehungen.
- Das vertiefte Erleben von Beziehungen fördert die weitere differenzierende Selbsterkenntnis.
- Je mehr der Lebensraum, die Güter und die Mobilität bewusst erlebt werden und der Mensch im Zentrum steht, desto mehr formt dies ein neues existentielles Erleben.

■ Wer Selbsterkenntnis wichtig nimmt, nimmt die Liebe und den Geist wichtig. Selbsterkenntnis ist Selbstliebe und Lebensliebe mit Geist:

- Selbsterkenntnis, Liebe und Geist sind eng verbunden und bedingen einander.
- Man kann nicht etwas lieben, was man nicht erkennen und fördern will.
- Man kann nicht sich selbst lieben, aber das Leben und das Menschsein nicht.
- Man kann nicht Liebe und Geist leben, gleichzeitig hassen und zerstören.

Diagramm 1.11: Selbsterkenntnis als spiralförmiger Prozess

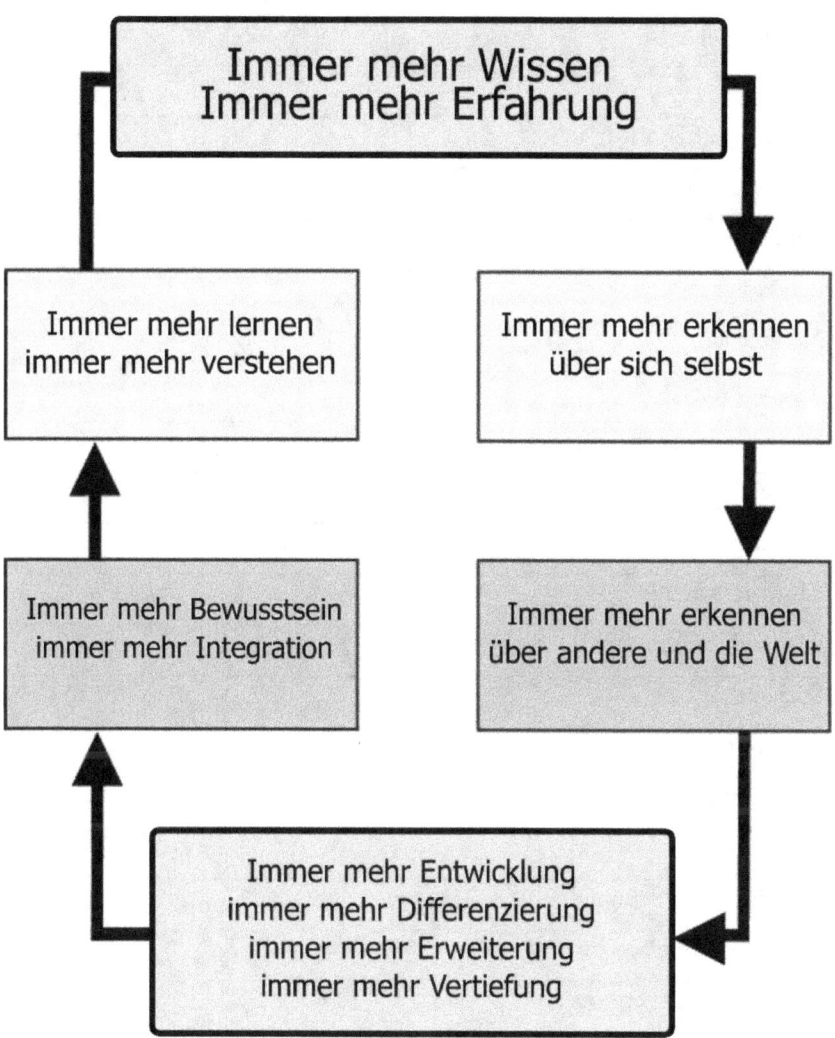

Progressive Dynamik vom Ernstnehmen des Selbstseins

Stellen Sie sich vor, Sie nehmen die nachfolgenden Persönlichkeitsaspekte an Ihnen ernst. Was hat/hätte das für Konsequenzen in Ihrem Leben?

Stimmungswechsel	
Geselligkeit	
Heiterkeit	
Leidenschaftlichkeit	
Ruhelosigkeit	
Minderwertigkeitsgefühle	
Lebendigkeit	
Nervosität	
Reizbarkeit	
Feingefühl	
Ich-Stärke	
Dominanzstreben	
Ausdrucksfreude	
Über-Ich-Stärke	
Soziale Courage	
Argwohn/Misstrauen	
Unbekümmertheit	
Scharfsinn	
Neigungen zu Schuldgefühlen	
Eigenständigkeit	
Durchsetzungsvermögen	
Angenehmes Wesen	
Emotionale Unstabilität	
Hilfsbereitschaft	
Unglücklichsein	

Betätigungsdrang	
Selbstvertrauen	
Maskulinität/Femininität	
Gelassenheit	
Sachlichkeit	
Sorglosigkeit	
Schüchternheit	
Nachdenklichkeit	

Regressive Dynamik vom Nicht-Ernstnehmen des Selbstseins

Stellen Sie sich vor, Sie nehmen die nachfolgenden Persönlichkeitsaspekte an Ihnen nicht ernst. Was hat/hätte das für Konsequenzen in Ihrem Leben?

Stimmungswechsel	
Geselligkeit	
Heiterkeit	
Leidenschaftlichkeit	
Ruhelosigkeit	
Minderwertigkeitsgefühle	
Lebendigkeit	
Nervosität	
Reizbarkeit	
Feingefühl	
Ich-Stärke	
Dominanzstreben	
Ausdrucksfreude	
Über-Ich-Stärke	
Soziale Courage	

Argwohn/Misstrauen	
Unbekümmertheit	
Scharfsinn	
Neigungen zu Schuldgefühlen	
Eigenständigkeit	
Durchsetzungsvermögen	
Angenehmes Wesen	
Emotionale Instabilität	
Hilfsbereitschaft	
Unglücklichsein	
Betätigungsdrang	
Selbstvertrauen	
Maskulinität/Femininität	
Gelassenheit	
Sachlichkeit	
Sorglosigkeit	
Schüchternheit	
Nachdenklichkeit	

Notizen und Perspektiven

Wozu dient ein "immer mehr Wissen" über sich selbst?

Notieren Sie die zentralen Schlüsselbegriffe dieses Unterkapitels:

Was ist der Mensch ohne Entwicklung, Differenzierung, Erweiterung, Vertiefung?

Erklären Sie: Das Ernstnehmen meines Selbstseins ist mir wesentlich, denn:...

Was haben Sie in Elternhaus, Schule und Kirche über den Prozess der Selbsterkenntnis gelernt?

Welche Bedeutung hat die progressive Dynamik des Ernstnehmens des Selbstseins im Gespräch zwischen Lebenspartnern und in sozialen Kontakten generell?

Wie ernst nehmen Politik und Wirtschaft das progressive Selbstseins der Menschen?

Was vermittelt die Werbung über das Ernstnehmen des Selbstseins?

Formulieren Sie eine Ihnen wichtige Frage zur Selbsterkenntnis als Prozess:

4.3. Die Selbsterkenntnis als Chance

Selbsterkenntnis ist die Lebenschance für alle Menschen. Denn der Prozess, der in Gang kommt, ist progressiv, konstruktiv und evolutionär. Durch die Bildung der psychischen Kräfte reduzieren sich zahlreiche Lebensrisiken auf ein Minimum.

Das Leben birgt immer Risiken. Doch viele Menschen steuern in ihrer Unbewusstheit und mit ihrer chaotischen Innenwelt mit hoher Wahrscheinlichkeit bestimmten Leiden und Konflikten entgegen.

Allein schon der Druck des unbewussten Inventars schafft ein Ausmass an destruktivem Potential, das bei den meisten Menschen einmal durchbricht.

Auch kollektiv ist mit Folgen zu rechnen. Die Kraft des nicht ins Bewusstsein integrierten und nicht bewusst gebildeten Lebens ist immer stärker als das bewusste Ich mit dem Willen zur Verdrängung und Unterdrückung.

Es gibt im Kollektiv kein Ausweichen aus dieser kompensatorischen Dynamik. Das Kräftespiel im psychischen Leben des einzelnen ist im "Netz" des Kollektivs zu sehen. Selbsterkenntnis ist deshalb nicht bloss eine individuelle private Angelegenheit. Risiken und Chancen erreichen alle.

Der einzelne wird frei von Illusionen und falschen Ideen, von psychischen Abhängigkeiten und Sinnleere. Je mehr der Mensch fortgeschritten ist in diesem Bildungsprozess, desto weniger will er zurück in eine unbewusste Lebensweise.

Verinnerlichte Einstellungen und Überzeugungen sind schwierig zu befreien und oftmals kaum als subjektive Ideen demaskierbar. Mit aller Kraft wollen sie verwirklicht sein. Befreiend ist es, wer es geschafft hat, diese zu durchbrechen und tief in sich wertvollere und für das psychische Leben angemessene Überzeugungen zu finden. Das kann manche neuen Kräfte wecken und zur Entfaltung bringen.

Die persönliche Lebensqualität nimmt zu, weil menschliche Werte in den Beziehungen, in der Arbeit und in der Freizeit wie Motoren wirken. Das Leben kann voll daseinsorientiert gelebt werden und ist dennoch in der Transzendenz verankert.

Leben viele Menschen ihre Persönlichkeitsbildung, dann ergeben sich bedeutende kollektive Chancen.

Für die ganze Welt eröffnen sich mit dieser Bildung völlig neue Zukunftswege.

Stellen wir uns vor: In allen Ländern bilden sich die Menschen durch diesen Prozess der Individuation.

Politiker, Philosophen, Wissenschaftler, Pfarrer, Generäle, Wirtschaftsmanager, Lehrer und viele mehr beginnen, in den eigenen Spiegel zu schauen und wachsen so allmählich in den Prozess, wo Liebe und Geist wachsen können. Immer mehr treffen die Menschen an der Macht im Staat und in den religiösen Institutionen ihre Entscheidungen aus dem inneren Geist. Immer mehr werden Programme entworfen für eine Lebenswelt mit Individuation.

➔ Dürfen wir annehmen, dass die Menschen diesen Evolutionsweg gehen werden?

Reflexionen und Diskussion

■ Selbsterkenntnis ist der Anfang aller menschlichen Chancen im Leben, denn:

- Je weniger der Mensch sich selbst kennt, desto mehr wird er von seinen psychischen Kräften beherrscht.
- Je weniger der Mensch diese Beherrschung überwindet, umso mehr ist er auch von den Faktoren der äusseren Lebenswirklichkeit beherrscht.
- Je weniger der Mensch sich kennt, und somit auch die andern, desto anfälliger ist er für Lügen, Masken und Fassaden.
- Je weniger der Mensch sich kennt und kennen will, desto mehr ist er manipulierbar von jenen, die diese Mechanismen zu nutzen wissen.
- Je weniger der Mensch sich und generell das psychische Leben kennt, desto mehr verfällt er Mythologien, Ideologien, Dogmen und Fundamentalismus.

■ Selbsterkenntnis ist die Grundlage für:

- Reduktion von Störungen, Schwierigkeiten, Problemen, Leiden
- Förderung von Beziehungen, Menschenliebe, Weisheit, Lebensliebe
- Aktivierung von Verantwortung, Entfaltung, Wachstum, Kreativität
- Befreiung von Illusionen, unrealistischen Idealen, Fiktionen

- Menschengerechten Umgang mit der Natur und den Lebensquellen

■ Der spiralförmige Prozess der Selbsterkenntnis führt in die Wandlungen der Individuation, durch die erste Stufe bis weit in die zweite Stufe.

■ Jeder normalbegabte, durchschnittlich geschulte Mensch mit einem ernsthaften Interesse an Selbsterkenntnis und menschlichen Werten der Liebe kann durch die Selbsterkenntnis bis in die Mitte der Individuation emporwachsen. Danach sind weitere Anstrengungen nötig.

Wachstum durch Selbsterkenntnis bringt den Menschen:

- viel weniger Kriminalität
- viel mehr Achtung von Leben und Gut
- viel weniger Unfälle
- viel mehr Sorgfalt für das Leben
- viel weniger soziales Leid
- viel echtere Hilfe für Selbsthilfe
- viel weniger psychosomatisches Leid
- viel mehr gesunde Menschen
- viel weniger Kinder mit Störungen
- viel glücklichere/gesündere Kinder
- viel weniger leidende alte Menschen
- viel mehr erfüllte alte Menschen

Diagramm 1.12: Wirkungen der Selbsterkenntnis

Selbsterkenntnis reduziert:
psychische Störungen
Schwierigkeiten
negative Gefühle
Lebensprobleme
psycho-somatische Leiden
Ich-Schwäche

Selbsterkenntnis fördert:
flexible Selbstliebe
stabile Beziehungen
echte Menschenliebe
differenziertes Bewusstsein
Weisheit und Lebenssinn
Liebe für das Leben

SELBST-ERKENNTNIS ALS CHANCE

Selbsterkenntnis befreit vor:
psychischen Abhängigkeiten
Dogmen und Ideologien
Selbsttäuschungen
Illusionen
unrealistischen Idealen

Selbsterkenntnis aktiviert:
Lebensqualität
Selbstverantwortung
Entfaltung
geistige Evolution
kreative Lebensweise
Individualität

Soziologische Fragestellungen zur Selbsterkenntnis und Selbstreflexion

Wägen Sie Ihre Chancen der Selbsterkenntnis selbst ab. Stellen Sie sich vor, jemand sagt zu allen nachfolgenden Statements: "Das interessiert mich nicht", und ein anderer: "Diese Fragen bieten mir Chancen". Kreuzen Sie jene Items an, wo Sie sagen können "Das stimmt für mich".

- Ich bin mit meinem Leben sehr zufrieden.
- Ich bin für die strenge Durchsetzung aller Gesetze.
- Ich bekomme vor bestimmten Ereignissen leicht Lampenfieber.
- Gespräche über allgemeine Lebensfragen finde ich weniger interessant.
- Ich bin immer guter Laune.
- Manchmal würde ich gerne einfach nur tagträumen.
- Eigentlich kann man es keinem übelnehmen, wenn er einen andern ausnutzt.
- Ab und zu habe ich alles gründlich satt.
- Hin und wieder zweifle ich an mir selbst.
- Ich bin manchmal etwas unzufrieden mit der Situation, in der ich lebe.
- So mancher Plan von mir ist schon gescheitert.
- Eigentlich hat mir meine Umgebung wenig Neues zu bieten.
- Manchmal fehlt mir jemand, der einfach den Arm um mich legt.
- Meine Laune wechselt ziemlich oft.
- Das Gefühl, ein wertvoller Mensch zu sein, ist ganz fest in mir verankert.
- Es ärgert mich, wenn etwas Unerwartetes meinen Tagesablauf stört.
- Manchmal habe ich Gedanken, derer ich mich schämen muss.
- Es gibt immer wieder Zeiten, wo mir alles leer und öde vorkommt.
- Manchmal könnte ich etwas mehr "Streicheleinheiten" gebrauchen.
- Der Glaube an Gott hilft mir.
- Ich tue so manches, was ich hinterher bereue.
- Es gibt Augenblicke, wo ich etwas mehr Selbstachtung gebrauchen könnte.
- Mein Leben verläuft zur Zeit genauso, wie ich es haben möchte.
- Im Umgang mit andern Menschen bin ich manchmal etwas ungeschickt.
- Ich fühle mich manchmal ohne erkennbaren Grund ziemlich elend.
- Mein Leben gefällt mir dann besonders gut, wenn ständig etwas los ist.
- Ganz tief im Innern habe ich gelegentlich ein Gefühl von Einsamkeit.
- Es kommt immer wieder vor, dass ich unzufrieden mit mir selbst bin.
- Ich bin im Grunde vielleicht eher zurückhaltend und etwas schüchtern.
- Ich brauche immer wieder neue Reize.
- Ich sage manchmal die Unwahrheit.
- Manchmal habe ich das Gefühl, dass etwas Macht über meine Gedanken hat.
- Bisweilen ist mir einfach ein wenig langweilig.

- Ich grüble viel über mein bisheriges Leben nach.
- Ich bin mir ziemlich sicher, dass ich viele gute Eigenschaften besitze.
- Ich bin häufig auf der Suche nach irgendwelchen besonderen Erlebnissen.
- Vieles in meinem Leben ist vorherbestimmt.
- Ich bin ein Mensch, der versucht, allen Dingen auf den Grund zu kommen.
- Ich habe manchmal das Gefühl, als wären die Dinge nur Schein.
- Manchmal hätte ich auch gerne so ein aufregendes Leben wie andere Leute.
- Ich glaube an die Existenz eines höheren Wesens.
- Ich habe das Gefühl, dass es viel an mir gibt, worauf ich wirklich stolz sein kann.

Selbstbesinnung

Setzen Sie sich doch einmal vor einen Spiegel, schauen Sie da rein und betrachten Sie Ihr Gesicht. Was sagen Ihnen Ihre Augen und Ihr Mund? Betrachten Sie sich mal ganz nackt im Spiegel und fühlen Sie: Mögen Sie sich? Dann reflektieren Sie ein bisschen über Ihr Leben rundum: Was wollen Sie ändern? Was sollten Sie eigentlich tun? Denken Sie jetzt ein bisschen in Richtung Zukunft: Was suchen Sie? Was möchten Sie in Ihrem Leben noch erreichen und erfahren? Und schliesslich: Schauen Sie etwas zurück in Ihre Vergangenheit. Gehen Sie mental durch Ihr Leben zurück, soweit Sie können. Sie sind Ihre lebendige Biographie. Wie sind Sie also? Wie erleben Sie Ihr gelebtes Leben?

"Was tun Sie besonders gerne?" Dazu ein Spektrum; zuerst der Alltag: Einkaufen, kochen, Haushalt erledigen, Körper pflegen, Wohnraum gestalten und natürlich essen, trinken, rauchen, etc. Dann sind einige Freizeitbeschäftigungen, z.B.: Fernsehen, Bücher lesen, musizieren, Musik hören, basteln, malen, Gartenarbeit, ins Kino oder Konzert (Theater) gehen, im Internet surfen oder 'chaten', sportlich aktiv sein, spazieren, Tagebuch führen, die Träume bearbeiten, meditieren.

Manches möchten Sie gewiss gerne mit andern tun, mit dem Lebenspartner oder Freund, mit guten Bekannten auch. Lust, Zärtlichkeit und Sex: Wie steht es damit? Oder zum Beispiel mit: Ernsthafte Gespräche führen, Konflikte besprechen, zuhören, Anteil nehmen, helfen, Freude bereiten, in einen Dialog treten, Interesse zeigen, Lebenserfahrungen austauschen, u.s.w. Was fehlt Ihnen? Was können Sie nicht tun? Was mögen Sie ganz und gar nicht? Vielleicht wollen Sie jetzt etwas ändern oder endlich anpacken. Oder wollen Sie im Alter erkennen müssen, dass Sie sich selbst nicht gelebt haben?

Selbstbesinnung heisst: sich besinnen auf sich selbst: Wer bin ich eigentlich? Was lebe ich? Wie lebe ich? Lebe ich mich selbst oder habe ich mich 'verloren'?

Wer sich nie auf sich selbst besinnen kann, verliert sich in den Bewegungen des Lebens. Er wird manipuliert, indoktriniert, gehirngewaschen und versklavt. Er lebt nicht sich selbst, sondern eine Vorgabe. Er lebt nach dem allgemeinen Lustprinzip: Lust durch Geld, Ansehen, Sex, Erfolg, Ruf und Macht. Er ist darin gefangen. Das ist das Prinzip "Zuckerbrot und Peitsche".

Selbstbesinnung heisst auch: den eigenen Sinn des Lebens finden. Kann man den Sinn des eigenen Lebens finden, wenn man in Lebenslügen, in Neurose und Narzissmus verstrickt ist? Kann man frei sein, wenn das Denken unfrei geschieht und darüber hinaus das Unbewusste die Gefühle und das tägliche Handeln dominieren? Kann der Mensch Sinn finden, wenn er in der Abwehr- und Projektionsdynamik lebt?

Selbstbesinnung: Fragen zur systematischen Selbstbesinnung

- Wenden Sie gezielt Methoden an, um sich zu entspannen?
- Kennen Sie eine meditative Technik, Ihre Lebensenergie zu stärken?
- Reflektieren Sie Ihren psychischen Energiezustand?
- Meditieren Sie über Ihre tägliche Lebensweise?
- Schauen Sie meditativ, wie Sie sind?
- Verstehen Sie Ihre Gefühle, ihre Ursachen und Wirkungen?
- Ist es Ihnen wichtig, vergangene Leiderfahrungen zu versöhnen?
- Nehmen Sie Ihre körperliche Situation (z.B. Beschwerden) ernst?
- Kennen Sie Ihre echten psychischen Bedürfnisse?
- Haben Sie auch schon über Ihre Projektionen meditiert?
- Wissen Sie, wie Sie Ihr Innenleben abwehren und unterdrücken?
- Haben Sie auch schon versucht, in Ihnen den "Geist" zu suchen?
- Reflektieren Sie nach innen orientiert Ihre Selbst-Steuerung?
- Befassen Sie sich meditativ mit Ihrer Gewissensbildung?
- Haben Sie mit Meditationen Ihre Lebenserfahrungen bearbeitet?

Notizen und Chancen

Welches sind die Chancen der Selbsterkenntnis im Alltag?

Notieren Sie die zentralen Schlüsselbegriffe dieses Unterkapitels:

Was ist der Mensch, der jeden notwendigen Sinn an Selbsterkenntnis von sich weist?

Erklären Sie: Die Chancen der Selbsterkenntnis sind mir wesentlich, denn:...

Was haben Sie in Elternhaus, Schule und Kirche über die Chancen der Selbsterkenntnis gelernt?

Welche Bedeutung haben die Chancen der Selbsterkenntnis im Gespräch zwischen Lebenspartnern?

Wie handhaben Politik und Wirtschaft die Chancen der Selbsterkenntnis?

Was vermittelt die Werbung über die Chancen der Selbsterkenntnis?

Formulieren Sie eine Ihnen wichtige Frage zu den Chancen der Selbsterkenntnis:

4.4. Übungen

1. Was löst das Wort "Selbsterkenntnis" bei Ihnen aus?

2. Wie sind Sie? Skizzieren Sie in fünf Aspekten wesentliche Charakterzüge.

3. Wie reagieren Ihre Bekannten auf die Aufforderung: "Erkenne Dich selbst"?

4. Worin sehen Sie heute ganz konkret den Sinn und Wert der Selbsterkenntnis?

5. Warum wehren sich viele Menschen gegen die Selbsterkenntnis?

6. Meine Profil-Charakteristiken (sog. "Gesamttendenzen der Person") sind:

Angaben:
3 = sehr positiv/ausgeprägt
2 = mässig positiv/ausgeprägt
1 = schwach positiv/ausgeprägt

☐ Festigkeit	☐ Integrität
☐ Selbstbewusstsein	☐ Selbstvertrauen
☐ Willenskraft	☐ Gesundheit
☐ Selbst-Identität	☐ Ganzheitserleben
☐ Leistungsfähigkeit	☐ "Stil"
☐ Angstfreiheit	☐ Lebensbejahung
☐ Lernoffenheit	☐ Flexibilität
☐ Selbstmanagement	☐ Anpassungsfähigkeit
☐ Selbstzufriedenheit	☐ Belastbarkeit
☐ vegetative Stabilität	☐ Selbstmotiviertsein

- ☐ Leistungsbereitschaft
- ☐ Reife
- ☐ Kompetenz
- ☐ Energie, Vitalität
- ☐ Geduld
- ☐ Kompromissfähigkeit
- ☐ Spannung ertragen können
- ☐ Erfüllte Sexualität
- ☐ Wohnsituation
- ☐ Begabungen
- ☐ Sinnerfüllung
- ☐ Kontaktfähigkeit
- ☐ Pflichten wahrnehmen
- ☐ Leidensfähigkeit

- ☐ Ausstrahlung
- ☐ Entschlossenheit
- ☐ Emotionale Stabilität
- ☐ Offenheit
- ☐ Hilfsbereitschaft
- ☐ Beziehungsfähigkeit
- ☐ Lebensglück
- ☐ Anregende Hobbies
- ☐ Idealbild des Lebens
- ☐ Lebensplanung
- ☐ moralischer Charakter
- ☐ Rollenfähigkeit
- ☐ Lagekontrolle
- ☐ Körperbeziehung

Gesamtpunkte: .....

Gesamtbeurteilung:

Welche Profilaspekte äussern sich in Ihrer Arbeit besonders ausgeprägt?

Welche Profilaspekte erleben Sie in Ihrem Privatleben positiv, konstruktiv, mit Erfolg?

Wie denken Sie, dass die Menschen ihre Profilschwächen stützen und stärken können?

7. Alltagsleben als Selbstausdruck. Kreuzen Sie an, was für Sie zutrifft:

- ☐ unregelmässiger Tagesrhythmus
- ☐ Lärm im Lebensumfeld
- ☐ viel Fernsehen
- ☐ keine Arbeitszufriedenheit
- ☐ negative innere Elternbindung
- ☐ Schuldgefühle
- ☐ existentielle Angst
- ☐ unbefriedigte Sexualität
- ☐ vergangenes ungeklärtes Leid
- ☐ keine berufliche Zukunft
- ☐ unstabiler Lebenspartner
- ☐ Stress in der Arbeit
- ☐ Sorgen mit den eigenen Kindern
- ☐ keine Spiritualität
- ☐ viele traurige Erinnerungen
- ☐ keine/zu wenig Liebeserfahrungen
- ☐ kein Lebensziel
- ☐ Perfektionsdrang
- ☐ Misstrauen
- ☐ 'Theater' spielen müssen
- ☐ keine Partnerschaft in der Beziehung
- ☐ kein "Urvertrauen" ins Leben
- ☐ keine klaren eigenen Lebenswerte
- ☐ Angst vor grossen Herausforderungen
- ☐ Angst vor Arbeitslosigkeit
- ☐ eigene Probleme vor sich herschieben
- ☐ Unterdrückung von Ärger/Wut
- ☐ eigene Interessen immer zurückstellen
- ☐ keine Zeit und Ruhe zum Essen
- ☐ keine Innenorientierung (Träume)
- ☐ keine konstruktive Leidbewältigung
- ☐ eher starr in der Psychodynamik
- ☐ wenig Frustrationstoleranz
- ☐ sich häufig überfordern lassen
- ☐ stimmungsmässig leicht beeinflussbar
- ☐ einseitiges Bild vom Gegengeschlecht
- ☐ wenig Treueerfahrungen
- ☐ unversöhnte Abtreibung
- ☐ unbefriedigte Wünsche

- ☐ wenig Bewegung
- ☐ starke Hemmungen
- ☐ keine regelmässige Arbeit
- ☐ keine befriedigende Beziehung
- ☐ unbearbeitete Biographie
- ☐ Lebensangst
- ☐ nicht geregeltes Leben
- ☐ Spannungen in der Beziehung
- ☐ Geldsorgen
- ☐ Trennungs-/Bindungskonflikte
- ☐ Mangel an Selbstvertrauen
- ☐ Frust in der Hausarbeit
- ☐ Freizeitlangeweile
- ☐ Fehlen von tieferem Lebenssinn
- ☐ nicht 'nein' sagen können
- ☐ strenge religiöse Normen
- ☐ strenge (überholte) Normen
- ☐ viel Frustrationen
- ☐ Lügen der Menschen
- ☐ heikle sexuelle Erfahrungen
- ☐ Lust nicht geniessen können
- ☐ wenig lachen können
- ☐ schlechte Gefühle über Nachbar
- ☐ keine positive Körpereinstellung
- ☐ Unzufrieden mit Wohnsituation
- ☐ starkes Harmoniebedürfnis
- ☐ nicht allein-sein können
- ☐ überstarkes Rücksicht nehmen
- ☐ eigene Gefühle ignorieren
- ☐ unklares/wenig reales Selbstbild
- ☐ diffuse/schwache Willenskraft
- ☐ Krankheitsangst
- ☐ innerlich wenig flexibel
- ☐ zuviel tun, was andere wollen
- ☐ Konsumdrang
- ☐ Eifersucht (eigene/vom Partner)
- ☐ unterdrückte Sexualität
- ☐ Lebensverantwortung ignorieren
- ☐ wenig persönliche Autonomie

- ☐ wenig gründliche Selbstreflexion
- ☐ Unfrieden mit andern
- ☐ anhaltender Kummer
- ☐ übermässiger Erlebnishunger

- ☐ wenig Echtheit leben können
- ☐ viel Misserfolg
- ☐ wenig stabiler Selbstwert
- ☐ zu wenig Abgrenzung

Multiple Choice Test

Wählen Sie die vier richtigen Antworten und kreuzen Sie diese an, so: ☒ a) Lust

4.1. Die Offenheit zur Selbsterkenntnis: Selbsterkenntnis bedeutet als persönliches Erleben:

☐ a) Freisein von Lasten
☐ b) Innere Bereicherung
☐ c) Wertunabhängigkeit
☐ d) Echtheit
☐ e) Realismus
☐ f) Ernsthaftigkeit

4.2. Die Selbsterkenntnis als Prozess: Charakteristisch für den Prozess der Selbsterkenntnis ist:

☐ a) Je mehr der Mensch über sich weiss, um so verworrener wird das Leben.
☐ b) Die andern Menschen werden differenzierter gesehen.
☐ c) Der Umgang mit der Umwelt wird reflektierter.
☐ d) Je besser man sich selbst versteht, desto besser versteht man andere.
☐ e) Man wird durch Selbsterkenntnis frei von irdischen Bedürfnissen.
☐ f) Zunehmende Selbsterkenntnis fördert allgemein Lernprozesse.

4.3. Die Selbsterkenntnis als Chance: Selbsterkenntnis bewirkt mit der Zeit:

☐ a) Reduktion Störungen
☐ b) Reduktion Unfallgefahr
☐ c) Ansehen
☐ d) Weisheit
☐ e) Befreiung von Illusionen
☐ f) totale Vergeistigung des Lebens

5. Methoden zum Leben

Gründliche Persönlichkeitsbildung und tiefgehende Individuation sind die diskutierbaren Wege zum "Mysterium des Menschseins".

Essentielle Thesen

❑ Zur praktischen Persönlichkeitsbildung gehören:

● Wissen aneignen und an sich erfahren
● Entspannungstechniken
● Mental-Training
● Traumdeutung (Umgang mit der Bildersprache)
● Meditation: Imagination/Kontemplation
● Rational-reflektives systematisches Bearbeiten

❑ Selbstbildung bedeutet: Leben mit Lernen, Erleben, Formen, Anwenden, Üben, Auswerten.

❑ Persönlichkeitsbildung setzt einen förderlichen Lebensrahmen voraus:

● Lebensweise mit Zeit und Raum
● Beziehungen zum Austausch
● Motivation und dazu klare Etappenziele

❑ Selbstbildung verlangt Grundhaltungen wie: Liebe, Bejahung, Verantwortung, Solidarität, Pflicht. Denn: Die Verweigerung der Selbsterkenntnis und Individuation führt dazu, dass das unterdrückte und nicht gebildete Innenleben sich in anderen Formen destruktiv äussert.

❑ Viele Menschengruppen werden aufgrund ihrer besonderen "Schwächen" ausgesondert aus dem vitalen Gesellschaftsleben; das ist ein Resultat der fehlenden Selbstbildung der Menschen.

5.1. Die praktischen Methoden

Persönlichkeitsbildung wird mit eindeutig definierten Methoden betrieben. Ein wenig gefühlsbetonte Selbsterfahrung und Diskussion führt nicht zum Prozess. Ohne vertieftes Wissen führen die Bemühungen auch nicht weit. Viel lesen über das psychische Leben ist unerlässlich.

Denken ist in der Selbstbildung eine wichtige Arbeit. Dazu gehört auch das Nachdenken über die verwendeten Worte, das Unterscheiden zwischen gefühlsmässig wertenden und sachlichen Aussagen. Denken als fruchtbare Arbeit geschieht nicht "nebenbei". Dazu muss man sich hinsetzen.

Ein Arbeitstagebuch ist ein hilfreiches Instrument. Damit kann man Gedachtes in Worte fassen, überarbeiten und zielgerichtet weiterführen.

Jedes psychische Subsystem kann mit verschiedenen Methoden angegangen werden. Einige Methoden ergänzen sich, weil sie unterschiedliche Aspekte hervorheben. Meditation mit innerem Bildersehen ist eine Haupttechnik.

Diese teilt sich auf in verschiedene Methoden:

Mit der Imagination kann man fast alle Themen angehen. Kontemplation dient zur Erfahrung von Symbolen und Archetypen, die psychisch-geistige Prozesse abbilden.

Das Mental-Training verhilft mit innerem Bildersehen nach festgelegten Vorgaben zu Gedankenkontrolle, Gedankenbefreiung sowie zur Konzentration und Gedächtnisfrische.

Die Introspektion achtet mehr auf variationsreiche innere Regungen: Stimmungen, intuitive Einfälle, Selbsterleben und leichtere psycho-somatische Bewegungen.

Die Traumdeutung ist unerlässlich, um die Tiefen des psychischen Lebens zu erschliessen.

Nie kann der Intellekt wissen, welche Themen gerade richtig sind zur Bearbeitung und welche Wandlungen in einem bestimmten Moment fällig sind. Dies ist ähnlich wie beim körperlichen Wachstum: Wenn das Ich das

Wachstum steuern könnte und jeden Tag ein Etappenziel definieren müsste, dann würden eigenartige Kreaturen heranwachsen. Nur der innere Geist hat den Überblick. In dieser intelligenten Kraft ist das Codeprogramm der Individuation.

Man kann auch sagen: Dieser Geist sieht und weiss alles (vieles), rückschauend und vorausschauend.

Es gibt weitere Methoden, die sekundär die Grundlagenmethoden kreativ ergänzen, z.b.: Rollenspiel, Malen, Beschäftigungen zum Ausdruck des Innern (z.B. Tanz).

In verschiedenen Kulturen mögen unterschiedliche Methoden oder zumindest eine unterschiedliche Art und Weise der Handhabung praktiziert werden. Einige schätzen besonders rituelle Handlungen. Andere ziehen sachliche und nüchterne Arbeitsweisen vor. Einige arbeiten gerne viel allein, andere benötigen Stütze durch Gruppenarbeit. Entspannungstechniken können in Gruppen erlebnisintensiv gestaltet werden.

→ Die Vielfalt des Umgangs ist ein Teil der Kultur.

Reflexionen und Diskussion

■ Die Persönlichkeitsbildung, von der Selbsterkenntnis zur Individuation, enthält verschiedene Methoden, die je nach psychischem Subsystem unterschiedlich sind:

- Autogenes Training, Progressive Muskelentspannung, Mental-Training für: Psychodynamik, psycho-physische Entspannung, Psychohygiene
- Praktische Imagination: inneres Bildersehen, Kontemplation für: alle psychischen Subsysteme, andere Menschen, Institutionen, Symbole und Archetypen
- Traumdeutung: Träume deuten, mit Rollenspiel erweitern, zeichnen u.s.w. für: alle psychischen Subsysteme, andere Menschen, Institutionen, menschliche Evolution
- Introspektion: in sich hineinfühlen, hineinhorchen, innerlich erleben für: alle psychischen Subsysteme
- Rational-analytische Reflexion: nachdenken, denkerisch bearbeiten für: alle psychischen Subsysteme, Bearbeitung des Lebenslaufes
- Wissen aneignen: lesen, autodidaktisch lernen, Schulung (Kurse) für: alle psychischen Subsysteme, andere Menschen, Institutionen, Leben
- "Bildungsarbeitsheft" führen; Sach- und Methoden-Tagebuch für: als Stütze zur Orientierung und Systematisierung bei allen Methoden

■ Verschiedene Methoden ergänzen sich gegenseitig. Die Imagination zum Beispiel zeigt andere Aspekte als die denkerische Auseinandersetzung. Die Imagination und die Träume sind insbesondere zum Unbewussten der Einstieg. Das Ergebnis ist denkerisch zu überarbeiten.

Blosse innere Erfahrung genügt nicht für Veränderungen, Erweiterungen und Wachstum. Entspannung allein schafft keine Persönlichkeitsbildung.

■ Das Erlernen der Methoden geht parallel zum Aneignen von Wissen. Die Methoden werden eingeübt, indem man sie für die Erfahrung des Wissens anwendet.

- Indem die Methoden angewendet werden, ergibt sich Erfahrungswissen.
- Die Aneignung von Wissen wird durch die Anwendung der Methoden vertieft.
- Nur die Anwendung der Methoden kann bilden. Das Wissen allein bildet den Menschen nicht bis in die inneren Schichten des psychischen Lebens.
- Wissen ohne sich innerlich damit zu konfrontieren, bleibt ohne Wirkung auf die Person und das Leben.

■ Selbsterkenntnis wird durch die Handhabung der Methoden zu einem Training. Jede zunehmende Leistung verlangt zunehmendes Training (vgl. z.B. Sport).

Diagramm 1.13: Die Methoden der Selbstbildung

 ENTSPANNUNGSTECHNIK

 DENKOPERATIONEN

 INTROSPEKTION

 WISSEN ANEIGNEN

 IDENTIÄT AUSFORMEN

 ARBEITSTAGEBUCH

 SELBSTKONTROLLE

 KONTEMPLATION

 MENTAL-TRAINING

Lebenstechniken als Teil der Lebensweise

Wir formulieren für Sie Erfahrungen, Tipps und kleine Ratschläge rund um den Alltag, für Privat und Beruf, immer konstruktiv ausgerichtet auf die Selbstbildung:

1. Prinzip der kleinen Schritte

- Endziel in Grobziele, diese in Feinziele und dann nochmals in Mikroziele zerlegen.
- Ein langer Weg besteht aus vielen kleinen Wegteilen, diese aus vielen Schritten.
- Pro Tag 1 Std. = pro Jahr 365 Std. = 48 Tage à ca. 7,5 Std. = ca. 10 Wochen.
- Auf die Mikorebene konzentrieren, ohne das hohe Ziel zu verlieren, entlastet.
- Jeden kleinsten Baustein in eine komplexe Vernetzung einbetten.

2. Informationsverarbeitung

- Was man schon kennt, soll man nicht nochmals 100 x sehen, lesen, hören
- Konzentration auf Neues, Unbekanntes, Andersartiges lenken.
- Informationen in ihrer Bedeutung und Aktualität gewichten, Prioritäten setzen.
- Erhaltene Informationen in Kontexte stellen (vor allem auch Interessenhintergrund).
- Nicht nur logisch-sachlich begreifen, sondern auch intuitiv (imaginativ) angehen.

3. Mengen- und Kräftedosierung/Kräftefeldanalyse

- Wer müde ist, leistet wenig.
- Vollgegessen arbeitet sich schlecht.
- Was zu schwer ist, soll man zerkleinern, bis die Teile getragen werden können.
- Am Vorabend den neuen Tag planen, aber zuerst den alten Tag abschliessen.
- Immer etwas Zeitspielraum in die Tagesplanung einbauen.
- Rhythmus täglich, immer gleich oder ähnlich, ist konstruktiv für hohe Leistungen.
- Kräfte erkennen, die von innen und von aussen Druck erzeugen.

4. Lernendes Selbstmanagement

- Wer lernt, kann mehr und besser managen im Leben, überlebt so am ehesten.
- Lernen beginnt mit richtig wahrnehmen, richtig interpretieren.
- Hohe Ziele enthalten immer in allen Teilschritten neue Lernprozesse.
- Störungen als Lernaufforderung begreifen und so als Chance sehen.
- Lernen Sie Ihren Biorhythmus kennen durch Tagebuch-/Stundenbuchführung.

5. Intelligent (!) positives Denken

- Nur der Naive sagt sich täglich: "von Tag zu Tag geht's mir besser".
- Was "besser" meinen soll, ist intelligent festzulegen.
- Nur ein Ignorant meint, ein Schatten oder ein Leiden enthalte nichts Positives.
- Was habe ich gut gemacht? Was muss ich anders machen, damit es gut wird?
- Glück ist nie Dauerzustand. Darum: Suche das positive Leben im "Normalen".
- Positiv ist zuerst einfach das Leben; darum: Lebe!

6. Leistung als Anfang jeden Erfolgs

- Von Nichts gibts nichts.
- Je mehr Leistung um so mehr Substanz vorhanden.
- Vertrauen bewusst mehren auf der Tatsache bisheriger Leistungen.
- Nehmen Sie einen andern Zug, wenn der aktuelle Zug Sie nicht weiterführt.
- Vieles ist wichtig und dringlich; vieles ist banal, aber dennoch wichtig.
- Es gibt die 100%ig befriedigende Arbeit nicht.
- Leistungen kritisch reflektieren im Kontext mit Menschsein und Mensch leben.

- Wahrnehmungskanalisation

- Auf die Rückseite gehen und von da aus schauen.
- Biographische Dimension miteinbeziehen (in der Selbst- und Fremdbeobachtung).
- Das so Klare und Offensichtliche einmal etwas unter die Lupe nehmen.
- Ob jemand die Wahrheit sagt, sieht man an seinen ethischen Leistungen.
- Der Wahrnehmungsinhalt im Moment ist nicht Ihr Leben, also: Distanz!

- Messen Sie Ihr Leben nie an momentanen Selbst- und Fremdwahrnehmungen.

8. Laterales Denken (alle Seiten einschliessendes Denken)

- Sätze zerlegen, Gedankenteile trennen und neu zusammenfügen.
- Worte ändern und mit anlehnenden Worten bereichern.
- Fragen anders stellen und in Einzelfragen zerlegen.
- Reihenfolge ändern, generell alle Gedankenfragmente ordnen.
- Umwege machen, die Abkürzung ist meist der längere und beschwerlichere Weg.
- Auf Raum- und Zeitdistanz gehen und so Dimensionen ändern.
- Vergrösserung von Raum und Zeit darum herum, zeigt sich Sache ausgewogener.

9. Re-Framing: Konstruktive Sinngebung

- Viel Unangenehmes und Unmögliches hat aus anderer Sicht eine positive Funktion.
- Thema in anderen Kontext stellen und so eine positive Bedeutung finden.
- Setzen Sie negative Erfahrungen in ein konstruktiv philosophisches Lebensbild.
- Handeln kann Sorgen entlasten und eine Lage neu erleben lassen.
- "Die andern haben auch Probleme"; Sie müssen nicht alle Probleme lösen können.
- Aus jeder Demütigung können Sie nur stärker werden; ist besser als böse werden.

10. Menschsein leben!

- Lieber echt lieben auf dem "Heuhaufen" als mit Lüge lieben im "goldenen Bett".
- Leben ohne Weisheit können Milliarden (so war das im Grundsatz immer schon).
- Gesundheit erhalten, ja; aber: es gibt höhere Werte als körperliche Gesundheit.
- Erfolg ohne Liebe und Geist hat mit Menschsein wenig zu tun.
- Flexibel abgegrenzt leben gegen alle Menschen und Hierarchieebenen!

Notizen und Perspektiven

Was ist der Nutzen der 10 Lebenstechniken für das Alltagsleben?

Notieren Sie die zentralen Schlüsselbegriffe dieses Unterkapitels:

Was/Wie ist der Mensch, der keine der wesentlichen Methoden der Selbstbildung praktiziert?

Erklären Sie: Lebenstechniken sind mir wesentlich, denn:...

Was haben Sie in Elternhaus, Schule und Kirche über die Methoden der Selbstbildung gelernt?

Welche Bedeutung haben die 10 Lebenstechniken im Gespräch zwischen Lebenspartnern und in sozialen Kontakten generell?

Wie zeigen sich in Politik und Wirtschaft die Methoden der Selbstbildung?

Was vermittelt die Werbung über Lebenstechniken?

Formulieren Sie eine Ihnen wichtige Frage zu den Methoden der Selbstbildung:

5.2. Die Rahmenbedingungen

Wer ein Instrument lernen will, setzt sich fest: Unterricht, Übungen und Studium. So ist das wohl mit allem, was systematisch erlernt werden soll. Es ist wenig wirkungsvoll, wenn man nur gelegentlich für eine Sache etwas tut, dies immer gerade dann, wenn in einem Moment Langeweile droht.

Die Persönlichkeitsbildung ist zu organisieren. Dies beginnt mit einigen Fragen: Was will ich? Wo erhalte ich was? Wie baue ich alle Beschäftigungen in den Zeitplan ein? Wann übe ich? Welchen Gegebenheiten gebe ich Priorität? Gewisse Gewohnheiten können nützlich sein. Jeder hat da seine eigenen Neigungen.

Einige Grundsätze sind überindividuell: Persönlichkeitsbildung benötigt täglich Zeit. Zeit ist heute bei den meisten Menschen genügend vorhanden.

Am Morgen die Träume aufschreiben verlangt vielleicht, den Wecker etwas früher zu richten. Manche können am Arbeitsplatz in der Pause einige Minuten geübt "abschalten". Andere finden über den Mittag eine Viertelstunde für ein kleines Mental-Training. Nach Feierabend findet jeder etwas Zeit für sich selbst, mindestens zwei-dreimal pro Woche. Über das Wochenende ist viel Zeit für verschiedene Beschäftigungen mit sich selbst.

Das ist dann eine Form zu leben, ein Lebensstil mit Liebe, Geist und Weisheit. So vergeudet man sein Leben nicht mit leerem Herumschwatzen und passivem Konsumieren oder Dahindösen.

Innenaktivität statt Aussenaktivität wird da zu einer Leitlinie, wo die äusseren Bewegungen nur Verschleiss aber keinen Wert bedeuten.

Interessant wird die Integration der Bildung ins tägliche Leben, wenn wir uns neue Lebensformen vorstellen: Entspannungstraining und Meditation am Arbeitsplatz in den Zeitplan eingebaut; in der Freizeit in jedem Quartier ein Ort mit Programmen zur Persönlichkeitsbildung; in der persönlichen Beziehung bzw. in der eigenen Familie "Konferenzen" zur Sache der Persönlichkeitsbildung.

Statt die Wochenende mit Nichtstun verbringen, oder durch leere Mobilität die Umwelt belasten, werden Seminare zu einem regelmässigen Teil der Lebensweise. Unterhaltung ist ein Teil der Kultur. Die Medien aller Art unterhalten die Menschen und bieten dazu auch Information.

Wer seinem Leben Qualität geben kann, weiss die Quantität von der Qualität zu unterscheiden, parkiert sich massvoll vor dem Fernseher, konsumiert sein Freizeitbier mit Stil und Geist, engagiert sich politisch nicht um Frustrationen abzureagieren, sondern aus Liebe zum Leben.

Kultur als Lebensform, und nicht als Konsumartikel, integriert die Selbsterkenntnis und Individuation. Nicht Show, Sensation, Machtdemonstration oder spirituelle Gehirn- und Gefühlsbearbeitung sind da gefragt.

Leben in der Individuation ist echt, schöpferisch, frisch, sachlich und substantiell. Was gibt es da für Argumente, die gegen eine solche Lebensweise sprechen? Wo führt das hin in einer Gesellschaft, wenn keiner mehr solche Werte leben will?

Reflexionen und Diskussion

■ Selbsterkenntnis und Individuation können nicht hinreichend allein im Rahmen von Kursen erarbeitet werden. Diese praktische Persönlichkeitsbildung ist Teil der Lebensweise, ist eine Art zu leben.

Je nach Phase der Individuation ändert sich diese Art.

Mit der Erreichung des Zieles wird sie wiederum eine neue Qualität erhalten. Immer aber, ein ganzes Leben lang, sind die Beschäftigungen in irgendeiner Weise ein Teil des täglichen Lebens.

Der Besuch von Kursen über Theorien und Methoden ist Grundlagenarbeit. Das Training in Kursen ist die Anwendung, Erweiterung, Vertiefung und Ausübung.

Darüber hinaus hat jeder seine eigenen Möglichkeiten und Neigungen, Wissen und Methoden in sein tägliches Leben zu integrieren.

■ Die praktischen Arbeiten der Selbstbildung, soweit diese nicht in einem Kurs stattfinden, verlangen einige Rahmenbedingungen, damit sie zu Erfolg führen:

- Die Lebensweise soll Raum und Zeit ermöglichen.
- Das Lebensumfeld soll diese Arbeiten zulassen und ermöglichen.
- Die Einstellungen zur Arbeit bilden eine vitale Grundlage.
- Das Potential der Lernaktivitäten ist vielseitig auszuschöpfen.

■ Anregungen zur praktischen Arbeit sind:

- Täglich die Träume aufschreiben; mit Vorteil sofort nach Erwachen.
- Täglich mindestens zweimal kurz systematisch entspannen (10 Min.).
- Am Abend mit einer Übung aus dem Mental-Training "den Kopf leeren".
- Eine grobe Tagesplanung mit Stichworten reserviert der Bildung die Zeit.
- Täglich eine kurze Imagination zu einem Thema machen (ca. 15 Min.).
- Über's Wochenende regelmässig eine Stunde Lebensrückschau halten.
- Regelmässig einen Trainingskurs besuchen.
- Die Ergebnisse von einem regelmässig besuchten Trainingskurs aufschreiben.
- Jede Woche einige Stunden in einem Buch zu einem passenden Thema lesen.
- Menschen kennenlernen, die auch Selbstbildung betreiben und diskutieren.
- Neues geplant probieren und danach auswerten.
- Alle paar Monate die geleisteten Arbeiten bzw. Ergebnisse zusammenfassen.
- Im Turnus immer wieder andere Subsysteme und Themen angehen.
- Nicht immer ist Kontinuität, d.h.regelmässige wöchentliche Arbeit möglich.
- Blockkurse, alle 3-4 Monate, können solche Phasen überbrücken.

Diagramm 1.14: Organisation der Selbstbildung

Gute Zeitplanung	
Positive Einstellung	
Klare Tagesziele	
Meditations-musik	
Richtiges Tempo	
Lern-aktivitäten	
Training	
Arbeitsplanung	
Lärmkulisse beachten	
Kurse besuchen	
Lebensumfeld beachten	
Auf dem Boden bleiben	
Arbeits-tagebuch	
Alles auswerten	

Rahmenbedingungen heute für das Leben morgen

Einige Extrapolationen:

- Sie finden, Liebe ist nicht wichtig. Andere finden das auch. Alle finden das. Was dann?
- Der Professor will keine Weisheit, der Lehrer will somit auch keine. Konsequenz?
- Der eine findet Selbsterkenntnis Unsinn; der andere auch; schliesslich alle. Und jetzt?
- Der eine sagt, nur Geld sei wichtig; der andere auch; schliesslich viele/alle. Was dann?
- Der eine sagt: Du musst schneller sein als andere; alle sagen das. Wie sieht dies aus?
- Zuerst gewinnt einer mit Lügen; dann mehrere; dann viele; dann alle. Was bleibt übrig?
- Sehr viele sind soweit, sie sagen: Gefühle sind unwichtig. Was kommt danach?
- Schwaches/Krankes ist „out". Ab 55 J. sind Sie zunehmend schwach/krank. Lästig?
- Dann hat keine psychischen Bedürfnisse; Frau auch nicht. Wie sieht diese Ehe aus?
- In 30 J. sind 10x mehr Atommüll 10'000 J. lang zu verwalten. Stromkosten heute?
- Alle Europäer sind 50% gesünder, fahren 50% weniger Auto. Die vernetzten Folgen?
- Alle Haushalte und Unternehmen verbrauchen 50% weniger Strom. Warum? Wie?
- 50% der europäischen Erwachsenen betreiben täglich 1 Std. Selbsterkenntnis. Folgen?
- Zweite Frage beim Vorstellungsgespräch für einen Top-Job: Wie gut kennen Sie sich?
- Lehrer wird nur noch, wer seine Biographie bearbeitet hat. Wie ist die Schule dann?
- Jeder Europäer kann seinen Abfall um 50% reduzieren. Was hat das für Folgen?
- Die europäischen Politiker lügen und entstellen nicht mehr. Was geschieht dadurch?
- Jeder Priester aller grossen Religionen ist ein "individuierter Mensch". Was dann?
- Staatsführer und Minister sind "individuierte Menschen". Wie geschieht dann Politik?

- 50% aller Erwachsenen in Europa reflektieren ihr Freizeitleben. Was ändert sich?
- Keiner hat Spass an Sport-Höchstleistungen (wohl aber an Sport). Was bewirkt das?
- 10 Mio Menschen demonstrieren, weil keiner mehr die Liebe ernst nimmt. Vorstellbar?
- 1 Std./tägl. Selbsterkenntnis an jedem Arbeitsplatz. Nimmt jeder einen solchen Job an?
- Keiner will ab Abschluss Volksschule/Berufslehre noch etwas hinzulernen. Folgen?
- Lebenslügen stinken wie Kanalisationen. Wie gehen Menschen dann miteinander um?
- Alle Erwachsenen lesen pro Jahr 12 Bücher über "Psychisches". Was ändert das?
- Die Zeitungen berichten täglich über die Träume der Menschen. Spannende Lektüre?
- Überall gibt's Selbstbildungs-Centers. Alle gehen dahin! Nachbarschaftsbeziehungen?
- Es darf nur heiraten, wer gründliche Selbsterkenntnis/-bildung geleistet hat. Vorteile?
- Kinder zeugen ist ohne gründliche Selbsterkenntnis/-bildung verboten. Wer protestiert?
- Vorgesetzter wird, wer charakterlich durch Selbstbildung gefestigt ist. Pech für wen?
- 75% der Erwachsenen üben täglich 2x 10 Min. Psychohygiene. Wie wirkt das kollektiv?
- Lohnhöhe wird gebunden an den Stand der Individuation einer Person. Warum nicht?
- Jeder schreibt an seine Türe, was ihn glücklich macht. Wie reden dann die Menschen?

→ Hinter den Mauern der Gleichgültigkeit wuchert die grosse Gefahr.
→ Die globalen Risiken der psychischen Volksgesundheit nicht wahrnehmen, bedeutet ein ebenso grosses Risiko, wie die eigentlichen Risiken.
→ Geleugnete Risiken gedeihen besonders gut und schnell.

Jeder einzelne kann viel tun für sich selbst. Niemand zwingt den Menschen, die Lebensrisiken wahrzunehmen. Aber die eingetroffenen Risiken zwingen den Menschen, diese Folgen zu tragen, egal wie tragisch das Schicksal dann leidvoll lastet.

Lebensweise – Kritische Selbstreflexion

Wir leben in einer schwierigen Zeit mit nie dagewesenen Herausforderungen: Konsum, Wohlstand, Bequemlichkeit und eine immense Vielfalt an Erlebnismöglichkeiten. Der Aussendruck ist gewaltig: Schon kleine Reize aktivieren sexuelle Lust, romantische Phantasien, aggressive Gefühle, Essenslust, Trinkbedürfnis u.s.w. Er weiss nicht mehr, was gut und schlecht, was richtig und falsch, was wahr und unwahr ist.

Kritische Selbstbetrachtungen zur eigenen Lebensweise sind:

Fühle ich mich wohl mit (in) meinem Körper?
- Kann ich körperliches Erleben zulassen, Lust geniessen und gestalten?
- Welche Beziehung habe ich zu Haushaltarbeiten und wie gestalte ich diese?
- Wie bewusst kleide ich mich und kaufe ich meine Kleider?
- Wie und mit welchen Zielen gestalte ich meine Wohnräume?
- Wie und mit welcher Haltung pflege ich meinen Körper?
- Wie gehe ich mit Medien um und wie verhalte ich mich vor dem TV?
- Wie gestalte und erlebe ich mein Schlafzimmer, aber auch meine Küche?
- Wie gehe ich mit Nahrungsmitteln um und wie wähle ich diese aus?
- Was gönne ich mir? Wann? Weshalb? Wie?
- Wie pflege ich den Umgang mit andern Menschen?
- Was ist mir im Alltagsleben ganz persönlich (und nur für mich) wichtig?
- Welche Werte lebe ich konzentriert, gezielt und mit Entschlossenheit?
- Wie grenze ich mich gegenüber andern ab (z.B. bei Besuchen)?
- Wie lasse ich mich von andern anregen und mein Dasein erweitern?

Lebensweise - Konkrete Vorschläge

- Positive Bilder besonders suchen/beachten.
- Konstruktive Gedanken im Alltag, schon zu kleinen Dingen.
- Ruhigstellung der Gedanken, täglich 2-3x.
- Loslösende, befreiende Bilder durch Meditation.
- Kognitive Distanz schaffen, wenn die Gedanken zu sehr festhalten.
- Auflösung von Gegensätzen durch meditative Bearbeitung.
- Erlösung von Leid durch Verarbeitung.
- Befreiung von Konflikten durch Klärung und richtige Haltung.
- Mentale Fitness praktizieren.
- Sinnwirklichkeit beachten.
- Lebensbejahung ernst nehmen, schon in unbedeutenden Dingen.
- Bedürfnisse mit Vernunft leben, d.h. ausgewogen und zum richtigen Zeitpunkt.

- Wahrnehmung bewusst lenken; mit den Augen nicht zuviel "schlendern".
- Sinnesreize reduzieren; d.h. sich nicht in alles hineinfühlen.
- Loslösung von Raum und Zeit (durch Meditation).
- Bedachter Lebensrhythmus, auch bei hektischem Berufsleben.
- Gesundheit ganzheitlich leben; d.h. psychisch und körperlich.
- Ausgewogen rational-intuitiv das Dasein erfassen.
- Kombiniert analytisch-künstlerisch/kreativ an die Lebensbelange gehen.
- Integriert logisch-spirituell denken.
- Vernetzt mit Sprache und Bilderwelt das Leben erfassen.
- Linear-synthetisch verarbeiten (= vernetzt denken).
- Eigener Biorhythmus beachten, insbesondere für bestimmte Arbeiten.
- Immer wieder innere Abgrenzung zu den Mitmenschen und Lebensthemen halten.
- Lust bewusst gestalten und geniessen.
- Gesprächsthemen eingrenzen und mitsteuern.
- Nicht zuviel Druck erzeugen.
- In ständiger Entwicklung (Lernen) leben.
- Disziplin: emotional, sozial, denkerisch, moralisch u.s.w.

Notizen und Perspektiven

Wozu dient eine bewusst organisierte Selbstbildung im Alltag?

Notieren Sie die zentralen Schlüsselbegriffe dieses Unterkapitels:

Was ist der Mensch, wenn ihm die Risiken (die "acht Todsünden") gleichgültig sind?

Erklären Sie: Ich organisiere mir meine Selbstbildung, denn:...

Was haben Sie in Elternhaus, Schule und Kirche über die "äusseren Rahmenbedingungen" (zum gebildeten Menschsein) gelernt?

Welche Bedeutung hat die Organisation der Selbstbildung im Gespräch zwischen Lebenspartnern und in sozialen Kontakten generell?

Wie reagieren Politik und Wirtschaft auf die "acht Todsünden"?

Was vermittelt die Werbung über die Wirkungen unseres Lebens heute auf unser Leben in zehn, zwanzig und mehr Jahren?

Formulieren Sie eine Ihnen wichtige Frage zur Organisation der Selbstbildung:

5.3. Die Verantwortung

Kein Mensch kann einem andern die eigene Persönlichkeitsbildung abnehmen. Niemand kann einen andern auf dem Weg der Individuation im Rucksack mitschleppen.

Wenn keiner mehr auf dieser Erde die Liebe lebt, dann wird sie erlöschen. Wenn niemand Verantwortung übernimmt für menschliche Werte, dann werden diese auf der Bühne des Weltgeschehens verschwinden.

Wenn die Welt nicht mehr für Kinder und alte Menschen, für Invalide und Kranke, für Schwache und Notbedürftige Raum schafft, dann wird die Humanität erlöschen.

Wenn niemand mehr nach dem psychischen Leben der Menschen fragt, dann wird dieses in voller Wucht sich selbst melden.

Gibt es keine kollektive Evolution, dann bewirkt dies Regression. Verschwinden Liebe und Geist, dann dominieren Hass und Chaos.

Die Geschichte ist die Summe der Geschichte der einzelnen Menschen in ihren Wechselwirkungen. Somit trägt jeder seinen Teil zur Evolution oder zur Regression, zu Liebe oder zu Hass bei.

Jeder hat am Lebensende über sein Leben Bilanz zu ziehen. Jedem wird die Frage von innen gestellt: Hast Du Dein Leben vergeudet? Was hast Du beigetragen durch Dein Leben zur Geschichte der Menschengemeinschaft?

Das höchste Glück am Lebensende ist für jeden, wenn er zurückschauen kann und weiss:

"Ich habe mein Leben mit all meinen Möglichkeiten genutzt und gelebt. Ich habe mich kennengelernt und gebildet, die Liebe und den Geist gelebt. Ich bin immer mehr zu einem lebendigen Abbild des Kreis-Kreuz-Archetypus geworden. Ich habe meinem Innern einen Ausdruck gegeben aus der Individuation. Ich habe die Werte des psychischen Lebens lieben gelernt und diese in Beziehungen gelebt. Ich habe meine Intelligenz mit dem Geist verbunden, mein Herz mit Geist gelebt, meine Handlungen im Geist rückgebunden ...".

Es gibt gewiss viele Menschen, die haben kaum Möglichkeiten, über ihre minimalen Existenzbedingungen hinaus eine Verantwortung für ihr Leben zu übernehmen.

Keiner kann aus dem Rahmen seines Lebens einfach so ausbrechen. Der eine hat viele Chancen, ein anderer kann den Zugang nicht finden. Wer aber die minimalen Bedingungen hat, die Selbstbildung anzupacken, zu lernen und den Prozess in Bewegung zu bringen, steht vor der Entscheidung, die Verantwortung zu übernehmen.

Das ist der Kern der Sinnfrage des Daseins:

Das eigene psychisch-geistige Leben ist das Grundthema des Menschseins: als Realität und Frage, als Ergebnis und Erkenntnis.

Der Mensch schuldet sich selbst die Persönlichkeitsbildung und Individuation. Er schuldet sich selbst, das zu werden und zu leben, was er als psychisch-geistige Ganzheit ist.

Dies ist die Verantwortung, die jeder von innen für sich und für die andern hat.

Reflexionen und Diskussion

■ Der Mensch schafft sich viele Lebensbedingungen selber. Manche sind durch ihn veränderbar.

Das bedeutet: Viele Gegebenheiten im Leben und deren Auswirkungen sind veränderbar. Der Betroffene hat hier einen Spielraum der Verantwortung zur Handlung.

■ Wie immer der Mensch lebt: Es hat Folgen, für ihn und für die andern, für die Umwelt und rückwirkend wieder für den Menschen. Der Mensch kann Falsches tun, nichts tun oder zu wenig tun.

Niemand kann leben, ohne dass es für die Zukunft Auswirkungen hat. Verantwortung ist somit immer gefordert. Dazu gibt es Auswege:

- Der andere ist schuld daran.
- Die andern sollen tun.
- Wenn ich dann Zeit habe, dann werde ich ...
- Dies ist Gottes-Wille.

- Mir geht es gut (heute), was soll ich mir für morgen Sorgen machen.

■ Es gibt viele Ausgangslagen und Wirkungsfaktoren im Leben, die weder selbstverschuldet sind, noch anderen angelastet werden können.

- Das Leben ist nie berechenbar.
- Unglück und Leid sind nicht "schlecht" an sich; sie können vielfach nicht einem Menschen angelastet werden.
- Unglück und Leid sind sind Teil des Lebens.

■ Ein grosser Anteil der Bevölkerung ist vom "Schicksal" getroffen:

- Viele sind krank oder leiden innerlich.
- Viele sind sozial benachteiligt und leiden Mangel.
- Viele sind durch Pension ins berufliche Abseits gestossen.
- Viele sind durch Schwäche aus dem "Kampf" ausgeschieden.
- Für die Kinder ist die Gesellschaft nicht "gemacht"; viele leiden deshalb.
- Viele alte Menschen leiden durch ihre Gebrechen und Einsamkeit.
- Viele Menschengruppen leiden unter der Gewalt anderer Menschengruppen.

■ Was die Menschen heute für sich selbst tun, tun sie für ihre Zukunft und für die Zukunft der andern. Alles, was sie unausgewogen und auf Kosten des psychischen Lebens und der Individuation tun, wirkt auf sie zurück:

Nie können das verdrängte psychische Leben, die von sich gewiesene Liebe, der unbeachtete Geist "verloren" gehen. Als Umkehrung ins Gegenteil trifft es alle.

So hat jeder Verantwortung für sich und für die andern.

Diagramm 1.15: Wirkunsbereiche der Mitverantwortung

- Umgang mit dem Körper

- Psychisches Grundbefinden

- Wissen und Weisheit

- Methoden und ihre Anwendung

- Das gesamte psychische Leben

- Die eigenen Handlungen

- Die eigene Lebnsplanung

- Der eigene Lebensraum

- Die Umwelt und Natur

- Der Umgang mit der Tierwelt

- Der Lebenspartner

- Die eigenen Kinder

- Die Welt der Kinder

- Die welt der alten Menschen

- Die Freunde und Bekannten

- Die Menschengemeinschaft

- Die Werte des Lebens

- Die Institutionen und Kulturgüter

Verantwortung und Gewissen

Die Verantwortung schliesst verschiedene selbstreflexive Fragen zur eigenen Lebenskultur mitein, zum Beispiel: Wie esse ich? Wie bewege ich mich mit und ohne Auto? Wie rede ich (am Telefon und überall)? Wie wähle ich meine Kleider und Schuhe aus? Wie erlebe ich meine Wohnräume? Wie gestalte ich Liebe und sexuelle Lust? Wie mache ich meinen Haushalt? Wie gehe ich mit Geld um? Wie wähle und gestalte ich das Zusammensein mit andern? Wie gehe ich mit meinem Abfall um? Wie gehe ich mit Informationen um? Wie ernst nehme ich meine körperlichen Bedürfnisse? Was tue ich mit meinen Träumen? Nehme ich mein psychisches Leben ernst? Bilde ich mein innerpsychisches Sein?

Verantwortung ist die Fähigkeit und Bereitschaft zum ernsthaften Antwortgeben auf ein existentielles Angesprochensein als Person. Verantwortlich-sein ist eine Grundbefindlichkeit, die verpflichtenden und unausweichbaren Charakter hat. Die Unbedingtheit echter Verantwortung verweist auf das Gewissen, in dem der Mensch des begründeten Sollens sich bewusst wird. Die Begründung des wahrgenommenen Anspruchs mit der strikten Forderung nach Antwort und verantwortlichem Handeln lässt sich letztlich nur vom psychisch-geistigen Menschsein und damit von der Individuation her geben.

Verantwortung ist in der Individuation an den Geist gebunden. Doch offen bleibt die Frage, was im Gewissen durch Erziehung, Bildung, Sozialisation und Enkulturation (Aneignung von Kultur) geformt ist; m.a.W.: was wirklich 'ursprünglich' aus dem Gewissen ist (also unabhängig von jeder Erziehung, von jedem Milieu). Sicher aber ist Menschwerdung ohne Verantwortung undenkbar.

Benötigt der Mensch ein Gewissen? Ohne Gewissen bleibt nur das Instinkt-Leben, oder das instinkt-arme Leben. Wo führt das hin, wenn keiner mehr auf der Erde für irgendetwas Verantwortung übernimmt? Wo führt das hin, wenn der einzelne für sein Leben keine Verantwortung übernimmt? Wie kann man Verantwortung für sein Leben übernehmen, aber keine Selbsterkenntnis und keine Selbstbildung betreiben? Will der Mensch mitreden und mitbestimmen in Sachen sittlicher Erkennntnis, Gewissensbildung und Verantwortung, so kann er das als "Indoktrinierter" tun, oder aber als Mensch, der sich gründlich in der Selbsterkenntnis geschult hat und dadurch aus Erfahrung weiss, was das psychische Leben alles enthält, v.a. auch was es für das Menschsein bedeutet.

Verantwortung wahrnehmen beginnt bei der Änderung von Einstellungen:

- Zuviel Denken schafft nur Probleme. Die Zukunft ist heute unwichtig.
- Über die Lebensweise nachdenken ist nicht wichtig.
- Mit positiv denken lassen sich fast alle Probleme lösen.
- Die Kirche weist den Weg. Alles Leben ist in Gottes Händen.
- Die Partei löst die Probleme der Menschen.
- Sex ist für jene, die das nötig haben. Alles ist erlaubt, was Spass macht.
- Die Politiker haben die Probleme im Griff.
- Arbeit und Leistung haben höchste Priorität.
- Nur Sachverstand ist wichtig. Gefühle stören das Leben.
- Das Leben ist so, wie es ist. So leben, wie es gerade kommt, ist richtig.
- Die Vergangenheit ist vorbei; wozu da noch verweilen?
- So richtig im Stress sein, ist ganz gesund. Hin und wieder "Gas geben" tut gut.
- Wissenschaftliche Forschung bringt den Fortschritt.
- Laster darf jeder haben, solange er andere damit nicht stört.
- Pech gehabt, wer krank wird. Unfälle sind Schicksal.
- Im Gesetz ist des Menschen Erlösung.
- Psychologie ist für schwache Menschen. Träume sind unwichtig.
- Problemmenschen sind eben problematische Menschen.
- Kriege gab es immer schon und wird es immer wieder geben.
- In Sachen Umweltschäden wird enorm übertrieben.

Vernetzungen der Selbsterkenntnis und Selbstbildung

Methoden-Lebenstechniken-Rahmenbedingungen-Lebensweise-Verantwortung

1. Menschsein ist ohne Lernprozesse nicht möglich. Seit den ersten Hochkulturen reflektiert der Mensch, wird er geformt und formt sich selbst, teils historisch bedingt, teils weil Mensch-sein wesentlich den psychischen Organismus meint.

2. Wie auch immer wir die psychischen Kräfte verstehen in Gewichtigkeit und Priorität, wir formen diese im Rahmen des kulturellen Umfeldes. Jeder Mensch, egal welcher Rasse, welcher Nation, welcher Sprache oder welcher Religion, er hat einen psychischen Organismus. Jeder Mensch ist erst dadurch Mensch und wird durch die Formung eben dieser Kräfte zu dem, was Mensch-sein evolutionär als Potential enthält.

3. Wie kann man Menschen führen und bilden, ohne diesen psychischen Organismus umfassend zu kennen? Wie können wir einander verstehen,

wenn wir von der psychischen Wirklichkeit nichts (nur sehr wenig) verstehen?

4. Menschliche Entwicklung ist mehr als Aufhäufung vieler kleiner Lernprozesse, mehr als Erfüllung kulturell vorgegebener Lebenspläne (z.B. Familie gründen) und mehr als eine materialistische Schau fassen kann. Ohne Selbsterkenntnis und Selbstbildung hat der Mensch keine Chancen, autonom und aufgeklärt Freiheit zu finden.

5. Warum sollte man Menschen in der Gemeinschaft fördern, die kein Interesse an Selbsterkenntnis und Selbstbildung haben (aber durchaus in der Lage wären, diese sich zu erarbeiten)? Sie schaden doch dem Menschsein und der Evolution.

6. Sagen Sie allen Menschen, die Liebe sei nicht zu fördern, ebenso nicht die Kraft des Geistes, die Wahrhaftigkeit, die Demut und das, was der Hauptarchetypus als Ganzheit abbildet ... bis alle Menschen auf dem Erdball das auch sagen. Was haben wir dann?

7. Stellen Sie sich vor: Niemand mehr auf dieser Welt setzt sich ein für den Abbau von Hass, Gier, Neid, Gewalt, Lebenslüge, Egoismus, Materialismus, Erlebnissucht, Machtgier und Ablehnung des psychisch-geistigen Lebens. Wollen Sie in einer solchen Welt 20-30 Jahre Altsein verbringen? Und Ihre Kinder sollen in einer solchen Welt leben?

8. Ist es nicht normal und selbstverständlich, dass Sie jene Menschen in Ihrem Tun fördern, die Gutes tun für die Menschengemeinschaft, sei es durch eigene Selbstbildung, sei es durch die Wahrnehmung von entsprechender Verantwortung für andere? Wer soll sich denn noch für die Grundwerte des Menschseins einsetzen, wenn diese (beide: Menschen und Grundwerte) nicht von der Gemeinschaft gefördert werden?

9. Wenn Sie einmal gründlich und systematisch sich selbst erforscht haben, sich tiefgehend kennen und allseitig ausgewogen Ihre psychischen Kräfte bilden, ist es dann nicht normal, dass Sie sich selbst verpflichtet erleben, das, was Sie innen sind und geformt haben, auch aussen zu leben?

Die Fähigkeit, Verantwortung wahrzunehmen und zu leben ist vernetzt:

- Wahrnehmung, Sprache, Denken, Urteilen und Folgern
- Erkennen und ernst nehmen der psychischen Grundbedürfnisse
- Kraft der Liebe leben: schützen, fördern, entfalten u.s.w.
- Dialog mit dem Geist durch Träume
- Ich-Führung und Selbstmanagement

- Sozialkompetenzen und Lebenstechniken
- Integration der Gefühle in die Ich-Steuerung
- Ausgewogenes Unbewusstes

Notizen und Perspektiven

Wozu dienen Verantwortung und Gewissen im Alltag?

Notieren Sie die zentralen Schlüsselbegriffe dieses Unterkapitels:

Was ist der Mensch ohne Verantwortung für seine psychisch-geistige Entwicklung?

Erklären Sie: Ich nehme eine Mitverantwortung am evolutionären Menschsein wahr, weil:...

Was haben Sie in Elternhaus, Schule und Kirche über die Verantwortung zur Selbstbildung gelernt?

Welche Bedeutung hat die Verantwortung zur Selbstbildung im Gespräch zwischen Lebenspartnern und in sozialen Kontakten generell?

Wie unterstützen Politik und Wirtschaft die Verantwortung zur Selbstbildung?

Was vermittelt die Werbung über die Mitverantwortung zur psychisch-geistigen Evolution?

Formulieren Sie eine Ihnen wichtige Frage zu Verantwortung und Gewissen:

5.4. Übungen

1. Welche Methoden der Selbstbildung praktizieren Sie bereits?

2. Welche Ihrer Lebensbedingungen sind förderlich für Ihre Persönlichkeitsbildung?

3. Welche Ihrer Lebensbedingungen sind hinderlich für Ihre Persönlichkeitsbildung?

4. Welche psychischen Kräfte haben Sie bereits zielgerichtet gebildet?

5. Welche psychischen Kräfte erleben sie als vordringlich zu bilden?

6. Wie sieht der Alltag aus, wenn Sie sich darin Ihre Persönlichkeitsbildung einbauen?

7. Arbeitsorganisation. Geben Sie an, was für Sie zutrifft:

4 = regelmässig   3 = oft   2 = manchmal
1 = wenig/selten   0 = nie/nicht

☐ Wenn ich ein Problem habe, dann befasse ich mich systematisch damit.
☐ Ich überlege, welcher Zeitpunkt gut ist, mich mit Schwierigkeiten zu befassen.
☐ Wenn ich mich zur Reflexion zurückziehe, dann schalte ich Störfaktoren aus.
☐ Ich entspanne mich mit Methode.
☐ Ich wende eine Technik an, mit der ich meine Gedanken loslösen kann.
☐ Wenn mich Erinnerungen beschäftigen, versuche ich diese zu verstehen.
☐ Ich führe ein Tagebuch/Traumtagebuch/Arbeitsheft.
☐ Ich habe so meine "Tricks", wie ich mit mir in schlechter Stimmung umgehe.
☐ Ich weiss, zu welcher Tageszeit ich für welche Aufgaben disponiert bin.
☐ Ich deute meine Träume.
☐ Ich meditiere nach genauen Regeln und Arbeitsschritten.
☐ Ich reguliere Nähe und Distanz zu den Gegebenheiten des Alltags.
☐ Ich habe Meditationsmusik zu Hause und nutze sie.
☐ Ich formuliere meine inneren Schwierigkeiten und Stimmungen.
☐ Ich habe eine Ecke in meiner Wohnung, wo ich schreibe und studiere.
☐ Ich kaufe regelmässig Bücher zur Erweiterung meines Horizontes.
☐ Ich habe eine gute Selbstkontrolle beim Telefonieren.
☐ Ich steuere mich bewusst im persönlichen Gespräch mit andern.
☐ Wenn mich etwas beschäftigt, dann befasse ich mich systematisch damit.
☐ Ich kann es annehmen, wenn ich Schwierigkeiten mit mir habe.
☐ Ich nehme mir Zeit, meine Lebensgestaltung zu überblicken.
☐ Ich führe eine Liste über die kleinen Dinge, die zu erledigen sind.
☐ Ich meditiere über archetypische Symbole.
☐ Ich pflege und erweitere bewusst meine Selbstidentität als Mann/Frau.
☐ Ich nehme mir bewusst Zeit allein zu sein.
☐ Ich achte auf meine Ernährungsweise.
☐ Mein körperliches Erleben ist mir wichtig.
☐ Ich bringe in meine Freizeit Abwechslung ein.
☐ Ich habe einen guten Überblick über das, was mein Leben enthält.

Gesamtpunktzahl: ...

Was folgern Sie aus Ihrem Gesamtergebnis?

8. Schwierigkeiten mit Lebenstechniken.

Formulieren Sie, was Ihnen bei den zehn dargelegten Lebenstechniken schwer fällt:

• Prinzip der kleinen Schritte:	
• Informationsverarbeitung:	
• Mengen- und Kräftedosierung:	
• Lernendes Selbstmanagement:	
• Intelligentes positives Denken:	
• Leistung als Anfang jeden Erfolgs:	
• Wahrnehmungskanalisation:	
• Laterales Denken:	
• Re-Framing. Konstruktive Sinngebung:	
• Menschsein leben:	

9. Methodenkompetenzen.

Notieren Sie sich zu den nachfolgenden Methoden Ihre wichtigsten Fragen und Defizite:

• Entspannungstechniken:	
• Denkoperationen:	
• Introspektion:	
• Wissen aneignen:	
• Identität ausformen:	
• Arbeitstagebuch:	
• Selbstkontrolle:	
• Kontemplation:	
• Mental-Training:	

Wie stehte es um Ihre Methodenkompetenz?

Multiple Choice Test

Wählen Sie die vier richtigen Antworten und kreuzen Sie diese an, so: ☒ a) Lust

5.1. Die praktischen Methoden: Die bedeutenden praktischen Methoden der Persönlichkeitsbildung und Individuation sind:

☐ a) Autogenes Training
☐ b) Praktische Imagination
☐ c) Traumdeutung
☐ d) Gesund kochen
☐ e) Erleuchtung erzeugen
☐ f) Kontemplation

5.2. Die Rahmenbedingungen: Elementare Rahmenbedingungen der Persönlichkeitsbildung sind:

☐ a) Freunde, die helfen
☐ b) Täglich Träume aufschreiben
☐ c) Viel Wissen aneignen
☐ d) Regelmässig meditieren
☐ e) Vegetarisch leben
☐ f) Arbeitstagebuch führen

5.3. Die Verantwortung: Folgende Aussagen ergeben sich aus der Persönlichkeitsbildung zum Thema der Verantwortung:

☐ a) Viele gesellschaftliche Probleme können mit Selbstbildung gelöst werden.
☐ b) Der Mensch hat Verantwortung zu tragen für die Werte, die er lebt.
☐ c) Was der Mensch lebt, wirkt auf ihn und/oder auf das Kollektiv zurück.
☐ d) Die Beachtung des psychischen Lebens wird immer wieder übertrieben.
☐ e) Der Mensch trägt Verantwortung gegenüber sich und anderen für alles, was er nicht tut und tun könnte in Sachen Selbstbildung.
☐ f) Die Verantwortung gegenüber der Individuation bezieht sich nur auf die eigenen Lebensinteressen.

6. Selbstmanagement im Alltag

Wer es versteht, sich selbst unter Berücksichtigung der Umwelt-Vernetzungen ausgewogen zu führen, hat optimale Chancen auf ein glückliches und erfolgreiches Leben.

Essentielle Thesen

❏ Zum Selbstmanagement in der persönlichen Lebenswelt gehört elementar die Frage: "Wofür verwende ich meine Zeit?"

❏ Eine bewusste und geplante Zeitgestaltung ist im privaten Leben so wichtig und möglich wie in der Arbeitswelt.

❏ In allen Bereichen des Privatlebens ist es sinnvoll und förderlich, regelmässig Ordnung zu machen; das sind z.B.

● Persönliche Administration
● Kleider
● Wünsche für Freizeit
● Beziehungen

● Estrich, Keller, Schränke
● Lose Bekanntschaften
● Weiterbildung
● Konsumwünsche

❏ Auch im persönlichen Leben (und nicht nur in der Arbeitswelt) ist es wichtig, die eigenen Ziele mit detaillierter Planung anzugehen.

❏ Kreativität ist für eine befriedigende Lebensgestaltung unerlässlich. Persönliche Probleme können mit Kreativität effizienter gelöst werden. Eine 'gute' Beziehung lebt entscheidend von der Kreativität der Partner.

❏ Kreativität ermöglicht:

● aus sich selbst mehr machen
● Gewohnheiten flexibilisieren
● mit Lust und Freude leben

● neue Situationen neu leben
● Normen und Werte erweitern
● sich selbst bilden

❏ Kreativität kann vielseitig gefördert werden, zum Beispiel mit:

● Imagination
● Erfahrungen durcharbeiten
● lieben

● Tagebuch führen
● Inspiration nutzen
● Intuition wertschätzen

6.1. Selbstmanagement und Zeitgestaltung

"Managen" heisst: leiten, zustandebringen, geschickt bewerkstelligen, organisieren und führen; gebräuchlich in der Geschäftswelt für ein Unternehmen, einen Betrieb; und hier: für das eigene Leben.

Es heisst "Zeit ist Geld". Die zentralste Frage in den letzten Stunden eines Menschenlebens ist wohl: "Was hast Du mit Deinem Leben (Deiner Zeit und Deinen Möglichkeiten auf Erden) gemacht?" Viele vergeuden ihre Zeit und nehmen ihre realen Möglichkeiten nicht oder viel zu wenig wahr.

Es gilt bei manchen die postmoderne Lebensphilosophie: geniessen, erholen, Spannendes erleben, faulenzen, Geld verdienen, nur nichts zu ernst nehmen, plaudern, drauflosleben, was aufreissen, in Ruhe gelassen werden u.ä.m. Warum nicht Selbstmanagement als Alternative?

Die Lebenszeit können wir in vier Abschnitte aufteilen:
1) Kindheit/Jugendzeit bis etwa 20;
2) ca. 10 Jahre Aufbauzeit für Beruf und Privat;
3) dann ca. 30 Jahre Beruf; und schliesslich
4) ca. 15-30 Jahre in Pension.

Bei ca. 35 Std./Woche Arbeit (viele 28,8 Std./ viele über längere Zeit arbeitslos) bleibt viel Zeit für das eigene Leben.

Da sind enorme Chancen für eigene Interessen: Selbstverwirklichung im wahrsten Sinne des Wortes; Engagements für Ideen und humanistische Werte (Kultur, Gesellschaft, Politik etc.); echte Lebenserfüllung! Man muss weder Karriere machen, noch benötigt man eine akademische Bildung, um im Leben ein eigenes "grosses Projekt" zu erleisten.

Dennoch zerrinnt den meisten Menschen die Zeit: 15-25 Std. TV pro Woche; 10 Std. und mehr Schwatzen mit Inhalt ohne persönliche Interessen; über 10 Std. "rumhängen", plus die vielen kleinen Zeitfresser wie Anrufe, Zeitung lesen, Besuche, ergebnislose Beziehungsstreits, Warten in Staus, persönliche Desorganisation u.s.w. Das summiert sich im Laufe der Lebensjahre: Jahre an Lebenszeit gehen verloren! Und dann das "Nichtstun" im Alter! Selbstmanagement ist unumgänglich für Lebenserfüllung.

Viel Zeit geht verloren durch psychische Kräfte, die das tägliche Handeln bremsen, z.B. eine belastete Biographie, nicht integrierte Bedürfnisse, fehlendes Denken, Mangel an richtigem Handeln, oder fehlende Liebesfähigkeit.

Wer viel träumt, aber damit nicht konstruktiv umgehen kann, verliert Zeit.

Die Bindung an revisionsbedürftige Ideale, Werte und Überzeugungen bedeutet Zeitverschleiss und damit Lebensvergeudung.

Eine angewöhnte Abwehrdynamik blockiert täglich den Lebensfluss. Wer seinen Körper als sein Lebenspotential nicht ernst nimmt, schafft sich Probleme. Der Körper braucht Bewegung, richtige Ernährung, eine wohltuende Bekleidung, Lusterfüllung, Naturerleben, Ausgewogenheit zwischen Anspannung und Entspannung, Pflege des Sinnlichen, schlicht: eine positive fürsorgliche Zuwendung vom "Ich".

Mit Körper und Psyche steht der Mensch in einer komplexen Umweltvernetzung. Auch da sind viele Faktoren zu beachten, will man konstruktiv eigene Lebensziele verwirklichen. Deshalb ist bewusstes Selbstmanagement und überlegte Zeitgestaltung wertvoll.

Reflexionen und Diskussion

■ Eine zentrale Frage in der bewusst geführten Lebensgestaltung ist: "Wofür verbrauche ich meine freie Zeit?" Einige Beispiele:

• Arbeitsweg	• Sachen suchen	• Hast
• Zeitung/Hefte lesen	• Unlust/Antriebslosigkeit	• Ungeplantes Einkaufen
• Toilette	• Fernsehen	• Papierkram
• Ankleiden	• Warten	• Keine Aktenordnung
• Haushaltarbeiten	• Ungeduld	• Besuche
• Schwatzen	• Entscheidungsfindung	• Kurzvisite in Bars
• Telefone	• Staus/Ampeln	• Fehlplanungen
• Ereignis-Neugier	• Nicht genau zuhören	• Diskussionen

■ Konstruktive Zeitnutzungskontrolle

• Zeitfresser erkennen	• kleine Tagesziele festlegen	• konstruktiv streiten
• Tagesplanung am morgen	• Stress regulieren	• nicht immer nur zögern

• Wochenplanung	• langsam an die Dinge gehen	• Einkaufslisten erstellen
• Tages-/Wochenziele checken	• Checklisten (z.B. Reisen)	• gezielte Mobilität
• "wach" kommunizieren	• "nein" sagen können	• konzentrierte Begegnungen
• Akten-Ordnung	• Dringlichkeit erkennen	• Pausen wichtig nehmen
• Telefonate vorbereiten	• Wichtigkeit erkennen	• Abläufe überblicken

■ Das sind zentrale Fragen für eine bewusste Lebensgestaltung:

• Was will ich am Telefon plaudern und wie lange will ich reden (zuhören)?
• Will ich mich beim Essen oder in der Badewanne von einem Anruf stören lassen?
• Muss ich 5x pro Woche mit dem Auto Kleineinkäufe tätigen?
• Was bringt es mir, wenn ich 2x/Woche an einer Theke oder am Stammtisch schwatze?
• Will ich "das" wirklich? Und muss "dies" gerade jetzt sein?
• Was will ich alles erleben in diesem Jahr? Kann ich das auch frühzeitig vorausplanen?
• Wie kann ich meine Haushaltarbeiten effizient und rationell mit Zeitgewinn machen?
• Darf ich auch mal was Neues versuchen oder muss ich meine Eltern nachahmen?
• Habe ich mir meine eigene Wohnatmosphäre gestaltet?
• Muss ich denn von diesen fremden Leuten wirklich soviel wissen?
• Vergeude ich nicht immer wieder Chancen, weil ich "einfach nicht will"?
• Habe ich wirklich keine Zeit für diese neue Idee oder bin ich schlicht zu träge?
• Was habe ich jetzt von dieser TV-Sendung für mein Leben gewonnen?

■ Ein optimales Management des Lebens verlangt systematische Zeitplanung für die Selbstbildung.

Diagramm 1.16: Kontrolle der Zeitnutzung

ZEIT-EFFIZIENZ-NUTZUNGS-KONTROLLE

WOZU?	WIE?	KRAFT?
WICHTIGKEIT	STRATEGIE	SELBSTGEFUEHL
DRINGLICHKEIT	MANAGEMENT	ENERGIE
BEDEUTUNG	UEBERBLICK	BEFINDEN
WERT	"ZOOM"	STRESS
SINN	WILLE	FLEXIBILITÄT
ZWECK	VERLAUF	JANEIN-
ZIELE	SACHZWANG	SAGEN KÖNNEN
	FAKTEN	

Selbstmanagement in der Freizeit

Positive Aspekte der Freizeit sind:		Negative Aspekte der Freizeit sind:	
● Freude	● Träume	● Einsamkeit	● Frustration
● Erlebnis	● Frei sein	● Illusionen	● Resignation
● Interesse	● Sonne	● Zerstreuung	● Unlust
● Energie auftanken	● Entspannung	● Trauma	● Vergeudung
● Revitalisierung	● Verständnis	● Zerstörung	● Langeweile
● Individuation	● Vergnügen	● Ideenlosigkeit	● Alleinsein

Die freie Lebenszeit kann mental träge und langfristig krank machen:

● Fortbestehen des Arbeitsrythmus: Man bleibt körperlich, geistig, seelisch im Trott. Folge: starke Strukturierung, Untergliederung in Fixpunkte, nicht loskommen können.

● Tendenz zum Passiven, Rezeptiven: Man ruht vom Arbeitstag aus und regeneriert für den morgigen.

● Ritualisierungsneigung: Der Feierabend läuft tendenziell nach gleichförmigen Schemen ab, um für den kommenden Tag möglichst fit zu sein.

● In der Gemeinschaft allein: Im Familienkreis bzw. mit andern zusammen; aber jeder bleibt weitgehend für sich isoliert. Die Kontakte sind flüchtig.

● Verarmte Feierabendsexualität: Starke Diskrepanzen zwischen Erwartungen und Phantasien an Feierabenderotik und der praktizierten Realität geringe Qualität des 'Standard-Kurz-Programms'.

● Schlechte Stimmung: eher negativ, leicht gereizt. Neben der körperlichen und geistigen Müdigkeit spielen hier deutlich Versagens- bzw. Überforderungsgefühle eine Rolle, bedingt durch den unrealisierten Anspruch an sich selbst.

Langeweile nagt bei vielen in der Freizeit:

▪ Allgemeiner Zustand der Unzufriedenheit.
▪ Es fehlt an Impulsen und Antriebskraft irgendetwas zu tun.
▪ Das Leben erscheint ohne Sinn und leer.
▪ Die Person ist apathisch, kraftlos, müde und willenlos.
▪ Es fehlt an Interesse und Lebenslust.
▪ Die Zeit verläuft unendlich langsam.
▪ Es scheint nichts zu geben, was die Langeweile beheben könnte.

Freizeitstress wird verursacht durch:

- Gedränge, Enge, Schlange stehen
- von andern gestört zu werden
- Familientreffen, Verwandtenbesuche
- Verkehrsstau (Warten etc.)
- Geschenkeinkäufe
- Lärmbelästigungen
- in langweiliger Gesellschaft sein
- auf andere Rücksicht nehmen müssen
- Dauerberieselung durch Musik
- zu viel vorgenommen
- Langeweile an Wochenenden
- in völliger Stille mit sich allein sein

Die Reaktionen auf Freizeitstress sind u.a.:

- Innere Unruhe: nervös, unkonzentriert, überempfindlich, mit sich unzufrieden ...
- Sich unwohl fühlen: körperliche Unbehaglichkeit, Appetitlosigkeit, Magenflattern ...
- Aggressiv werden: Türe zuknallen, auf Ordnung verzichten, fluchen, streiten ...
- Kompensieren mit: Essen, trinken, rauchen, palavern ...
- Sich abreagieren: Sportleistungen, schnell ins Café, Einkäufe erledigen ...
- Sich ablenken, sich zurückziehen (auch ins Bett), fernsehen ...

Selbstmanagement als Überlebensforderung

Einige Ideen für das Selbstmanagement seien zur Reflexion vorgestellt:

- Sie brauchen Zeit für sich selbst, d.h. niemand muss für jeden immer erreichbar und ansprechbar sein. Jeder braucht seine 'stillen Stunden'. Handy in solchen Momenten abstellen! Machen Sie täglich mindestens dreimal je 5-10 Minuten eine kurze Entspannung.
- Nein-sagen, ohne zu frustrieren, ist eine Kunst. Anderseits: Man muss auch "ja" sagen können. Die Konsequenzen des JA und NEIN verantworten. Manchmal muss genau überlegen, wie und warum man "NEIN" oder "JA" sagt.
- Störungen identifizieren, gibt Orientierung. Problemlösungsstrategien erleichtern die Lebensweise. Lärm und Durcheinander sind Störungen. Schwierigkeiten in einem Ablauf werden als Störung erlebt. Devise: Es gibt

kein Leben ohne tägliche Störungen; Störungen sind da, um sie zu managen.

- Denken und handeln Sie zielorientiert, d.h. langfristige persönliche Ziele immer mitplanen in den täglichen Angelegenheiten. Das ist nur mit einem "Arbeitstagebuch" realisierbar.
- Gehen Sie feste Ziele mit einem Zeitplan und mit Arbeitsmethoden an. Dazu muss man auch mal ein Buch lesen, um neue Anregungen zu finden. Oder fragen Sie andere Leute, die dazu Erfahrungen haben. Scheuen Sie fremden Rat nicht!
- Grössere Lebensziele in kleine aufbauende Schritte zerlegen. Jeder Lebensabschnitt hat auch seine eigene Ziele. Verpassen Sie diese in der Gegenwart nicht!
- Ansehen, Geld und Erfolg sind nicht die höchsten Werte im Leben. Reflektieren Sie Ihren Konsum, vor allem Ihr Kompensationsverhalten. Suchen Sie in Ihrem Innern nach dem Sinn Ihres Lebens.
- Konzentrieren Sie Ihren Energieeinsatz. Verzetteln Sie Ihre Kräfte nicht im Durcheinander und in Planlosigkeit. Manchmal muss man täglich etwas Energie auftanken. Dies geschieht mit einfachen Entspannungstechniken.
- Setzen Sie Prioritäten, die den Zielen näherführen. Das wahrhaftige Leben ist das Kernziel von allen Zielen. Auch Arbeit ist Leben! Und immer wieder bedenken: Lebenslügen bieten kein gutes erfülltes Leben.
- Nicht alles ist gleich wichtig und gleich dringend. Wichtigkeit bedeutet Ziel und Erfolg. Dringlichkeit nur Zeit und Termin. Wichtigkeit geht vor Dringlichkeit. Fragen Sie sich pro Woche mindestens einmal: Was ist mir persönlich diese Woche wichtig?
- Neben den Tagesangelegenheiten sich immer auch mit den langfristigen Zielen beschäftigen. Wo wollen Sie stehen in 1-3 Jahren? Prüfen Sie alle paar Monate, ob Sie mit Ihrer Lebensweise auch wirklich dahinkommen können?
- Machen Sie regelmässig eine Kontrolle Ihrer Zeitnutzung. Erstellen Sie einen Tages- und Wochenplan, wo Sie Ihre Zeitnutzung eintragen. Dann analysieren Sie: Ihre Lebenszeit ist Ihr Lebenskapital. Haben Sie es gut genutzt in dieser Woche?
- Steuern Sie Stressoren, damit Sie nicht von diesen gesteuert werden. Planen Sie Ihre Mobilität. Vorsicht: Auch Menschen, Fernsehnachrichten, Inserate, Zeitungsartikel u.s.w. sind Stressoren!

Bedenken Sie immer wieder:

Niemand interessiert sich, ob Ihnen ein gutes Selbstmanagement gelingt. Niemand interessiert es, ob Sie sich psychisch und gesundheitlich ruinieren oder gesund leben, ob sie eine glückliche Beziehung haben (werden) oder vereinsamen, ob sie Lebenssinn finden oder als "Sklave" ein Roboterdasein für die Muster des Zeitgeistes verwirklichen.

Beheben Sie die Langeweile (leere Stunden) in Ihrer freien Zeit mit:

- Sich selbst und das Leben ernst nehmen. Das Leben ist das wertvollste Gut!
- Selbsterkenntnis systematisch pflegen und gleichzeitig die Biographie aufarbeiten.
- Sich den eigenen Träumen zuwenden und zwischendurch mal (richtig) meditieren.
- Visionen für Lebensziele entwerfen und dabei den Lebenssinn innen suchen.
- Den Tag und vor allem das Wochenende im voraus gut planen.
- Genaue Zeitpläne auch für alle alltäglichen Kleinigkeiten festlegen.
- Tagebuch führen und Träume, Gedanken, Ideen, Pläne etc. aufschreiben.
- Ich-Führung stärken durch gezielte Persönlichkeitsbildung.
- Generell das eigene Leben verantworten wollen und so die Bestimmung formen.

Notizen und Perspektiven

Wozu dient eine effiziente Zeitkontrolle und Zeitnutzung im Alltag?

Notieren Sie die zentralen Schlüsselbegriffe dieses Unterkapitels:

Was ist der Mensch ohne bewusstes, erlerntes Selbstmanagement?

Erklären Sie: Selbstmanagement ist mir wesentlich, denn:...

Was haben Sie in Elternhaus, Schule und Kirche über Selbstmanagement gelernt?

Welche Bedeutung hat das Selbstmanagement im Gespräch zwischen Lebenspartnern und in sozialen Kontakten generell?

Worin zeigt sich in Politik und Wirtschaft ein Mangel an Zeit- und Effizienzkontrolle?

Was vermittelt die Werbung über Selbstmanagement?

Formulieren Sie eine Ihnen wichtige Frage zum Selbstmanagement:

6.2. Planung und Organisation im Leben

"Eigentlich möchte ich gerne...", "Wenn ich Zeit hätte, würde ich...", oder "Ach, das geht doch nicht...": solche und ähnliche Phrasen blockieren wertvolle Möglichkeiten. Sie untergraben die Motivation und den Elan. Der eine möchte neue Menschen kennen lernen; ein anderer 'träumt' von einer Kulturreise; ein weiterer will einen Bekannten zu einem Konzert einladen; und manche wünschen sich, neue Sprachen oder wichtiges Lebenswissen zu lernen. Immer geht es dann nicht. Es fehlt gerade in dem Moment an Geld oder an Zeit, oder anderes erhält Priorität.

Chancen werden schubladisiert. So vergehen oft Jahre. Immer stehen "Argumente" im letzten Moment im Wege: "Ich kann das doch nicht", "Das ist gar ungewohnt neu", "Ich habe ohnehin viel zu tun" u.a.m.

Ein Lösungsweg: Planen! Was man heute gerne möchte, darf auch erst in einigen Monaten oder gar in einem Jahr Wirklichkeit werden. Das bedeutet: sich ein Ziel setzen, sich für Prioritäten entscheiden und die Vorbereitungen dazu treffen. Statt viele Wünsche und Pläne in Unordnung auf dem Tisch liegen lassen, erhalten die guten Ziele und die entsprechende Vorbereitung einen Platz in der Lebenszeit.

Wer sich nicht vornimmt, vor/nach dem Frühstück seine Träume aufzuschreiben, tut es nie regelmässig. Wer die Haushaltarbeiten nicht plant, ist vom Unerledigten ständig verfolgt. Das schafft Unzufriedenheit. Unbeantwortete Briefe wirken mit der Zeit wie eine Last. Wer Wichtiges per Telefon besprechen will, nicht nachdenkt, wann der Zeitpunkt günstig ist, geht das Risiko ein, im falschen Moment bedeutungsvolle Angelegenheiten zu klären. Das führt zu Misserfolg. Wer "nach Lust und Laune" sich seine Kleider einkauft, ist danach mit dem Erworbenen oft nicht glücklich. Mit der falschen Stimmung hat man meist auch ein falsches Ergebnis.

Darum: Planen! Sich hinsetzen, eine Liste über den Bedarf erstellen, einen Zeitplan und ein Kostenbudget skizzieren sowie alle Schritte mit Bedacht an die Hand nehmen: das führt zu Erfolg! Zeit und Geld kann so gespart werden. Frust und Konflikte werden vermieden. Fehlhandlungen werden so auf ein niedriges Risiko gebracht. Das Privatleben erhält eine sinnvolle Struktur.

Man kann Ziele festlegen und planen, was mit wem man wann unternehmen will: mit dem Lebenspartner, mit den Kindern, mit einem Freund, mit den Eltern, mit Arbeitskollegen, mit Nachbarn u.s.w. So lassen sich (endlich) die eigenen Wünsche gezielt an die Hand nehmen. Man ist dabei nicht "Spielball" des Zufalls. Man nimmt das eigene Schicksal an die Hand.

Es macht nichts, wenn gewisse zentrale Wünsche um Monate oder um Jahre aufgeschoben werden müssen. Wichtig ist nur, dass man den Weg der Planung lebt, ohne dabei die Flexibilität zu opfern. Denn gewiss, man kann das Leben nicht vollends rational planen und 'mechanisch' führen.

Es darf auch sein, dass für hohe Ziele lange vorbereitet werden muss: Manchmal sind zuerst Zwischenstufen zu erreichen.

→ Darum: Planen Sie Ihr "Irgendwann einmal werde ich ..."

Reflexionen und Diskussion

■ Mit Planung können bessere Ziele wirkungsvoll erreicht werden:

- Eine Liste erstellen über Bücher zur persönlichen Bildung.
- Konsumbedarf und Zeit können bei Familien wie bei 'Singles' geplant werden.
- Beziehungen mit Bekannten können geplant und bewusst gestaltet werden.
- Freizeitbeschäftigungen sollte man nicht immer der Lust und Laune unterstellen.
- Wer seiner Freizeit Sinn geben will, kann dies mit Entwürfen und Planung tun.
- Was nicht zu einer Zielerreichung beiträgt, an den 'richtigen' Platz zurückstellen.
- Schwächen zu Erreichung bestimmter Ziele lassen sich systematisch angehen.
- Ziele und Pläne werden wirkungsvoll, wenn man sie aufschreibt und ernst nimmt.
- Je präziser Ziele formuliert werden, desto sicherer können sie erreicht werden.
- Manches kann man aufschieben; anderes soll man gleich tun.
- Wünsche und Erwartungen mit den Betroffenen frühzeitig ab-/besprechen.
- Checklisten täglich revidieren und Erledigtes mit Erfolg/Misserfolg abhaken.

■ Einmal etwas Ordnung machen im Privatleben, in den Beziehungen,

Beschäftigungen und Gütern kann nichts schaden. Eine Checkliste zur kritischen Sicht der Lage:

• lose Bekanntschaften	• 'Laster' und 'Tics'
• eine 'mögliche' engere Beziehung	• Gewohnheiten
• unausgesprochenes in der Ehe	• Allgemeinbildung (Kurse, Lektüre)
• Papierstapel auf dem Tisch/in der Schublade	• Ordnung im und ums Haus
• Konsumwünsche und -bedarf	• Estrich und Keller (mal rausmisten)
• Ideen für die Weiterbildung	• alte Kleider und Utensilien
• Wünsche für Wochenendunternehmen	• Störendes 'schlucken' statt reden
• Hobbies (anfangen und liegen lassen)	• Wünsche äussern statt unterdrücken
• Beziehungsstörungen	• Kein Ordner, keine Ablagen für Akten
• Anliegen von Freunden und Bekannten	• Kein Tisch für Studier-/Schreibarbeiten

■ Störfaktoren für die eigene Lebensgestaltung angehen und klären:

• zum falschen Zeitpunkt angesprochen werden
• zu wenig Lob oder positive Aufmunterung
• Unordnung der andern (in der Familie/im Zusammenleben)
• keine klare Aufgaben-/Verantwortungsaufteilung (Familie/Zusammenleben)
• eingeengt werden (Musik, TV der andern) (in der Familie/im Zusammenleben)
• zuwenig Transparenz, was andere wollen (Familie/Zusammenleben/Freizeit)
• Ungeduld, Hast, Nörgeleien, zwanghaftes Kritisieren
• Killerphrasen von andern: "Das passt jetzt nicht" oder "So macht man das".

Diagramm 1.17: Vom Chaos zur Planung

☆ Selbstbestimmung	Fremdbestimmung ⊖
☆ Ordnung	Unordnung ⊖
☆ Planung	Zufall ⊖
☆ Struktur	Chaos ⊖
☆ Ueberblick	Orientierungslosigkeit ⊖
☆ Klarheit	Vagheit ⊖
☆ Ziel-Präzision	Ziel-Diffusion ⊖
☆ Entschlossenheit	Unentschlossenheit ⊖
☆ Selbstmanagement	Selbst-"Zerflatterung" ⊖
☆ Ernsthaftigkeit	Gleichgültigkeit ⊖
☆ Dosiertes Tempo	Hast ⊖
☆ Freiheit	Zwang ⊖
☆ Transparenz	Undurchsichtigkeit ⊖
☆ Präzision	Ungenauigkeit ⊖
☆ Denkergebnis	Indoktrination ⊖
☆ Lernen	Gewohnheit ⊖
☆ Mass	Masslosigkeit ⊖

Erfolg durch effektiv arbeiten

Es gibt hundert Erfolgsrezepte, wie der Mensch sein Glück erreichen kann. Da ist auch der geniale Schlüssel zur schnellen und ganz leichten Wunscherfüllung. Wer diesen Schlüssel nicht will, ist selber schuld, sagen manche; und weiter: Schlagartig kann das Ei des Kolumbus gefunden werden. Man muss dazu gar nichts lernen, nur offen sein für den Geheimschlüssel. Man muss nichts tun; kinderleicht ist alles und der Erfolg kommt von selbst. Alle Wunscherfüllung wird auf einmal greifbar. Kaum begriffen, geschieht auch gleich das Wunder des Erfolges in allen Lebensbereichen. Wer an die Allmacht von Wunderworten über den Erfolg glaubt, ist ein guter Mensch. Wer sich einem 'genialen' Erfolgsprogramm unterwirft, wird mit Erfolg belohnt. Wer sich dieser Autorität beugt, erhält das schnelle Lebensglück. Wer es schafft, ist der bessere Mensch. Und nur solche Supermenschen werden "Gewinner". Alle andern sind die Verlierer, die niedrigen Menschen, die Menschen mit Schuld, die Versager eben. Darum: Werden Sie Millionär! Gewinnen Sie!

Der äussere Erfolg ist bekannt und gesellschaftlich anerkannt, weil sie die akzeptierte kollektive Neurose widerspiegelt: Geld, Güter, Karriere, Ansehen, Macht, Aussehen.

Der innere Erfolg sieht man nicht so leicht, bringt weder Geld noch gesellschaftliches Lob: Lebenserfüllung, Selbstaktualisierung, Selbstverwirklichung, Leistung als Ausdruck von Talenten, psychische Freiheit, Liebe, Geborgenheit u.s.w.

Auch der innere Erfolg verlangt: Einsatz von Kräften und Ressourcen, anstrengende Leistung (hart und gründlich arbeiten), Ausdauer, Durchhaltevermögen, Sozialkompetenzen, Selbstmanagement, Denk- und Urteilsfähigkeit, Kompromissfähigkeit, Verständnis u.s.w.

Erfolg verlangt immer anstrengende Arbeit, zum Beispiel:

- Beachten Sie die Ergebnisse Ihres Denkens und Handelns?
- Sind Sie bereit, Einsatz in Ihre Lebenswünsche zu investieren?
- Haben Sie Ihre Denkmuster durchforscht, die Sie immer wieder abspielen?
- Wissen Sie, dass Effektivität eher Kunst als Technik oder Wissenschaft ist?
- Nehmen Sie die Verantwortung für das Erreichen Ihrer Lebensziele wahr?
- Versuchen Sie, Probleme einfach und vernünftig zu lösen?
- Unterscheiden Sie zwischen dringenden und wichtigen Angelegenheiten?
- Haben Sie eine Analyse Ihres angewöhnten Zeitgebrauchs gemacht?

- Lässt Ihr Tagesplan auch Raum für das Unerwartete?
- Wissen Sie, was Sie unterlassen sollten?
- Fragen Sie sich: "Ist das der beste Gebrauch meiner Zeit und Kraft?"
- Besitzen Sie ein gesundes Selbstbewusstsein und Selbstvertrauen?
- Räumen Sie Ihren eigenen Bedürfnissen den höchsten Stellenwert ein?
- Nehmen Sie die Verantwortung für die eigenen Gefühle wahr?
- Setzen Sie auf die eigenen Stärken, Ihr Können und Ihren Charakter?
- Ist Ihnen bewusst, dass Perfektionismus Ihre Effektivität behindern kann?
- Haben Sie den Mut zum Handeln und gehen Sie kalkulierte Risiken ein?
- Versuchen Sie bewusst, Ihre Kommunikationsfähigkeit zu verbessern?
- Versuchen Sie, mit anderen zusammen und nicht gegen sie zu arbeiten?
- Schränken Sie gezielt Unterbrechungen auf das Notwendigste ein?

Die zentrale Lebensforderung: Immer wieder hinzulernen

Selbstmanagement verlangt, immer wieder Neues zu lernen. Das Lernen selbst muss richtig durchgeführt werden. Effektives Lernen geschieht nicht von selbst. Wir wählen die Kernideen von 25 Lernprinzipien aus:

1. Das Verhalten Erwachsener ist veränderbar: ein Leben lang lernen ist möglich.
2. Selbstkonzept (Selbstidentität) und Selbsteinschätzung beeinflusst das Lernen.
3. Frühere Lernerfahrungen unterstützen oder behindern das Lernen.
4. Frühere Lernerfahrungen sind zu achten und zu respektieren.
5. Im neuen Lernen frühere Erfahrungen verknüpfen.
6. Vergangene Erfahrungen werden mit zunehmendem Alter wichtiger.
7. Ein positives Selbstkonzept, eine optimistische Selbsteinschätzung fördern lernen.
8. Verfügen über Lernstrategien und Lernfähigkeiten optimiert Lernprozesse.
9. Wandel in Werten, Einstellungen, Fertigkeiten etc. destabilisiert anfänglich.
10. Eigene Bedürfnisse und Gefühle wirken in das Lernen hinein.
11. Bezug auf aktuelle Entwicklung, Lebenskrisen u.a.m. ist motivationsfördernd.
12. Lernen geht nicht an Erwartung, Wertsystem und Lebensstil des Lernenden vorbei.
13. Lernbedarf und Alternativen zu Bisherigem muss erkannt werden.
14. Selbstgewählte Entwicklungsperspektiven fördern Lernfortschritte.
15. Freiwillige Entscheidung zum Lernen reduziert Ängste und Bedrohungsgefühle.

16. Rückkoppelung ist eine grundlegende Voraussetzung des Lernerfolges.
17. Erfolg beim Lernen motiviert.
18. Stressreaktionen durch Lernaktivitäten beachten.
19. Stress durch Lernen ist nicht dasselbe wie 'Lernschwierigkeiten'.
20. Lerntempo flexibel halten; strenge Zeitvorgaben bremsen und blockieren lernen.
21. Lernen ohne Lebensbezug wird erlebt als 'verlorene Zeit'.
22. Gesund und erholt sein sind Grundvoraussetzungen für erfolgreiches Lernen.
23. Sehen und Hören beim Lernen nicht beeinträchtigen, sondern einsetzen.
24. Jeder Erwachsene hat seinen eigenen Lernstil.
25. Lernaktivitäten sind sequentiell, zyklisch und zielgerichtet (zu organisieren).

Unsere These: Immer wieder Neues lernen in allen Bereichen des Lebens ist eine Grundvoraussetzung für Persönlichkeitsbildung und psychisch-geistige Entfaltung. Wer nicht regelmässig Neues lernt, verliert sich selbst, seine Potentiale und seine Lebensverwirklichung. Eine erfolgreiche Lebensweise muss erlernt werden!

Ein Leben lang lernen - lebensbreit sich bilden:

Viele gesellschaftliche Bereiche verändern und erweitern sich Jahr für Jahr. Der Mensch ist dabei mit seinem ganzen psychischen Organismus, mit seinem Körper und mit seinem Handeln gefordert. Was den Menschen offeriert wird, ist nicht mehr einfach die Wirklichkeit der Natur (davon weiss er auch kaum mehr etwas). Dazu einige ausgewählte Stichworte:

● Chemie in der Natur	● Körperpflegemittel
● Chemie in den Nahrungsmitteln	● Multikulturelle Gesellschaft
● Zahlungsverkehr	● Arbeitslosigkeit
● Versicherungswesen	● Energieverbrauch und Folgen
● Kunst, Kultur	● Bebauung der bewohnten Umwelt
● Medikamente, Heilkräuter, Tranquilizer	● Waschmittel (und Gifte)
● Konsumschutz - Rechte	● Putz- und Reinigungsmittel
● Umgang mit Müll aller Art	● Genussmittel (ihre Gefahren)
● Kleider (Kunststoffe)	● Medien und Information

Notizen und Perspektiven

Was ist der Gewinn einer Planung und Ordnung im persönlichen Leben?

Notieren Sie die zentralen Schlüsselbegriffe dieses Unterkapitels:

Was ist der Mensch ohne "ein Leben lang lernen" und ohne "lebensbreites" Lernen?

Erklären Sie: Effektiv arbeiten ist mir wesentlich, denn:...

Was haben Sie in Elternhaus, Schule und Kirche über "Planung statt Chaos" gelernt?

Welche Bedeutung hat das lebenslange und lebensbreite Lernen im Gespräch zwischen Lebenspartnern und in sozialen Kontakten generell?

Wie fördern Politik und Wirtschaft das lebensbreite und lebenslange Lernen?

Was vermittelt die Werbung über "Planung statt Chaos"?

Formulieren Sie eine Ihnen wichtige Frage zu "ein Leben lang lernen":

6.3. Kreative Lebensgestaltung

Der Mensch ist weder "Maschine", noch "Produkt", noch "ein Zufall". Jeder hat in sich ein Potential an Gestaltungskräften, welches ihm ermöglicht, über seine anerlernten Muster hinaus sein Leben planmässig und schöpferisch zugleich zu führen. Zwar sind da Eingrenzungen, z.B. individuelle Ideenvielfalt, Denkvermögen, Vitalität und äussere Möglichkeiten.

Kreativität heisst Schöpferkraft. Die psychische Triebenergie, das ungewöhliche Assoziieren und die Übertragung von Erlerntem auf Neues sind Leistungskräfte des kreativen Menschen. Wir kennen die Kreativität bei Künstlern, Architekten und Werbeprofis. Musizieren, Malen, Basteln und Hobbies generell nennen wir "kreative Aktivität". Doch auch im Alltagsleben spielt die gestalterische Kraft eine entscheidende Funktion.

Zu nennen sind da u.a. Kochen, Tischgedeck gestalten, Spielen, Wohnung einrichten, Liebesspiele, Tanzen. Auch Kommunikation kann kreativ sein: mit Tonfall, Wortwahl, Illustrationen, Sachkombinationen, Mimik und Gestik.

Indem der Mensch Symbole nutzt und gestaltet, ist er kreativ. Kreativität kann einen Zweck enthalten, ist aber in erster Linie originale Ausdrucksform einer Lebensweise, eines Lebenstils. Wir vermitteln damit Werte und Sinn, ziehen an oder stossen andere ab, schaffen Reize und Wirkungen. Wer kreativ lebt, schafft Neues in seinem Leben.

Kreativ kann der Mensch Probleme angehen und lösen. Intuition, Inspiration und Imagination (auch Phantasie) sind eine Quelle der Gestaltungskraft. Kreativ sein heisst Wissen und Erfahrung umstrukturieren, mit Spontaneität und Flexibilität neue Beziehungen zwischen den Elementen entdecken. Das beinhaltet Interpretation und Verstehen.

Eine Beschäftigung mit den Themen des Alltagslebens verlangt die aktive kritische Auseinandersetzung mit sich, mit den andern und der Umwelt.

Unvoreingenommene Problemwahrnehmung und freie Auseinandersetzung sind Voraussetzungen kreativen Problemlösens. Die Qualität jeder Lösung, ist das 'Problem' auch noch so gewöhnlich, hängt entscheidend vom Stand der Information ab. Informationen sammeln ist gestalterisches Tätigsein.
Mit hinreichender Information kann jede Lösungsvariante probeweise

durchgespielt werden, können die engen Grenzen der vorausgehenden Wissenslage gesprengt werden. Der sog. "schlagartige Einfall" (Aha-Erlebnisse, "Ich hab's gefunden") ist somit nicht zufällig, sondern durchdacht und kreativ vorbereitet. Darauf folgen automatisch neue Lernprozesse, eingebettet in die Ausarbeitung und Überprüfung gefundener Lösungen.

Die kreative Gestaltung verlangt auch die Fragen:

- Ist es anwendbar? Ist es brauchbar?
- Kann man es durchführen?
- Wie wirkt es?
- Was ist der 'Preis' des Einsatzes?
- Wie kann man darüber mit Betroffenen reden?

Hier sind Denkprozesse, Gedächtnis, Bewertung, Verhalten u.a.m. mitbeteiligt. Kreativität bedingt und fördert im Alltag: Psychische Gesundheit, Ich-Stärke, Entdeckungslust, Energiepotential, Konflikt- und Frustrationstoleranz, Akzeptanz der Komplexität von allem, offene Einstellungen und Mut zur Autonomie für eine eigene Lebensform.

Reflexionen und Diskussion

- Kreativität ist eine Art der Lebensgestaltung, d.h. zum Beispiel:

• Raumgestaltung	• Bewegungsgestaltung	• Lösungsgestaltung
• Tongestaltung	• Kommunikationsgestaltung	• Technische Gestaltung

- Kreativität meint:

- Fähigkeit, aus sich selbst immer mehr zu machen.
- Neue Ideen kreieren, alte Bilder durch neue ersetzen.
- Angewöhnte Verhaltensmuster durch neue und geeignetere ersetzen.
- Etwas ausdenken und realisieren, was andere noch nicht entdeckt haben.
- Flexibel, spontan und offen sich mit neuen Situationen auseinandersetzen.
- Situationen (Probleme, Konflikte) neu und erweitert sehen.
- Die Grenzen der eigenen Normen und Werte erweitern.
- Lebenslust und Schaffenslust als aktives 'leben' praktizieren.
- Informationen neu zusammenstellen, für das Handeln neuartig kombinieren.

- Die kreative Gestaltungskraft kann gefördert werden durch:

• Tagebuch führen	• meditieren
• tagträumen	• Spiritualität leben
• Tagebuch führen	• Ängste akzeptieren
• Selbstvertrauen entwickeln	• innere Stimme ernst nehmen
• lieben und leben	• Notizen und Skizzen
• lesen	• Körpersprache üben
• Erfahrungen durcharbeiten	• Brainstorming/Mindmapping
• imaginieren	• Auseinandersetzung

■ Bedingungen der Kreativität sind:

* Gruppeneinflüsse	* Selbstbewertung	* Freude am Leben
* Art der Situation	* Kommunikation	* Autonomie
* Lösbarkeit einer Sache	* Vitalität	* Behebung von Störfaktoren

■ Folgende Persönlichkeitsmerkmale sind förderlich für die Gestaltungskraft:

* Denkfähigkeit	* Gesundheit	* emotionale Sicherheit
* Imaginationsfähigkeit	* Frische und Wachheit	* Lust an Farben, Formen
* Lust am Tagträumen	* Sensitivität	* Interesse am Entdecken
* Triebgestimmtheit	* Bewertungsfähigkeit	* Freude am Gestalten
* Unabhängigkeit	* Gedächtnisleistung	* Assoziationsfähigkeit

Diagramm 1.18: Kreativitätspotential

Traum
Meditation
Imagination

Formen
Farben
Bewegungen

Intuition
Spiritualität
Innere Stimme

Offenheit
Transparenz
Ehrlichkeit

Quellen der Kreativität

Lust
Genuss
Sinnlichkeit

Emotion
Sensibilität
Sensualität

Erleben
Spielen
Erfahren
Ergriffen-
sein

Probieren
Erraten
Neues
wagen

Kreative Problemlösungstechniken

Kreativität ist entscheidend in der Bearbeitung von Problemen. Doch Kreativität ist kein Zufallsprodukt aus dem Chaos innerer Gefühlslagen. Kreativität ist kein Wirken ohne die Ich-Führung. Kreativität ist zwar der Ideenreichtum aus der inneren Quelle. Kreativität ist ganzheitliches Erleben und Bearbeiten, mehr imaginativ, weniger intellektuell-rational. Doch der Einsatz der Kreativität geht einher mit Techniken, die erlernt und bewusst gehandhabt werden müssen.

Einige Anregungen, wie Sie Probleme wirkungsvoll angehen können:

- Nehmen Sie sich Zeit, das Problem zu verstehen, bevor Sie es zu lösen versuchen.
- Behalten Sie alle Fakten klar im Kopf.
- Identifizieren Sie die Fakten, die Ihnen besonders wichtig sind.
- Bereiten Sie Fragestellungen vor, um das Problem anzugehen.
- Versuchen Sie bewusst originell zu sein und neue Ideen zu finden.
- Es ist nicht lächerlich, wenn Sie Unübliches sagen; irren ist menschlich.
- Kulturelle Tabus können ein Geschick zur Lösung verhindern.
- Zeichnen Sie Skizzen, die verhelfen, das Problem zu visualisieren.
- Notieren Sie Ihre Ideen, um Wichtiges festzuhalten, Modelle zu suchen.
- Imaginieren Sie, wie Sie das Problem lösen.
- Gehen Sie das Problem real durch.
- Zerlegen Sie das Problem in Teile: lösen Sie einen Teil; fahren Sie so fort.
- Benutzen Sie Analogien (ähnliche Situationen), prüfen Sie die Transfermöglichkeit.
- Seien Sie offen; funktioniert der Ansatz nicht, prüfen Sie die Annahmen.
- Nutzen Sie verschiedene Strategien: verbal, visuell, rechnerisch, Handlung.
- Bleiben Sie im Ansatz stecken, so suchen Sie einen andern Lösungsweg.
- Geben Sie acht auf Eigenartiges, Intrigantes. Die Lösung kann nahe sein.
- Suchen Sie Verbindungen zwischen verschiedenen Fakten.
- Vertrauen Sie der Intuition. Schauen Sie, wohin der Weg hinführt.
- Versuchen Sie (den Lösungsweg) zu erraten, immer weiter, bis einer geht.
- Denken Sie auf unübliche Weise, Sachen und Umfeld zu nutzen.
- Viel Aufhebens machen hält zwar auf, kann aber zum Ziel führen.
- Setzen Sie sich über Geläufiges hinweg, erfinden Sie neue Methoden.
- Objektiv zu sein; evaluieren Sie eigene Ideen, als ob sie fremde wären.
- Aktivieren Sie Ihre Entdeckungslust durch variable Interpretationen.
- Relativieren Sie Normen und Zeitgeist, die das "Dazu-gehören" fördern.
- Suchen Sie an unüblichen Orten nach Informationen zu den Fakten.

- Phantasieren Sie eine 'Erfolgsstory' aus dem Problem.
- Befragen Sie Ihre Träume nach Erklärungen und Lösungswegen.
- Erweitern Sie das Problem mit neuen Elementen; Neues kann sich zeigen.
- Vergrössern oder verkleinern Sie Elemente, um Lösungswege zu finden.
- Stärken Sie die schwächsten Anteile einer Lösungsstrategie oder Einsatzes.
- Suchen Sie zu Teilen das Komplementäre und erweitern Sie so das Problembild.

Leistung, Konzentration, Gedächtnis

Die physiologische Leistungsbreitschaft

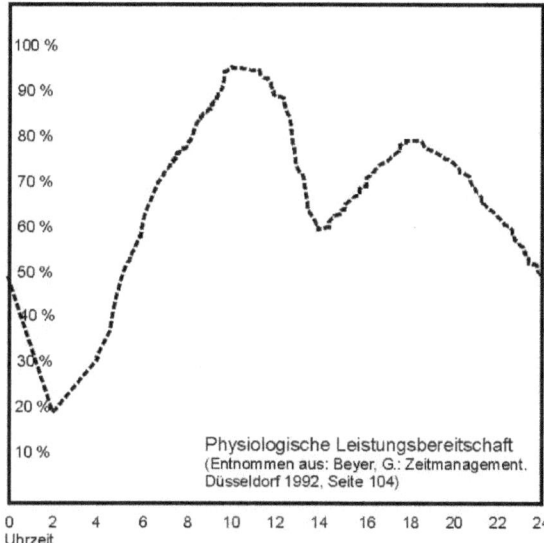

Folgerung:
Teilen Sie in der Arbeitszeit und in der Freizeit, auch an Wochenenden, Ihre Tätigkeit nach Ihrer persönlichen physiologisch-mentalen Leistungskurve ein!

Folgerung:
Es kann weder gesund sein, noch für den biologischen Rhythmus stärkend, noch für die mentale Fitness aufbauend, wenn man über lange Zeit die Notwendigkeit einer ausgewogenen Leistungsaktivität missachtet

Physiologische Leistungsbereitschaft
(Entnommen aus: Beyer, G.: Zeitmanagement. Düsseldorf 1992, Seite 104)

Der Verlauf der Konzentration und die Vergessenskurve

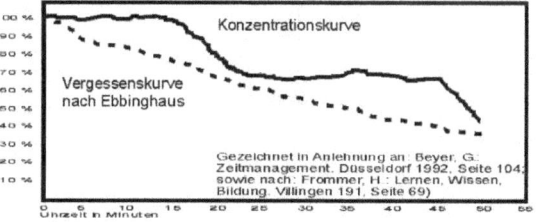

Folgerung:
Wenn Sie etwas tun, das Konzentration verlangt, legen Sie *regelmässig nach 45 Min.* Pausen ein.

Folgerung:
Lernen Sie immer mit Repetition! So bleibt die Sache im Gedächtnis!

Professor Hans Aebli weist auf Forschungsergebnisse hin, die auch im Alltagsleben ganz entscheidende Bedeutung haben: "...Sinnvolles und verstandenes Material (wird) weniger rasch vergessen als sinnloses und unverstandenes...verteilte Wiederholungen (erzeugen) raschere Lernfortschritte als gehäufte..."
(Aus: Zwölf Grundformen des Lehrens. Stuttgart 1983, Seite 339)

191

Notizen und Perspektiven

Was ist der Nutzen der Kreativität im persönlichen Alltagsleben?

Notieren Sie die zentralen Schlüsselbegriffe dieses Unterkapitels:

Was ist der Mensch ohne Einsatz seines Kreativitätspotentials?

Erklären Sie: Kreativität ist mir wesentlich, denn:...

Was haben Sie in Elternhaus, Schule und Kirche über die Potentiale der Kreativität gelernt?

Welche Bedeutung hat die Kreativität in all ihren Aspekten im Gespräch zwischen Lebenspartnern und in sozialen Kontakten generell?

Worin zeigt sich in Politik und Wirtschaft ein Mangel an kreativem Problemlösen?

Was vermittelt die Werbung über kreative Lebensart?

Formulieren Sie eine Ihnen wichtige Frage zur Kreativität:

6.4. Übungen

1. Welches sind Ihre Einstellungen über das "Selbstmanagement"?

2. In welchen persönlichen Lebensbereichen kontrollieren Sie Ihre Zeitnutzung wenig?

3. Welche Kräfte, die Kreativität schaffen, machen Ihnen besonders Mühe?

4. Warum ignorieren die Menschen das kreative und wirkungsvolle Selbst- und Zeitmanagement?

5. Was ist der Gewinn von einem erfolgreichen und kreativen Aktivität für eine Problemlösung?

6. Warum sind die meisten Menschen nicht kreativ in der Lösung ihrer Probleme?

7. Zeitnutzung. Notieren Sie den täglichen Zeitaufwand in Minuten (im durchschnittlichen Wochenrückblick):

... Arbeitsweg
... Bücher lesen
... Toilette
... Ankleiden
... Hausarbeiten
... Schwatzen
... Telefone
... Ereignis-Neugier
... Sachen suchen
... Unlust/antriebslos
... Fernsehen
... Warten
... Ungeduld
... Entscheidungsfindung
... Staus/Ampeln
... Ungenau zuhören
... Hast
... Ungeplantes Einkaufen
... Papierkram
... Etwas suchen
... Besuche
... Kurzvisite in Bars
... Fehlplanungen
... Diskussionen
... Essen
... Kochen
... Abwaschen
... Spielen
... Zeitung lesen
... Berufliche Lektüre
... Weiterbildung
... Rumhängen
... Musik hören
... Hobbies
... Raum gestalten
... Kleineinkäufe
... Gesundheit
... Psychische Stärkung
... Info sammeln
... Tun für andere

... Traumdeutung

... Tagebuch

... Meditation

... Naturerleben

... Körpererleben

... Sorgen nachhängen

... Entspannung

... Liebesbeziehung

Ihre Folgerung:

8. Erfolg durch effektiv arbeiten und leben. Antworten Sie mit einem kurzen Satz:

- Wie konzentrieren Sie sich auf Resultate Ihres Tuns?
- Wie investieren Sie Zeit und Arbeit in Ihre Lebenswünsche?
- Wie durchforschen Sie Ihr gewohntes Denken und Urteilen?
- Welche eigenen, kleinen aber wesentlichen Ziele haben Sie sich selbst gesetzt?
- Wie versuchen Sie, Probleme sachlich und vernünftig zu lösen?
- Unterscheiden Sie zwischen dringenden und wichtigen Problemen?
- Haben Sie Ihren Zeitbedarf für eine beschlossene Sache ausgerechnet?
- Lässt Ihr Zeitplan Raum für Unerwartetes?
- Was sollten Sie in wichtigen Situationen generell unterlassen?
- Wie klären Sie, ob Sie Ihre Zeit und Kraft optimal nutzen?
- Welchen Stellenwert räumen Sie Ihren eigenen Bedürfnissen ein?
- Wie nehmen Sie die Verantwortung für Ihre Gefühle wahr?
- Wie beachten Sie Ihre eigenen Stärken und Schwächen?
- Wo haben Sie Mut zum Handeln und wagen Neues mit kalkuliertem Risiko?

9. Lernen und arbeiten: Machen Sie sich zu jedem Punkt einige anregende Stichworte:

- Das berufliche und private Verhalten ist veränderbar.
- Selbstidentität und Selbsteinschätzung beeinflusst das Arbeiten und Lernen.
- Frühere Lernerfahrungen unterstützen oder behindern das neue Lernen und Arbeiten.
- Im neuen Lernen und Arbeiten frühere Erfahrungen verknüpfen.

- Ein positives Selbstkonzept, eine optimistische Selbsteinschätzung fördern das Arbeiten.
- Verfügen über Lernstrategien und Lernfähigkeiten optimiert Lernprozesse.
- Wandel in Werten, Einstellungen, Fertigkeiten etc. destabilisiert anfänglich.
- Eigene Bedürfnisse und Gefühle wirken in das Lernen und Arbeiten hinein.
- Das Arbeiten geht nicht an Erwartung, Wertsystem und Lebensstil des Arbeitenden vorbei.
- Selbstgewählte Entwicklungsperspektiven fördern Lernfortschritte.
- Erfolg beim Lernen motiviert das Arbeiten.
- Stress durch Lernen ist nicht dasselbe wie 'Lern-/Arbeitsschwierigkeiten'.
- Tempo flexibel halten; allzu strenge Zeitvorgaben bremsen und blockieren.
- Gesund und erholt sein sind Grundvoraussetzungen für erfolgreiches
- Arbeiten.
- Sehen und Hören nicht beeinträchtigen, sondern immer konzentriert einsetzen.

Ihre allgemeine Leitidee für Verbesserungen:

Multiple Choice Test

Wählen Sie die vier richtigen Antworten und kreuzen Sie diese an, so: ☒ a) Lust

6.1. Welches sind die zentralen Aktivitäten der Zeitnutzungkontrolle?

- ☐ a) immer sofort abwaschen
- ☐ b) kurze Kaffeepausen
- ☐ c) Mobilität planen
- ☐ d) Abläufe überblicken
- ☐ e) Wichtigkeit erkennen
- ☐ f) Wochenziele checken

6.2. Planung und Ordnung im persönlichen Leben meint u.a.:

- ☐ a) Die Gedanken und Phantasien immer streng kontrollieren.
- ☐ b) Eine Liste erstellen über Bücher zur persönlichen Bildung (sich informieren).
- ☐ c) Wünsche und Erwartungen an andere frühzeitig besprechen.
- ☐ d) Ziele aufschreiben (Brainstorming) und Pläne auch mit Skizzen (Ablaufdiagramm) erstellen.
- ☐ e) Konsumbedarf in Wochen-, Monats- und Jahresplan erfassen.
- ☐ f) Störfaktoren positiv uminterpretieren.

6.3. Folgende Persönlichkeitsmerkmale fördern die Kreativität, wenn sie bewusst und systematisch gebildet werden:

- ☐ a) Offenheit für Träume
- ☐ b) Stress
- ☐ c) Offenheit für Erfahrung
- ☐ d) Imaginationsfähigkeit
- ☐ e) Essen und Trinken
- ☐ f) Entdeckungslust

7. Biographische Reflexion

Der Mensch ist wesentlich ein "Produkt" seiner eigenen Biographie und was er damit in kritischer Selbstreflexion umgestaltend unternimmt.

Essentielle Thesen

❑ Jeder Mensch hat eine ihm ganz eigene unverwechselbare Lebensgeschichte mit den folgenden zentralen 'Verästelungen' (nebst weiteren):

- Schule
- Erziehungsstil
- Wissen
- Familie/Verwandte
- Einstellungen/Haltungen
- Körpererleben
- Kinderspiele
- Berufsbildung
- Sexualität

❑ Jede Biographie formt den Menschen und bleibt in ihm lebendig erhalten; sehr vieles, was der Mensch in der Gegenwart lebt, baut auf seiner Lebensgeschichte auf.

❑ Zur biographischen Selbstreflexion gehören auch entwicklungspsychologische Prozesse, und zwar schon ab der vorgeburtlichen Zeit.

❑ Der Umgang mit den Trieben, mit den Bedürfnissen und mit dem alltäglichen Verhalten formt sich entscheidend schon in den ersten zehn Lebensjahren.

❑ Die Wert- und Einstellungsbildung, einschliesslich ideologischer und religiöser Überzeugungen, hat ihre ersten Grundlagen schon in der Kindheit und Jugendzeit.

❑ Die biographische Selbstreflexion ermöglicht ein besseres Verstehen der eigenen Identität, von Konflikten mit sich selbst und dem Leben. Durch imaginative und rationale Bearbeitung der eigenen Biographie kann der Mensch von den 'Lasten' der Vergangenheit frei werden und so auch schwierige Erfahrungen 'erlösen'. Das ist eine zentrale Voraussetzung für Autonomie und Freiheit.

7.1. Das eigene Leben im Rückblick

Jeder Mensch hat seine eigene Lebensgeschichte; und nie haben zwei Menschen genau dieselben Biographien. Der Mensch ist nicht nur ein Körper mit einem psychischen Organismus; er ist entscheidend auch seine eigene lebendige Geschichte. In gewisser Hinsicht ist damit seine Vergangenheit immer auch Gegenwart und Zukunft.

Viele Menschen führen Tagebuch, schreiben Briefe an Freunde mit Lebensereignissen und Gedanken darüber. Manche malen Erlebnisse; die meisten photographieren Situationen aus dem Moment. So sind Briefe, Photoalben und Tagebücher Dokumente des gelebten Lebens.

Doch auch der Wohnraum erzählt vom Leben. Nippsachen erinnern an andere Menschen oder besondere Erfahrungen. Bilder an der Wand zeigen nicht nur den "Geschmack" des Bewohners; sie weisen auf die Umstände des Kaufes. Und erst recht die Kleider: Man kauft sich seine Bekleidung selten 'zufällig'. Einflüsse sind: Gewohnheiten, von den Eltern übernommen, angeregt von Freunden, von einem aktuellen Trend oder Vorbild. Das gilt ebenso für die Wahl der Automarke, der Hobbies u.v.m.

Wer erinnert sich nicht an Momente, wo der Vater oder die Mutter, die Grossmutter oder ein Onkel von Erlebnissen aus ihrer eigenen Kindheit erzählten! Berichtet ein Lehrer über etwas Erlebtes: "Das war ein Tag, als ich zum ersten Mal ...!", dann wird es meist still im Klassenzimmer.

Geschichten aus dem Leben sind interessant, egal ob der Erzähler damit sein "Ego" gross machen will, bewegt ist durch eine spontane Erinnerung oder schlicht andere etwas erfahren lassen will. Wir alle können von Lebensgeschichten anderer lernen.

Doch nicht nur das: Wir beginnen den Erzähler besser zu verstehen. Wer berichtet, ist danach oft erleichtert. So können Menschen Anteil nehmen am Leben anderer. Am Stammtisch mag es dabei etwas rauh zu und her gehen; jeder will erzählen, keiner wirklich zuhören. Manchmal geht es bloss um Pointen. Jeder will "Beeindruckendes" erlebt haben. Vielfach reden die Menschen von Geschichten anderer statt von ihren eigenen, und das überwiegend negativ; immer wohl um die eigenen dunklen Seiten des Lebensbuches zu überspielen!

Zwei Verliebte erzählen sich aus ihrem Leben. Das formt entscheidend die Beziehung. Man nimmt Anteil, zeigt Mitgefühl, lebt mit dem andern die Erinnerung, erweitert mit eigenen Geschichten, kommentiert und analysiert, vergleicht und wertet, hat Fragen und andere Lösungen. So wird der andere mit seiner Lebensgeschichte zum Geliebten.

Wir wissen: Die Lebensgeschichte formt den Charakter und die Selbstidentität. Sie beeinflusst die Gesundheit und das tägliche Handeln. Jeder sieht das Leben immer mit den Bildern seines Lebensbuches und mit der Sprache (Worte) seiner gewordenen Art der Kommunikation.

Die Begegnung mit der eigenen Biographie ist von allerhöchstem Wert. Durch die Bearbeitung der Erinnerungen kann das gelebte Leben neu umgestaltet werden, kann jeder vieles lernen. So entsteht wertvolles Lebenswissen.

Reflexionen und Diskussion

■ Typische biographische Kommunikationsformeln aus dem Alltag sind:

- "Kennen wir uns nicht irgendwoher?"
- "Wohnen Sie schon lange hier?"
- "Wo sind wir eigentlich hingekommen?"
- "So war ich also damals!"
- "Früher habe ich das auch so gemacht ..."
- "Tja, das ist so gekommen ..."
- "So gut habe ich mich noch nie gefühlt."
- "Erzähl' was aus Deinem Leben!"
- "Ja, so ähnlich ist es mir auch ergangen ..."
- "Wissen Sie, bei mir war das so ..."
- "Du hast das ja nicht durchmachen müssen!"
- "Wie sich die Zeiten geändert haben!"
- "Genau so war es! Wie konnte ich das nur vergessen?"
- "Schon früher habe ich mir nichts gefallen lassen ..."

■ Biographische Aspekte sind:

- Sanktionierte Lebensformen	- Nachbarschaft und Gruppe Gleichaltriger
- Geschlechterrollen	- Berufsschulung und Tätigkeiten

• Gesundheit und Krankheit	• Kinderspiele
• Kritische Ereignisse	• Lektüre
• Begabung	• Militärdienst
• Familiensystem	• Ideologien, Attitüden, Mentalität
• Vorbild-Erfahrungen	• Soziologische Rahmenbedingungen ("Milieu")
• Erzwungene Selbstverleugnung	• Bestrafungsformen und Verstärkungsformen (Lob)
• Schule	• Umgangsformen als elementare Lebenserfahrungen

■ Die Lebensgeschichte eines jedem Menschen besteht aus einem komplexen Netz mit vielen Verästelungen und Verbindungen. Wir nennen dazu exemplarisch:

• Körper mit Gesundheit, Ernährung, Sexualität
• Arbeit mit Berufsschule, Tätigkeiten, Weiterbildung
• Eigene Familie, (Stief-)Eltern, Geschwister, Verwandte
• Schule mit Grundbildung und Bildung aller Art
• Religiöse Erziehung (Personen, Rituale und Themen)
• Ereignisse wie Feste, Streit, Konflikte
• Bekannte aus allen Lebensräumen
• Freizeit mit Beschäftigungen aller Art
• Wohnen samt Umgebung
• Geld, Güter und Versicherungen

■ Allegorien zur Biographie sind:

Lebensreise, Lebensbaum, Lebensbogen, Schiffsreise, Wanderschaft, Jungbrunnen, das Leben Jesu, Heldenepos, Gralsgeschichten, Jahrmarkt, Uhrwerk, Weg, Spiel, Schauspiel, Bühnentheater, Wiedergeburt, astrologische Strukturen des Lebensverlaufes, Prüfungen, Berg- und Tal-Reise, Bergbesteigung (meist mit x-Stufen) u.s.w.

Diagramm 1.19: Biographische Vernetzungen

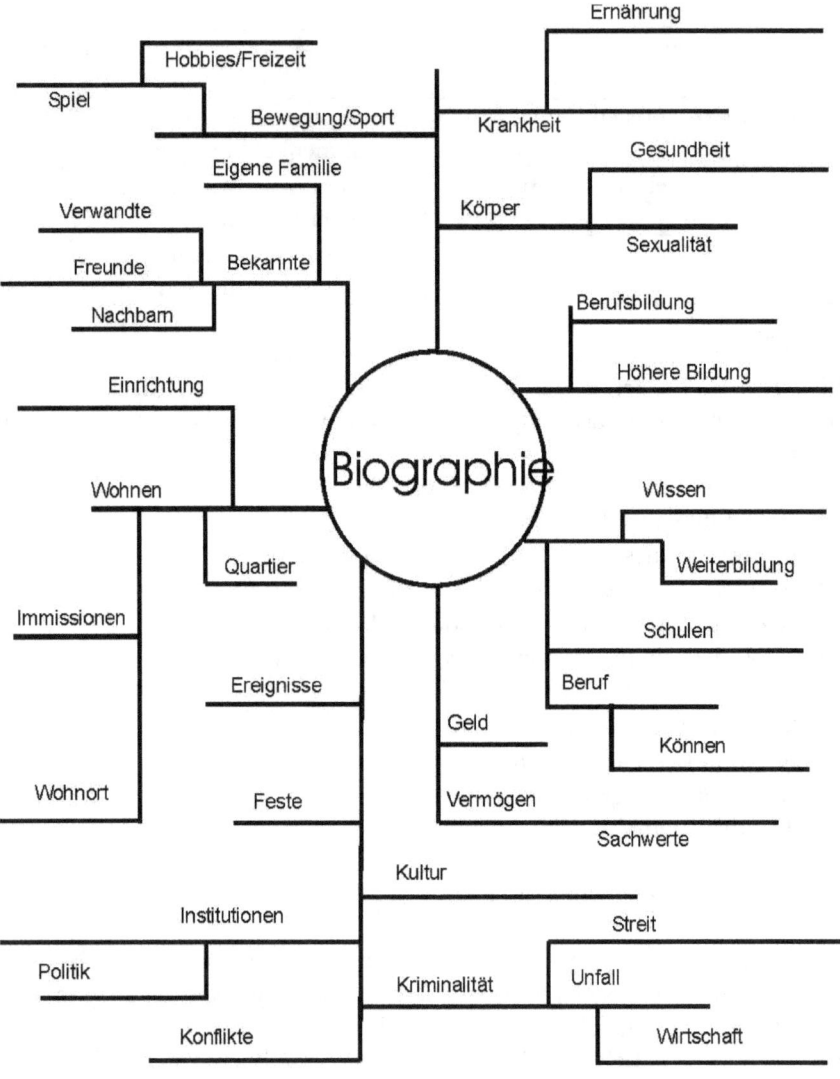

Zur Bedeutung der Biographie

Die Biographie ist die Summe von Erfahrungen. Diese Erfahrungsmuster gehen bewusst oder unbewusst in unser Handeln ein. Erfahrung meint dabei nicht nur eine bewusste rationale Dimension, sondern vielmehr das ganze Spektrum sinnlicher, vorbewusster und unbewusster Aspekte.

Biographie ist nicht bloss eine ahistorische und ungesellschaftliche Privatsache, vielmehr werden Erfahrungen in konkreten geschichtlichen und gesellschaftlichen Bezügen erworben, die immer auch durch die Lebenswelten zum Ausdruck kommen. Die Lebensgeschichte ist die Geschichte der Bildung szenerischer Erlebnisinhalte. Der Mensch ist somit das Gefüge dieser Erlebnisinhalte. Seine Individualität ist die unauswechselbare Besonderheit dieses Gefüges. Das Gedächtnis bewahrt in erster Linie emotionale und lebensgeschichtlich bedeutsame Schlüsselerfahrungen auf.

Jede Biographie ist sowohl vergegenwärtigte Vergangenheit, aktuell gelebte Gegenwart und auch ein Entwurf der Zukunft. Der Mensch lebt nie frei von seiner Biographie und ist immer auch in einer zukunftsgerichteten Dynamik des Wahrnehmens, Denkens und Handelns. Insofern ist der Mensch seine lebendige Biographie. Das Interesse an der eigenen Biographie ist zugleich Zeichen einer Neugier. In vielfältigen Versuchen wollen sich einzelne Menschen über ihre Entwicklung und die anderer klar werden; Leid, Enttäuschungen und Lebensmöglichkeiten verstehen, mit Hoffnungen und Entscheidungen besser umgehen können. Der Lebenslauf wird als höchst widersprüchliche Komplexität von individuellem Handeln und gesellschaftlich-institutionellen Lebensbedingungen verstanden. Im Lebenslauf gibt es viele Prozesse, die die Entwicklungen auszubalancieren versuchen, auch mit persönlicher Bewertung. Für was jemand sich hält, ergibt sich nicht aus dem, was er war oder ist, sondern ist Ausdruck dessen, wofür er das hält, was er war oder ist, immer in biographischen und historischen Grenzen. Biographische Erinnerung ist somit immer Deutung.

Biographie macht Schicksal

Bestimmung ist das Bestimmt-sein, sich selbst zu verwirklichen. Das schliesst Begabungen und Neigungen ebenso mitein wie ein (berufliches, geistiges) Lebensengagement.
Schicksal dabei ist der dazu zur Vefügung stehende Lebensraum und die psychischen Dispositionen, geformt durch die Lebensgeschichte. Die Wirkkräfte sind:

- Gegebenheiten aus dem Lebensumfeld: bedingende Lebensmöglichkeiten

- Intuitive und psychodynamische Anziehung und Abstossung (Menschen, Sachen).
- Die Entwicklungsdynamik der psychischen Kräfte und die Triebkraft.
- Die Intensität und Dynamik der Abwehrmechanismen, auch der Projektion.
- Ich-Stärke, Selbstmanagement, Lebensweise und Lebenskompetenzen.
- Der moralische Charakter und das Charakteristische von Person und Verhalten.
- Die materiellen und familiären (beziehungsmässigen) Lebensmöglichkeiten.
- Das persönliche und institutionelle Empowerment (Verstärker).
- Die aktive Kraft der Affinität (das Erleben einer Wesensverwandschaft).
- Das Inventar im Unbewussten (Komplexe, Lebenserfahrungen).
- Bildungsgrad (Wissen und Können, generell die Geformtheit der Psyche).
- Die Kraft der Träume, wenn man die Traumdeutung ernsthaft praktiziert.
- Zufällige Ereignisse, v.a. wenn sie synchron zur Lage der Person vorfallen.
- Fehlentscheidungen, Fehlverhalten, Schwächen, Fehleinschätzungen u.ä.m.

Biographische Aufarbeitung

Der Mensch kann durch biographische Reflexion verstehen lernen, weshalb er so und nicht anders handelt(e), welche Einflüsse dabei gesellschaftliche Bedingungen hatten, welche Menschen über seinen Werdegang und seine psychische Entwicklung bestimmt hatten, wie er mit diesen Einflüssen umging (heute umgeht), und wie sich seine Biographie und Selbst-Identität zu einem ganzen Gefüge geformt haben.

Der erste Zielbereich der biographischen Selbstreflexion ist das Verstehen der Ereignisse und der Einflüsse. Der zweite wesentliche Zielbereich biographischer Selbstreflexion ist das Entwickeln von Veränderungsmöglichkeiten und Handlungsperspektiven. Der dritte Zielbereich ist das Suchen und Verstehen des psychisch-geistigen Menschseins (das "Mysterium Mensch") anhand der eigenen Biographie.

Die Erinnerung an vergangene, abgeschlossene Ereignisse gestattet durch neue Deutung und Selektion der erinnerten Erfahrungen die nachträgliche Beschönigung der Lebensgeschichte, der Irrtümer und schlechten Erfahrungen. Es besteht die Möglichkeit zur Täuschung, Entstellung und Verdrängung.

Das bedeutet: Der Mensch will sich gerne eine bessere eigene Lebensgeschichte vorstellen. Eine ganz und gar nicht "schöne" Biographie belastet das Selbstbild. Denn die Biographie ist gewiss immer ein Teil dessen, was der Mensch ist. Und meist will der Mensch mehr sein, als er wirklich ist.

Die biographische Selbstreflexion ermöglicht in einem ständigen Prozess Teile der Lebensgeschichte ins Bewusstsein aufzunehmen - eben all das, was man verdrängt hat - und das Mosaik des Gewordenseins Schritt für Schritt zu entdecken und zu verstehen. Der werdende Mensch hat keine Freiheit, sich seine Eltern und seinen Lebensraum frei auszuwählen. Was jeder wird in den ersten rund 18 Lebensjahren, unterliegt entscheidend der Verantwortung der Eltern und des Lebensumfeldes (Schule, Kirche, Kultur etc.). Durch biographische Aufarbeitung verändert und erweitert sich das Gewordensein, das heisst: der Mensch und sein Leben.

In der biographischen Aufarbeitung werden frühere Erfahrungen vom jetzigen Bewusstseinszustand und in den jetzigen Formen des bewussten Umgangs damit noch einmal bearbeitet. Damit gewinnt die gelebte Biographie eine neue Qualität. Es entsteht durch die Aufarbeitung sog. "Lebenswissen", Weisheit auch. Die Aufarbeitung der Biographie ist auch Selbstbesinnung. Die Auseinandersetzung mit der eigenen Biographie ist auch ein Erklärungsversuch der sich verändernden und aufsummierenden Selbstbilder und Selbstdeutungen des Lebens.

Die Ebenen der biographischen Aufarbeitung sind:

- die objektive Ebene der materiellen, kulturellen und institutionellen Gegebenheiten (Lebenswelten); Stichworte: Wohnverhältnisse, Güter, Geld, Schmuck, Kleidung, Objekte, Instrumente (Musik, für Freizeitaktivitäten), Bücher, Computer, Handy etc.
- die objektive Ebene der situativen Anlässe, Ereignisse und Handlungen; Stichworte: Hochzeit, Geburtstag, Feste, Feiern, Party, Vorkommnisse erfreulicher oder leidvoller Art (Unfall), bestimmtes Verhalten mit Folgewirkungen etc.
- die psychische Ebene der Erlebnisse und Erfahrungen; Stichworte: Eltern, Geschwister, Verwandte, Freunde, gefühlsvolle Erlebnisse (z.B. Ereignisse, Menschen, andere Länder) etc.
- die psychische Ebene der späteren (emotionalen) Erinnerungen; Stichworte: Sehnsucht, Wut, Zorn, Hass, Trauer, innere Bindungen, inneres Konflikterleben, Peinlichkeit oder Schmerz unverarbeiteter Geschehnisse etc.
- die sprachliche Darstellung, oft mit vagen und lückenhaften Erinnerungen; Stichworte: Übertreibung, Untertreibung, Beschönigung, Entstellung, Verschlimmerung, Verdrängung der eigenen Verantwortung etc.

Unsere These: Selbstbildung gestaltet und verändert die eigene Biographie und dadurch auch die Person, ihre Lebensweise und Zukunftsperspektiven!

Notizen und Perspektiven

Was ist der Gewinn der biographischen Aufarbeitung für das Alltagsleben?

Notieren Sie die zentralen Schlüsselbegriffe dieses Unterkapitels:

Was ist der Mensch ohne Reflexion über sein gelebtes Leben?

Erklären Sie: Biographische Aufarbeitung ist mir wesentlich, denn:...

Was haben Sie in Elternhaus, Schule und Kirche über die Bedeutung der Biographie gelernt?

Welche Bedeutung hat die biographische Aufarbeitung im Gespräch zwischen Lebenspartnern und in sozialen Kontakten generell?

Wie zeigt sich in Politik und Wirtschaft die Biographie ihrer Akteure?

Was vermittelt die Werbung über die Bedeutung der Lebensgeschichte?

Formulieren Sie eine Ihnen wichtige Frage zur biographischen Reflexion:

7.2. Gestaltende psychische Kräfte im Lebensverlauf

Schon vorgeburtlich beginnen sich psychische Kräfte zu formen, die später lebensbestimmend wirken. Der Fötus reagiert auf die Stimmung der Mutter, auf den Vater und auf das emotionale Umfeld der Eltern. Erste Reaktionsmuster werden geprägt. Das Kind im Mutterleib ist in der Lage, motorisch zu kommunizieren.

Der Verlauf der Geburt übt einen entscheidenden tiefenpsychologischen Einfluss auf das Neugeborene aus: von den sinnlichen Wonnen zu Wehenkontraktionen, dann durch den engen Geburtskanal ins grelle Licht der Welt.

Und der "Empfang": Willkommen? Nicht willkommen? Das hinterlässt Spuren im Gedächtnis.

Die Reaktionen auf "Umweltstimuli" beginnen sich zu bilden. Reflexe werden ausgeformt: Schreien, Greifen, Saugen, Schlafen, Kriechen, Rückzug, Umklammern, Aufmerksamkeit, Bewegen und Interpretation von Signalen.

In der frühen Kindheit formen sich aktives Suchen, Entdecken, Weinen, Lächeln, Ver-arbeiten von Aussenreizen, Trennungsreaktionen, "Fremdeln", Spielen, Bindungsstabilität, Handlungsmuster zur Auslösung von 'interessanten' Reaktionen und manches mehr. Lusterfahrungen werden zu Mustern: Trinken, Essen, Berührungen, Antriebe, sexuelle Vorlust, Strafen u.a.m.

Das sind grundlegende biographische Erfahrungen, die psychischen Fundamente des sich aufbauenden Lebens. Dazu gehören auch konkret-operatives und formales Denken. Dies dauert fort bis zum Abschluss der Jugend. Immer mehr differenzieren sich Selbsterfahrungen und Fähigkeiten durch Elternhaus, Schule und Freizeit.

Mit der Geschlechtsreifung bildet sich markant die Selbstidentität und das geschlechtsspezifische Rollenverhalten. Denk- und Verhaltensmuster der Eltern sind schon tief eingeprägt, vielartig nachgeahmt. Es häufen sich an: Bilder über Gott, religiöse Rituale, Einstellungen über bestimmte Menschentypen und politische Gruppierungen. Wertsysteme werden aufgebaut.

Die emotionale Abhängigkeit zu den Eltern kommt in Bewegung, wird verändert. Ebenso werden die Beziehungen zu den Altersgenossen reifer.

Sexuelle Erfahrungen mit sich selbst prägen Einstellungen und Erleben im Zusammenspiel mit Aufklärung und Erziehung. Durch Freizeit, Leistung, Sport und Körpererleben formt sich die Selbstidentität. Bilder bzw. Wünsche über Beruf schaffen vorbereitende Grundlagen. Dann folgt die Aufnahme intimer Beziehungen zum andern Geschlecht. All diese Entwicklungsprozesse formen die eigene Biographie von innen mit.

Mit dem Beginn des Erwachsenenalters sind die psychischen Kräfte bereits weitgehend geformt. Das Verhaltensrepertoire für Lebenssituationen hat bereits eine gewohnheitsmässige Dynamik. Existenzsicherung mit dem Berufsleben und mit einer sozialen Einordnung steht jetzt im Vordergrund, nebst Freundschaften, Liebstenbeziehung und Pläne für eine Eheschliessung bzw. Familiengründung (auch: ein "Single"-Leben). Die Welt wird weiter entdeckt: heute vor allem durch Ferienreisen. Der Lebensentwurf wird ausgestaltet: ein Baum soll wachsen; oder Sträucher werden dem Wildwuchs überlassen. Die geformten psychischen Kräfte bestimmen den Verlauf.

Reflexionen und Diskussion

■ Die Kindheit und Jugend ist nicht einfach ein Lebensabschnitt, der nach Erfolg oder Misserfolg "abgehakt" werden kann, um sich dann der Zukunft und der "Freiheit" zuzuwenden. In dieser Phase des Lebenslaufes formen sich die Fundamente für das gesamte Leben. Entscheidende Prägungsfaktoren sind:

- Bejahung/Verneinung der Schwangerschaft
- Emotionales Umfeld schon vor Geburt
- Freiraum für eigene Entdeckungen
- Akzeptanz des eigenen Un-/Vermögens
- Personen, die als Vorbilder gelten können
- Ökonomische Situation der Eltern
- Bildungsumfeld in der Familie
- Lehrer- bzw. Schulerfahrungen
- Körperliches Selbsterleben (und Verbote)
- Religiöse Erziehung und Erfahrung
- Umfeld der Gleichaltrigen
- Anregungen für Gemüt und Verstand
- Konsumangebot und -praxis in der Familie
- Formen der Freizeitgestaltung

- Leistungserwartungen und -angebote
- Erfahrungen von Liebe und Hass
- Erfahrungen von Streit und Konflikten
- Psychische Disposition der Eltern

■ Triebe, Bedürfnisse und Handlungsmuster werden "eingespielt":

- Körperlust	- Reden	- Konsum
- Sexualität	- Zuhören	- Beziehungen
- Zärtlichkeit	- Wissen wollen	- Rollen im Haushalt
- Essen	- Abwehr	- Rollen am Arbeitsplatz
- Trinken	- Werte	- Rollen in Gruppen
- Schlafen	- Einstellungen	- Krankheitsreaktionen
- Entspannung	- Überzeugungen	- Psychische Reaktionen
- Neugier/Entdeckungslust	- Interesse an Kultur	- Machtverhalten

■ Jeder Erwachsene setzt sich gemäss seinem ersten Lebensabschnitt mit den Erfahrungen seines Alltags ganz unterschiedlich auseinander. Mit zunehmendem Alter werden die Menschen unterschiedlicher, vielfältiger, komplexer und individueller. Es gibt zwischen den Menschen enorme Variationsbreiten in Art und Menge der Lebenserfahrungen. In der Fülle der individuellen Gegebenheiten entfaltet sich die Biographie. Einige Stichworte zu dieser Erfahrungsbreite:

- Beziehungen	- Krankheiten, Unfälle und Opferereignisse
- Politische Bildung	- Kapital, d.h.: Lebensmöglichkeiten
- Berufliche Entwicklungen	- Verletzende Erfahrungen
- Schicksalsschläge	- Erfolg und Misserfolg
- Verlauf der eigenen Familie (Kinder)	- Berufliche Zufriedenheit

Diagramm 1.20: Entwicklungsstufen der Biographie

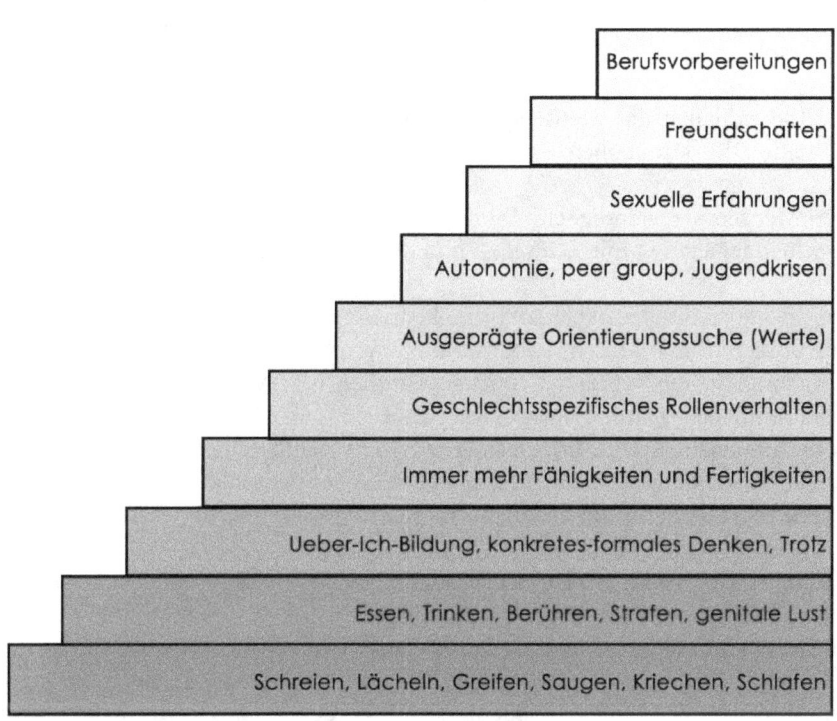

Berufsvorbereitungen

Freundschaften

Sexuelle Erfahrungen

Autonomie, peer group, Jugendkrisen

Ausgeprägte Orientierungssuche (Werte)

Geschlechtsspezifisches Rollenverhalten

Immer mehr Fähigkeiten und Fertigkeiten

Ueber-Ich-Bildung, konkretes-formales Denken, Trotz

Essen, Trinken, Berühren, Strafen, genitale Lust

Schreien, Lächeln, Greifen, Saugen, Kriechen, Schlafen

Humanistische Entwicklung:
Selbstbestimmung und Autonomie
Prozess-sein und Erfahrungsoffenheit
Komplexität und innere Vertiefung
Selbstidentität und Selbstvertrauen
Spontaneität und Kreativität
Transzendenz- und Grenzerfahrungen

Lebensverlauf unter entwicklungspsychologischen Aspekten

Biographische Selbstreflexion soll auch die entwicklungspsychologischen Phasen miteinbeziehen. Es sind dazu verschiedene Gesichtspunkte zu betrachten:

Die versäumte Kindheit, Pubertät und Adoleszenz belastet nicht bloss die Jugendphase, sondern prägt das gesamte Erwachsenenalter durch alle Lebensphasen.

Die Individualität des Menschen verweist auf seine Einmaligkeit ebenso wie auf seine DU-Bezogenheit.

Der Mensch ist ständig ein Werdender. Dieses Werden vollzieht sich in Auseinandersetzung mit sich selbst und mit der Umwelt.

Das frühe Erwachsenenalter ist gekennzeichnet durch Bereitschaft zum Ausprobieren und durch Lebenskraft. Im ersten Abschnitt des mittleren Erwachsenenalters werden Erwachsenenrollen und Verantwortung verstärkt angenommen. Dann folgt im zweiten Abschnitt des mittleren Erwachsenenalters eine Infragestellung von Verpflichtungen. In jeder dieser Phasen besteht ein Zusammenhang zwischen der persönlichen, der familiären und der beruflichen Entwicklung.

Was ein 'Erwachsener' ist, ist immer relativ: Es gibt genügend 20 bis 30jährige, die wir in ihrem Verhalten nicht als 'erwachsen' bezeichnen würden. Nimmt man anderseits das 65. Lebensjahr als Abschluss des beruflich orientierten Erwachsenenalters, so gerät man in noch grössere Schwierigkeiten. Einige ziehen sich zurück, einige werden sogar arbeitsunfähig, andere bleiben noch für viele Jahre so leistungsfähig wie mit 55.

Der Lebenslauf ist in drei Phasen um das Erwerbsleben herum organisiert: Vorbereitungs-, Erwerbs- und Ruhestandsphase.

Jede Gesellschaft hat eine Altersordnung, hat formelle und informelle Normen für einzelne Lebensabschnitte. Die Umwelt reagiert bewertend auf Abweichungen, mit Empörung, Bestrafung oder Anerkennung.

Der Mensch selbst wird als Gestalter seiner Entwicklung betrachtet. Er wird als erkennendes und selbstreflektierendes Wesen aufgefasst, das ein Bild von sich und seiner Umwelt hat und beides im Zuge der Auswertung neuer und vorausgehender Erfahrungen verändert.

Im Kern sämtlicher Reaktionen des Menschen und seiner Psyche steht nicht etwa der Gegensatz zwischen Liebe und Hass, auch nicht zwischen Eros und Todestrieb, sondern vielmehr der Gegensatz von der Person und der Aussenwelt.

Die erste Regung jedes Lebewesens ist eine Strebung zur Berührung mit der Aussenwelt, das heisst: Menschliche Entwicklung - und damit die Biographie - steht immer in der dranghaften Berührung von Ich und Aussenwelt.

Zu Beginn jedes Menschenlebens steht ein mehr oder weniger starkes Minderwertigkeitsgefühl. Das ist die treibende Kraft, von dem alle Bestrebungen des Kindes ausgehen und sich entwickeln, sich ein Ziel zu setzen, von dem es alle Beruhigung und Sicherstellung seines Lebens für die Zukunft erwartet.

Aus sich wiederholenden Erfahrungen in der Kindheit erwächst ein Gefühl der Minderwertigkeit, das nach einer Kompensation im Sinne der Erhöhung des Persönlichkeitsgefühls drängt. Dabei kommt der fiktive Endzweck des Machtstrebens zu hohem Einfluss und zieht alle psychischen Kräfte in seine Richtung.

Phasenmodelle der biographischen Entwicklung

Das Dreiphasenmodell der Psychoanalyse scheint über die Biographie des Menschen die Regie zu führen:

- Die orale Phase (1.Lebensjahr): Einnehmen, Festhalten, Beissen, Ausspeien, Schliessen.
- Die anale Phase (2. und 3. Lebensjahr): Zurückhalten, Sauberkeit, Ausscheiden, Darbieten, Schenken und Spiel mit dem Kot.
- Die phallische Phase (3.-6. Lebensjahr): Forschen, Eindringen und Bemächtigen.

In der analytischen Psychologie ist die Biographie in zwei Arten (Phasen) der Individuation geteilt:

Bis zur Lebensmitte steht der Prozess der "Initiation in die äussere Wirklichkeit". Nach der Lebensmitte ist die "Initiation in die innere Wirklichkeit". (C.G.Jung)

Ein weiteres biographisches Entwicklungsmodell ist (Erikson):

1. Säuglingsalter: Vertrauen gegen Misstrauen;
2. Kleinkindalter: Autonomie gegen Scham, Zweifel;
3. Spielalter: Initiative gegen Schuldgefühl;
4. Schulalter: Werksinn gegen Minderwertigkeitsgefühl;
5. Adoleszenz: Identität gegen Identitätsdiffusion;
6. Frühes Erwachsenenalter: Intimität und Solidarität gegen Isolierung;
7. Erwachsenenalter: Fortpflanzung und Integration (z.B. Zusammenleben, Schaffen, Versorgen), oder Verweigerung des kreativen Schaffens und Lebens;
8. Reifes Erwachsenenalter: Integrität gegen Verzweiflung.

Der Mensch macht nie eine psychische Entwicklung durch, die allein durch biologische Prozesse bedingt ist. Die psychische Entwicklung ist beim Menschen stets durch Lern- und Denkprozesse mitbestimmt. Diese wandeln sich mit dem Alter.

Entwicklung ist nicht ein Prozess, der mit dem Ende der Kindheit oder der Jugend abgeschlossen ist; er dauert vielmehr ein ganzes Leben hindurch an.

Psychische Entwicklung kann durch folgende Merkmale beschrieben werden:

1. Differenzierung und Verfeinerung;
2. Zentralisation: Aufbau übergeordneter zentraler Instanzen, die als Steuerungsfunktionen wirken;
3. Verfestigung, Kanalisierung: zunehmende Einschränkung der Möglichkeiten;
4. Aktive Gestaltung: Der Mensch determiniert durch seine Entscheidungen in einem gegebenen Augenblick in einem gewissen Ausmass auch seine zukünftigen Entscheidungen, kann über dieses Instrument der Selbstdetermination im Prinzip frei verfügen.

Die lern- und entwicklungspsychologischen Probleme im biographischen Verlauf werden durch die Auseinandersetzung mit den folgenden Grundsituationen geformt:

1. Situation der beruflichen und wirtschaftlichen Konkurrenz;
2. Situation der Familie;
3. Innewerden der Unvollkommenheit des eigenen Daseins;
4. Friktion mit der Monotonie des eigenen Daseins;
5. Innewerden der Endgültigkeit des eigenen Geschicks (Schicksals);
6. Konfrontation mit der Endlichkeit des Daseins.

Notizen und Perspektiven

Wozu dient eine Reflexion über den eigenen entwicklungspsychologischen Lebensverlauf?

Notieren Sie die zentralen Schlüsselbegriffe dieses Unterkapitels:

Was ist der Mensch ohne Reflexion über die Prägungsfaktoren seines Lebensverlaufes?

Erklären Sie: Humanistische Entwicklung ist mir wesentlich, denn:...

Was haben Sie in Elternhaus, Schule und Kirche über die gestaltenden psychischen Kräfte im Lebensverlauf gelernt?

Welche Bedeutung hat die humanistische Entwicklung im Gespräch zwischen Lebenspartnern und in sozialen Kontakten generell?

Wie verstehen Politik und Wirtschaft die humanistische Entwicklung der Menschen?

Was vermittelt die Werbung über die Prägungsfaktoren der Umwelt?

Formulieren Sie eine Ihnen wichtige Frage zur humanistischen Entwicklung:

7.3. Geschichte der Wert- und Einstellungsbildung

Das gesellschaftliche Leben wird weitgehend auch von Normen geleitet, als Sitte, als Gesetz oder Vorschriften. Das ganze Leben - Kontakte, Beziehungen, Beschäftigungen, Kauf und Verkauf u.s.w - ist voll von Normen, denen jeweils Werturteile zugrunde liegen: "Das ist gut" oder "das ist schlecht" und somit: "Das darfst Du tun!" bzw. "Das sollst Du tun!".

Wir können ohne soziale Normen nicht leben. Jeder Mensch übernimmt solche schon in seinem ersten Lebensabschnitt. Ab etwa dem 10.Altersjahr drängt es bei jedem nach Autonomie, beginnend mit der Frage nach dem Sinn einer Norm. Normen widerspiegeln Werte und diese wiederum sind eingebettet in Argumente, in ein philosophisches und/oder religiöses System von Einstellungen und Überzeugungen. Die Biographie eines Menschen wird weitgehend auch von seinem verinnerlichten Wertsystem mitbestimmt. Und das ist nicht "einfach zufällig" da.

Zufall mag es sein, dass Fritz in eine katholische Familie hineingeboren wird, Anna in eine protestantische und Omar in eine moslemische. Grundlegende Lebenseinstellungen sind bei Vater und Mutter nun mal irgendwie schon da, wenn das Kind seinen Raum einnimmt. Der Mensch bewertet sich und andere, das Leben und die Transzendenz (Religion), ob er will oder nicht, zuerst ganz nach seinen biographischen Erfahrungen.

Zwar sind die Wertsysteme in einer pluralistischen Gesellschaft sehr vielfältig. Doch der einzelne junge Mensch kann da seine Werte und Normen nicht auswählen wie Spielzeug im Spielzeugladen. Wie auch immer der junge Erwachsene sich dann seine eigenen Werte formt, tief sitzen die Formungen des Gewissens durch Eltern, Schule und Mitmenschen. Die biographische Selbstreflexion verlangt eine gründliche Bearbeitung dieser Prägungen. Am Anfang stehen die Autorität, nach Sigmund Freud die Vaterbeziehung (Gehorsam und Strafe), dann die eigenen Bedürfnisse, danach die Bezugspersonen im Umfeld, dann der Staat und die Religion und schliesslich utilitaristische Erwägungen: Gerechtigkeit und Würde sollen Bedeutung erhalten.

Nur wenig Menschen befassen sich darüber hinaus mit tiefgehenden philosophischen Argumentationen zu Werten und Überzeugungen. Und noch weniger Menschen sind bereit, für hohe Werte wie Würde des Menschen und

Gerechtigkeit sich einzusetzen.

Ob es sich um alltägliche Belange handelt, wie z.b. Kommunikation und Umgang, oder um kapitale Themen, wie z.b. Sexualität, Ehe, Umwelt, Todesstrafe, Schwangerschaftsabbruch, Gewalt, Krieg u.s.w., oder um religiöse Überzeugungen, immer ist die individuelle Biographie massgebend mitbestimmend, wie jemand wertet und urteilt, und auch wie er selbst lebt.

Ob "Gott" oder "Lust und Genuss" als höchstes Ziel steht, ist selten ein rein rationales Denkergebnis. Zudem haben die einen den "wahren Gott", während sie sagen, die andern hätten allenfalls eine "Teilwahrheit über Gott". Am Ende stehen Gewalt und Krieg; oder, befreit von Dogmen: Humanität und Weisheit.

Reflexionen und Diskussion

■ Es gibt verschiedene Möglichkeiten, Werte und Normen zu begründen, z.B.:

Lust und Lebensfreude	Willensfreiheit und Verantwortlichkeit
Verantwortung (Beurteilung der Folgen)	Eigeninteresse und allgemeines Wohl
Eudämonie (Glück und Glückseligkeit)	Das gute Leben
Freiheit als das höchste Gut	Gesetze Gottes
Natürliche Anlagen als Kernargument	Das psychische Leben verwirklichen
Der gute/schlechte Wille (mit Vernunft)	Prinzipien der Individuation

■ Wortkombinationen mit "Wert":

Güterwert	ideeller Wert	Nutzwert
religiöser Wert	geistiger Wert	Eigenwert
humanistischer Wert	ästhetischer Wert	Genusswert
Tauschwert	ökonomischer Wert	überweltliche Werte
Wert des Guten	Vergleichswert	Wertreich

realistischer Wert	Wertfreiheit	absolute Werte

■ Wertbegriffe sind:

gut	hässlich	heilig	richtig
böse	ekelhaft	negativ	dumm
schlecht	erhaben	positiv	bewundernswert
Abscheulich	harmonisch	vorbildlich	würdig
Schön	verschlagen	falsch	teuflisch

■ Es ist nützlich, bei moralischen Urteilen die Satzunterschiede zu erkennen:

a) Moralische Verpflichtungsurteile:

- Du sollst nicht vorehelichen Geschlechtsverkehr halten.
- Liebe ist die Pflicht für jeden Menschen.
- Sie sollten Selbsterkenntnis betreiben.

b) Moralische Werturteile:

- Sie haben einen hochwertigen Charakter.
- Mein Vater war ein schlechter Mensch.
- Er hat miserable Motive für seine Tat gehabt.

c) Aussermoralische Werturteile:

- Das ist ein schönes Auto.
- Meine Eltern hatten kein gutes Leben.
- Das Christentum ist die beste Religion.

Diagramm 1.21: Moralbildung und ihre kritischen Aspekte

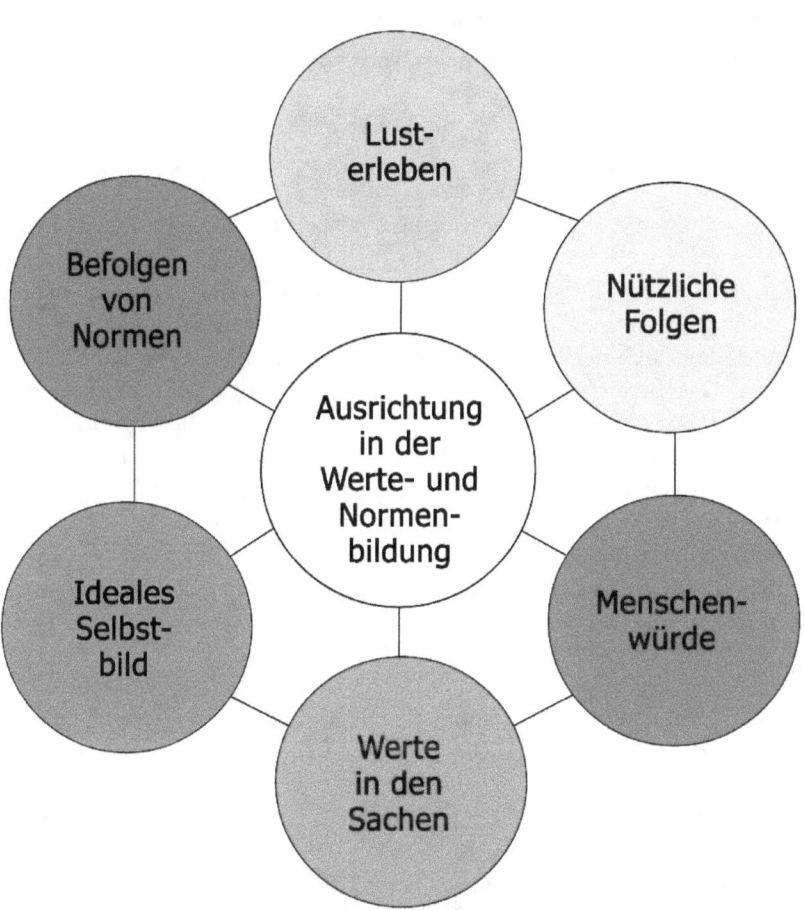

Zur kritischen Orientierung in der Selbstreflexion:

Sprachliche Formulierung von Werten und Normen
Wertrelativität versus Indoktrination
Höchste Werte des Menschseins und Alltagswerte
Entwicklungspsychologische Voraussetzungen
Der Wert an sich und der Wert der Wirkung
Moralische Scheinheiligkeit
Die versteckten Werte im Unbewussten

Moral als biographisches Ergebnis

Das Über-Ich repräsentiert gemäss der psychoanalytischen Theorie die sozialen Normen, einerseits aus dem Gewissen, anderseits aus dem Ich-Ideal (ideales Selbstbild). Darin enthalten sind die Gebote und Verbote der Eltern (die Repräsentanz der Elternbeziehung), besonders des Vaters, aber auch von Vorbildern und Autoritäten (Religion, Moral und soziales Empfinden). Das Über-Ich legt den strengsten moralischen Massstab an.

Mit andern Worten: Gewissens- und Wertbildung bauen sich ab Geburt in der Elternbeziehung auf.

Es gibt Argumente, die Macht des Über-Ichs zu relativieren:

Das viele Reden von 'Selbstbestimmung', 'Selbstverwiklichung', 'Autonomie', 'Mündigkeit' und 'Emanzipation' kann nicht darüber hinwegtäuschen, dass die meisten Menschen in den industrialisierten Gesellschaften der Aussenlenkung erliegen. Das Bedürfnis nach Anerkennung (Ansehen, Geld, Güter, Erfolg) zieht ein starkes Abhängigkeitsgefühl und eine hohe Empfangs- und Folgebereitschaft für die Handlungen und Wünsche der andern, insbesondere für den Zeitgeist, nach sich. In diesem psychischen Zustand wagt es kaum jemand mehr, für sich selbst und als Vorschlag für andere, Wertungsgrundsätze und Normen zu setzen, die über die bestehenden vagen Gemeinsamkeiten mit den anderen hinausgehen oder gar in Widerspruch zu ihnen treten.

Die Werte werden zu Normen, die realisiert werden wollen. Sie drängen darauf, aus einem zunächst unpersönlichen Zustand in einen Zustand des subjektiven Eigentums überzugehen: "Ich erfülle die Werte und Normen."

Wir sind im Übermass zivilisiert, aber moralisch wenig gebildet, das bestätigt sich anfangs 21. Jahrhunderts: Bürgerkriege, Expansionskriege, Rassenkriege, ideologische und prestigebetonte Kriege, Missachtung von Menschenrechten, tausendfache Folterungen, hunderttausendfacher Tod durch Hunger, immenses Elend durch ideologischen Fanatismus. Armut und unsägliches individuelles Leid expandiert auch in den Industrienationen. Was ist das menschliche Leben heute wert?

Tugend lernen und Moral entwickeln kann man nur, indem man versucht, seine eigenen Begründungen nach dem besten Wissen in Handeln umzuwandeln, und aus dieser Überzeugung entsteht Integrität: Wir brauchen auch heute Menschen mit Rückgrat, mit moralischem Mut.

Moralbildung muss in ein ganzheitliches Bildungsprogramm der Entwicklung der Persönlichkeit einmünden. Moralerziehung darf sich nicht auf Denkschulung beschränken, sondern muss moralische Sensibilität und moralische Handlungsfähigkeit fördern. Das verlangt Bildung zur Verantwortungsfähigkeit.

Charakteristiken der Postmoderne beeinflussen heute den Lebensverlauf der Menschen, das sind: Vermischung von Dingen und Ideen (von allem und jedem), Nebeneinander und Durcheinander von Fiktionen und Fakten; keine Grenzen zwischen Kultur, Kommerz, Konsum und Produktion. Kulturelle Werte werden durch Marketing und Promotion an den Mann oder die Frau gebracht werden; das ist eine Gewichts-verschiebung vom Inhalt einer Äusserung zu deren Verpackung.

Fehlen die völlige Betroffenheit und die persönliche Verpflichtung, entsteht das Risiko, dass die Moral abstrakt und letztlich steril wird. Werden die persönlichen Gefühle und Werte überbetont, das heisst: hängen sie nicht von Wissen und Vernunft ab und werden sie nicht von ihnen geleitet, dann gehen die überindividuelle Natur der Moral und das Gefühl einer wirklichen Verpflichtung verloren.

Der Kern der Unmoral besteht darin, nicht wissen zu wollen, sich gegen das eigene Wissen blind zu machen und es im Handeln zu übergehen.

Revision der Moral

1) Ziel: Sich über Weltanschauungen und Vorurteile, mit denen wir im Laufe unserer Geschichte konfrontiert waren, klarwerden und über den Einfluss solcher Weltanschauungen auf unsere Einstellungen und unser Verhalten nachdenken.

Übung: Formulieren Sie einen ganzen Satz:

Politik ist ...	Das Wichtigste im Leben ist ...
Kommunisten sind ...	Den Eltern gegenüber sollte man ...
Gebildet ist jemand, der/die ...	Jungen sollten ...
Wer etwas leistet, der ...	Mädchen sollten ...
Geld und Besitz sind ...	Vorgesetzten gegenüber muss man ...
Als guter Christ ...	Frauen sollten darauf achten, das ...
Das Leben ist ...	Fremden gegenüber sollte man ...

2) Ziel: Darstellung und Vergegenwärtigung der eigenen Religiosität und der Entwicklung des Verhältnisses zur Kirche bis heute: Mit innerem Bildersehen in vergangene Situationen gehen.

3) Ziel: Den Vorstellungen von Gott von der Kindheit bis heute nachgehen. Denken Sie an Gott. Erinneres Sie sich, wie Sie sich ihn als Kind vorgestellt haben; denken Sie an Erlebnisse, Phantasien und Probleme, die Sie im Laufe Ihres Lebens mit Gott hatten.

4) Ziel: Klärung der Einflussbedingungen auf Entstehung und Wandlung politischer Einstellungen in der eigenen Lebensgeschichte. Rationale rückblickende Auseinandersetzung mit Aspekten wie:

- Einstellungen der Eltern, Verwandten;
- Erfahrungen mit politischen Ereignissen;
- Einfluss von Filmen, Fernsehen, Schule, politischen Gruppen;
- Einfluss von Gleichaltrigen, Freunden/innen, Tageszeitungen.

Menschen leben weit mehr in der Vergangenheit, als wir wahrhaben wollen. Denn wir interpretieren die Wirklichkeit mit Konzepten und Weltanschauungen, die auf vergangenen Erfahrungen beruhen. Im Laufe des Heranwachsens bauen wir unsere Interpretation der Wirklichkeit um bestimmte Begriffe herum auf. Deshalb orientieren wir uns nach alten Landkarten.

Aspekte zur Selbstbesinnung über die Vernetzung biographischer Entwicklung:

- Der Mensch erzeugt seine Lebenswelten und wird durch sie erzeugt.
- Bildung ist Bestandteil der kollektiven menschlichen Evolution.
- Die menschliche Lebensweise zeigt sich als Ergebnis kultureller Manipulation.
- Die Entwicklung zur Humanität und menschenwürdigen Lebensverhältnissen entsteht nicht durch natürliche Evolution, sondern muss mit freiem Willen gewollt werden.
- Bildung ist ein Prozess zwischen Disposition, Reflexion und Handlung.
- Bildung verlangt Verantwortung und formt Verantwortung jedes einzelnen.

Die moralische Biographie beginnt schon vorgeburtlich. Ein Mensch hat eine sehr viel grössere Chance, ein emotional und moralisch stabiler Erwachsener zu werden, wenn seine Mutter sich auf die Geburt freut. Jede Moral enthält emotionale Komponenten. Die emotionalen Dispositionen beginnen sich schon vorgeburtlich zu formen.

Notizen und Perspektiven

Wozu dient eine Reflexion über die eigene Moralbildung?

Notieren Sie die zentralen Schlüsselbegriffe dieses Unterkapitels:

Was ist der Mensch ohne reflektierte Moralbildung?

Erklären Sie: Reflexion über meine erlernte, von der Umwelt angeeigneten Moralbildung ist mir wesentlich, denn:...

Was haben Sie in Elternhaus, Schule und Kirche über die Subjektivität und Relativität der Moralbildung gelernt?

Welche Bedeutung hat die Werte- und Normenbildung im Gespräch zwischen Lebenspartnern und in sozialen Kontakten generell?

Wie fördern Politik und Wirtschaft die kritische Reflexion über Werte und Moralbildung?

Welche Werte und Moralbildung vermittelt die Werbung?

Formulieren Sie eine Ihnen wichtige Frage zur Reflexion über Werte und Moralbildung:

7.4. Übungen

1. Welches sind Ihre Einstellungen gegenüber Ihrem bis heute gelebten Leben?

2. Welche Zeitabschnitte Ihres Lebens erkennen Sie rückblickend wenig und unklar?

3. a) Mit welchen Erinnerungen können Sie eher schlecht umgehen?

3. b) Mit welchen Erinnerungen können Sie ausserordentlich gut umgehen?

3. c) Wie erleben die Menschen die Tatsache, dass ihre Biographie das Codeprogramm für ihre Gegenwart ist?

3. d) Wie erleben die Menschen, dass ihre Art zu leben heute das Codeprogramm für die Zukunft ist?

4. Notieren Sie zu den 20 Themenbereichen je 1 hervorstechendes Charakteristikum, über das sich die Menschen nicht gern erinnern.

1. Familie: Eltern, Stiefeltern, Geschwister, Verwandte, Erziehungsstil, Bildung, Arbeit, soziale Verhältnisse, Abwesenheiten (Trennung, Tod)

2. Beziehungen ausserhalb der Familie: Bekannte, Nachbarn, Arbeitskollegen, Pfarrer, Arzt, Berater, Lehrer, ethnische Gruppen

3. Freundschaften, Liebesbeziehungen, Ehe

4. Eigene Familie, Kinder, Familie des Lebenspartners, Beziehungsmuster

5. Wohnen, Wohnatmosphäre, Wohnqualität, Quartierqualität, Umzüge

6. Körper, Sexualität, Aufklärung, Mann-sein/Frau-sein, Badezimmerkultur, Schwanger-schaften (Verlauf, Abbruch), Menstruation

7. Ernährung, Ess- und Trinkkultur

8. Krankheiten, Störungen, Leiden, Operationen, Therapien, Abhängigkeiten (Alkohol, Tabak, Medikamente, Drogen, Essen, Spiel)

9. Vorschule, Schule, Fortbildungen, Lernen, Bildung, Schulfächer, Zeugnisse, Schulwechsel, Schulkarriere

10. Berufsbildung, Arbeiten, berufliche Tätigkeiten, Arbeitsplatz, Arbeitslosigkeit

11. Freizeitorte, Freizeitaktivitäten, Hobbies, Spiel, Urlaub, Wochenende, Mobilität

12. Religiöse Praktiken, Glauben, Lebensphilosophie, Esoterik, Sekten, psycho-religiöse Bewegungen

13. Politische Sozialisation, politische Ereignisse, Aktivitäten, ökologische Bewegungen

14. Kulturelles Leben, Lektüre (Zeitungen, Zeitschriften, Bücher), Musik, Kunst, Film, Theater, Fernsehen

15. Gegenstände, Konsumgüter, Kleider, Geld, Wertsachen

16. Psycho-soziale Institutionen: Arbeitslosenkasse, Fürsorge, Beratungen, Auffang-stationen, Heime, Versicherungsleistungen

17. Haushalten, Lebensverwaltung (z.B. Steuern, Versicherungen)

18. Schlafen (Rahmen, Gewohnheiten, Träumen)

19. Kriminalität (Opfer, Täter)

20. Ökologische Umwelt: Luft-/Wasserverschmutzung, Verkehr, Lärm, Übervölkerung, Armut, Abfall, Tierquälerei, Energieverbrauch, Katastrophen, Gewalt, Unruhen, Krieg

Multiple Choice Test

Wählen Sie die vier richtigen Antworten und kreuzen Sie diese an, so: ☒ a)
Lust

7.1. Welches sind zentrale biographische Bereiche für die Selbstreflexion?

☐ a) Milieu
☐ b) Gesundheit/Krankheit
☐ c) Nachbarn
☐ d) Sexualität
☐ e) Kritische Ereignisse
☐ f) Kochkünste des Vaters

7.2. Für die Biographie eines Menschen sind folgende entwicklungspsychologischen Kräfte/Fakten vor allem massgebend:

☐ a) Die anale Phase
☐ b) guter Schüler zu sein
☐ c) Entdeckungslust
☐ d) Ruhige Zeiten
☐ e) Aufbau der Integrität
☐ f) Erprobung der Lebenskraft

7.3. Das Thema 'Moralbildung im Lebenslauf' ermöglicht Aussagen wie zum Beispiel:

☐ a) Die Moralbildung beginnt etwa mit dem Zeitpunkt der frühesten Erinnerungen.
☐ b) Moralbildung ist im Laufe des Wachstums zum jungen Erwachsenen zunehmend ein Denkakt.
☐ c) Jeder Mensch erfährt durch Erziehung und Schulung die wichtigsten allgemein-gültigen wahren Werte des Menschseins.
☐ d) "Das ist ein guter Staubsauger", ist ein sog. aussermoralisches Werturteil.
☐ e) Nur wenig Menschen reflektieren ihre Wert- und Überzeugungssysteme.
☐ f) Die Wandlungsprozesse und Stufen der Individuation, wie sie erfahren werden können, sind eine konstruktive Orientierung in den zentralen Lebenswerten.

8. Gesundheit und Stress

Gesundheit und "Mentale Fitness" manifestieren sich im Lebensstil, sowie in der Art, wie man Probleme angeht; Deshalb: Mentale Fitness ist für Wohlbefinden im Psychischen wie im Sozialen wichtig.

Essentielle Thesen

❏ Ein gutes Körpererleben kann schrittweise aufgebaut werden, z.B.mit:

- Naturerleben
- Gefühlskontrolle
- Mass in allem
- richtige Ernährung
- gesunde Einstellungen
- Selbstverantwortung
- Stressausgleich
- Entspannung
- Sexualität

❏ Die Beziehung zum eigenen Körper und der Zustand des eigenen Körpers entwickeln sich auch durch die eigene Biographie. Das bewusste Erleben und Pflegen des Körpers und der Sinne fördert die Gesundheit.

❏ Jeder kann sich einen eigenen Lebensstil für Gesundheit und Wohlbefinden entwickeln und kreativ gestalten.

❏ "Gesundheit" erfasst mehr als das "gesunde Funktionieren des Körpers"; der ganze Mensch mit seinem psychisch-geistigen und sozialen Leben ist damit erfasst.

❏ Zum eigenen Lebensstil gehören: Bewegung, Ernährung, Naturerleben, Wohnraumgestaltung, Umgang mit Menschen, Freizeitbeschäftigung u.a.m.

❏ Mentale Fitness meint einerseits das Denken, einschliesslich Wahrnehmung und Aufmerksamkeit. Anderseits zählen auch Intuition, Imagination und spirituelle Erfahrungsfähigkeit dazu.

❏ Mentale Fitness hat in allen persönlichen (und beruflichen) Lebensbereichen eine entscheidende Funktion für Zufriedenheit, Erfolg, Erfüllung und Glück. Mentale Fitness ist offen für alle Herausforderungen des Lebens, von innen wie von aussen.

8.1. Körpererleben und Sinnesgestaltung

Nichts läuft ohne den Körper und ohne die Sinne.

Wir wissen: Die Psyche beeinflusst das Körperliche und umgekehrt: Der Zustand des Körpers beeinflusst das psychische Leben. Wer Hunger hat, ist meist launisch, unruhig und unzufrieden. Zuviel Essen macht die Vitalität träge. Die Unterdrückung der sexuellen Lust führt zu vielen psycho-somatischen Krankheiten und sozialen Konflikten. Zuviel Fett macht dick; zuviel Alkohol belastet die Leber; zuwenig Ballaststoffe macht den Darm träge; zuviel Zucker stört die Darmflora; zuwenig Bewegung schwächt das Herz, zuviel Salz ... zuviel Rauch ... zuviel Lärm ... u.s.w.

Jeder erlebt irgendwie seinen Körper, die einen positiv, die andern eher mit ablehnenden Gefühlen. Der Körper will gepflegt, ernährt, gekleidet und bewegt werden. Tut der Mensch das unangemessen, hat das Folgen, für die wir solidarisch haften. Die Kosten sind hoch!

Wir können lernen, wie wir eine richtige Lebensweise für den Körper aufbauen. Eigenverantwortung ist dabei unerlässlich.

Wir leben mit den Sinnen: Wir essen mit den Augen; wir sehen gerne Farben; wir werden von Tönen bewegt; wir reagieren auf Berührungen, seien es Zärtlichkeiten oder Kleider; wir erleben die Natur mit den Sinnen; wir essen mit Geruch, Geschmack und der Atmosphäre; wir erschliessen die Welt mit Körperbewegungen; wir riechen nicht nur Düfte, sondern ganze Lebenssituationen; wir arbeiten mit einer Körperhaltung; wir reden und streiten mit dem ganzen Körper u.s.w.

Da kann, so scheint, eine gewisse Selbstbildung nur von Vorteil sein. Jeder nimmt mit seiner Biographie auch unzählige Gewohnheiten seines Umfelds mit. Man isst in Routine, wie schon als Kind oder achtet auf sein Sinneserleben, wie es die Erziehung 'beigebracht' hat.

Wenige lernen, wie wichtig Sinneserleben ist. Heute erfahren wir durch die Medien mehr darüber, werden gar sehr durch die Werbung sinnlich beeinflusst; doch was tun wir für unsere Gesundheitsbildung - sinnlich, körperlich, psychisch, sozial, ökologisch?

Wir können lernen, unsere Lebensweisen im Interesse des Körpers zu reflektieren und zu verbessern, auch indem wir biographische Prägungen zu erkennen suchen.

So wie viel psychisches und körperliches Kranksein biographisch bedingt ist, so ist eine für den Körper richtige Lebensweise das Produkt von Bildung und Fremdeinflüssen.

Wir können unsere Wahrnehmung für Körperbedürfnisse bilden. Wir können lernen, mit den Sinnen zu geniessen. Wohlgefühl ist eine Quelle der Lebenskraft.

Aus der Körperhaltung erkennen wir psychisches Leben. Körperbewegungen sind träge oder dynamisch, zäh oder fliessend, harmonisch oder 'abgehackt', wie schwer beladen oder leicht, aggressiv oder ruhig-freundlich, zaghaft oder gar impulsiv. Körperbewegungen und Körperformen erleben wir als schön und harmonisch oder hässlich und unbeholfen.

Die Kleider tragen zum Befinden und zu den Bewegungen bei: einengend, befreiend, lustvoll, zwanghaft, oder rituell.

➔ Die Bildung der Sinnesgestaltung ist entscheidend für die Gesundheit.

Reflexionen und Diskussion

■ Der Zustand des eigenen Körpers und die Beziehung zum eigenen Körper tragen entscheidend zum psychischen Wohlbefinden bei, im einzelnen zu:

▪ schöpferischen Kräften	▪ Anpassung an Stress	▪ Ausgewogenheit
▪ realistischen Zielen	▪ gesunder Selbstbejahung	▪ Interesse am Leben
▪ humanistischen Werten	▪ Autonomie	▪ soziale Offenheit
▪ Erfüllung der Grundbedürfnisse	▪ Standfestigkeit	▪ Umgang mit Aggressionen

■ Der Mensch erlebt seinen Körper, gesund oder krank, mit Lust oder Unlust:

▪ Haut	▪ Hände und Finger	▪ Genitalien
▪ Verspannungen	▪ Beine	▪ Mund
▪ Muskelkraft	▪ Magen/Bauc	▪ Haare
▪ Nieren	▪ Herz	▪ Atmungsorga

■ Der Mensch erlebt seinen Körper auch ganzheitlich:

träge	verkrampft	frisch	wohlig	verbraucht
schön	angespannt	müde	lustvoll	plump
hässlich	entspannt	erschöpft	ekelerregend	zäh
vital	nervös	angenehm	abneigend	freudlos
kräftig	schwer	unangenehm	kalt	peinlich
harmonisch	leicht	abstossend	sauer	intensiv

■ Ein gutes Körpererleben kann schrittweise aufgebaut und gepflegt werden durch:

Naturerleben	Massage	Kräuter/Öle	Stressausgleich
leichten Sport (z.B. Wanderung)	Körperliche Liebe	Interesse am biologischen Leben	Selbst-verantwortung
richtige Ernährung	gesunde Einstellungen	gesunde Umwelt	Streit-/Konfliktabbau
Mass in allem	Essenskultur	Kochfähigkeiten	Gefühlskontrolle
Entspannungs-training	Lebens-/Wohnkultur generell	lustvoll positive Körperpflege	Krisenbearbeitung statt -verdrängung
Meditation	Kleiderkultur	Selbst-bewertungen	Mentaltraining

■ Viele Menschen werden zu risikoreichen Lebensgewohnheiten durch ihre Biographie und durch ihr Lebensumfeld gezwungen, z.B. durch:

• Ablehnung von: Liebe, Wahrhaftigkeit, Loyalität, Solidarität, höhere Werte ...

• Sozialen Druck: Nachahmen müssen, Anerkennungsbedingung, populäre Vorbilder ...

Diagramm 1.22: Ganzheitliche Gesundheit und Heilsein

9 Punkte zur ganzheitlichen Gesundheit:

1. Lebensbejahung, positive Körperbeziehung
2. Lebenskompetenzen durch Verarbeitung und Bildung
3. Konstruktive Beziehung zum Mannsein und Frausein
4. Belastungs-, Bearbeitungskapzitäten
5. Bilden, Formen, Gestalten der eigenen Potentiale
6. Streben durch Humanität, Sinn und Werten
7. Spiritualität und ihre Integration ins Leben
8. Pflege der ökologischen Umwelt
9. Die archetypischen Prozeduren vollziehen

These zu Gesundheit-Krankheit:

Der höchste Sinn und Wert des Menschenlebens
besteht nicht in der Totalität der Gesundheit von
Körper und Psyche.
Die Lebensform durch Individuation
mit ihren Erlebens- und Handlungsbereichen
- Körper, Psyche, Soziales, ökologische Umwelt,
Natur und Tierwelt - erschafft das, was "Heilsein" meint.

Der Begriff "Gesundheit"

Die Weltgesundheitsorganisation (WHO) definiert Gesundheit: "Gesundheit ist das Vorhandensein völligen körperlichen, seelischen und sozialen Wohlbefindens und nicht nur als die Abwesenheit von Krankheit und Gebrechen."

Aspekte von Gesundheit sind:

- Gesundheit ist Kultur aller Lebensmittel.
- Gesundheit ist Aneignung von Körper und Umwelt in sozialer Aktion.
- Gesundheit ist eine Lebensform, die sich bildet, indem man sie lebt.
- Gesundheitsfaktoren sind auch methodische Prinzipien: Angemessenheit anstreben, Gefühlswelt ansprechen, Lebensnähe gestalten.
- Weitere Aspekte von Gesundheit sind:
- Selbstverantwortung und Selbstbestimmung gelten als wichtige Bestandteile der gesunden Persönlichkeitsentwicklung.
- Gesundheit ist Teil der individuellen lebensgeschichtlichen Entwicklung, die nur möglich ist, wenn ein Individuum flexibel und zielgerichtet den jeweils optimal erreichbaren Zustand der Koordination von inneren und äusseren Anforderungen bewältigt.
- Gesundheit einthält eine hohe Anpassungsfähigkeit des Menschen an körperliche, psychische und soziale Belastungen.
- Gesundheit hat mit der gesamten Lebensweise zu tun.
- Gesundheit ist vernetzt mit:
- Wahrnehmungsfähigkeit und Sensibilität, die eine grössere Feinfühligkeit, Genauigkeit und Differenziertheit für äussere und innere Vorgänge ermöglicht.
- Intensität und Vielfalt von Wahrnehmungen und deren individuelle Verarbeitung gehören zu den Voraussetzungen der Gesundheit.
- Ganzheitliche Gesundheit ergibt sich aus dem harmonischen Zusammenspiel sinnnlicher und geistiger Kräfte.
- Gesundheitsbildung:
- Eine persönlich richtige, gesunde Lebensweise aufbauen.
- Die sozialen, ökonomischen und ökologischen Aspekte menschlichen Handelns einbeziehen.
- Verantwortliches Handeln zielt auf eine Erweiterung der persönlichen Handlungskompetenz in einer Lebenswelt mit ihren Anforderungen, Vorgaben und Freiräumen.
- Ernähren, Bewegen und Kleiden sind biographisch begründet und durch biographische Aufarbeitung veränderbar.
- Bewusstmachen ist die Voraussetzung zur Schaffung eines Programmes zum persönlichen richtigen Gesundheitshandeln.

- Aktionen für die Gesundheit fördern Gesundheit und vermeiden Krankheit:
- Nicht oder mässig rauchen
- Alkohol in Massen
- Fett in Massen und in der richtigen Zusammensetzung
- Kalorienbedarf kalkulieren
- Salz in Massen (5-6 gr.)
- Stress handhaben
- Bewegungsmangel ausgleichen

Reflexion über das Gesundheitsverhalten: Die Kernfragen eines Essprotokolls sind: "Wann? Was? Wieviel? Wo? Wie? Wie lange? Warum? Mit wem? Wer hat das Essen zubereitet?" Ähnliche Fragen können im Rahmen eines Protokolls oder einer biographischen Reflexion über Bewegungen, Kleiden und Naturerleben gestellt werden.

Aspekte der psychischen Gesundheit

Liste der Faktoren aus psychologischen und psychoanalytischen Theorien über die ganzheitliche Gesundheit:

- Produktivität, Kreativität, Tätigsein, Werksinn
- Der sachlich-rationale Kontakt mit der Realität
- Anpassungsfähigkeit
- Internes Gleichgewicht, Ich-Integration
- Fähigkeit zur Bedürfnisbefriedigung
- Genitale Sexualität
- Freisein/begrenzter Einsatz von Abwehrmechanismen
- Frustrationstoleranz, Impulskontrolle, Widerstand gegen Stress
- Widerstandfähigkeit gegen seelische Erkrankungen
- Freisein von Symptomen
- Realistische Zielsetzungen
- Gleichgewicht zwischen Abhängigkeit und Unabhängigkeit
- Gleichgewicht zwischen Festigkeit und Flexibilität
- Urvertrauen
- Ich-Identität
- Verwirklichung der eigenen Potentiale
- Autonomie und Widerstand gegen Enkulturation
- Selbstverantwortlichkeit
- Autonome Moral
- Selbsteinsicht

- Realistisches Selbstbild
- Selbstbejahung, Selbstachtung und Selbstvertrauen
- Natürlichkeit, Fassadenfreiheit, Spontaneität, Unbefangenheit, Echtheit
- Offenheit für Erfahrungen und Gefühle
- Grenzerfahrungen, 'positive Gefühle'
- Bewusstseinserweiterungen
- Bejahung des eigenen Körpers
- Streben nach dem Guten, dem Wahren, dem Schönen
- Humor
- Demokratische Charakterstruktur
- Bedürfnis nach Privatheit
- Sinnfindung und Wertorientiertheit
- Fähigkeit zur konstruktiven Bewältigung von Leid
- Willensstärke

➔ Gesundheit viel mehr ist als "Abwesenheit von Krankheit".

➔ Gesundheit ist nicht etwas, das man 'hat' oder 'nicht hat', was man 'verliert' oder 'wiedergewinnt'.

➔ Gesundheit ist nicht etwas, was zum Leben des Menschen hinzukommt und dieses schöner und angenehmer machen kann.

➔ Gesundheit ist die Art der Lebensvollzüge, die Verwirklichung des Lebens selbst, die Art der Lebensbewältigung."

Förderlich für Gesundheit ist alles, was Gesundheit in jedem Stadium und Moment als etwas Wohltuendes erlebt werden kann, das aus sich selbst heraus zu weiterem Bemühen um Gesundheit motiviert und damit die gesundheitliche Eigeninitiative und Selbstverantwortung fördert.

Gesundheit ist ein Erleben und leben vernetzt mit Aspekten wie:

- Enährung, Atmung, Bewegung, Schlaf, Temperatur.
- Zuwendung, Liebe, Geborgenheit, Sicherheit.
- Wohltuende Erlebnisse, soziale und schöpferische Betätigung.
- Vernunft, Verstand, konstruktive Verständigung, Selbstmanagement.
- Besinnung, Verinnerlichung, Meditation, Transzendenzerfahrung.
- Lebenskompetenzen zur Bewältigung und Lösung von kritischen Situationen.
- Ausgewogene Lebensweise, organismusgerechter Lebensrhythmus.

Notizen und Perspektiven

Wozu dient ganzheitliche Gesundheit?

Notieren Sie die zentralen Schlüsselbegriffe dieses Unterkapitels:

Was ist der Mensch ohne seelische Gesundheit?

Erklären Sie: Seelische Gesundheit ist mir wesentlich, denn:...

Was haben Sie in Elternhaus, Schule und Kirche über ganzheitliche Gesundheit gelernt?

Welche Bedeutung hat die seelische Gesundheit im Gespräch zwischen Lebenspartnern und in sozialen Kontakten generell?

Wie ernst nehmen Politik und Wirtschaft die ganzheitliche Gesundheit?

Was vermittelt die Werbung über seelische Gesundheit?

Formulieren Sie eine Ihnen wichtige Frage zur ganzheitlichen Gesundheit:

8.2. Lebensstil für Gesundheit und Wohlbefinden

Wir leben in einer schwierigen Zeit mit nie dagewesenen Herausforderungen: Konsum, Wohlstand (Armut nebenan), Bequemlichkeit und eine immense Vielfalt an Erlebnismöglichkeiten. Weltblick mit Lebensgenuss im Sofa! Der Mensch ist verwöhnt. Kann man jedem einzelnen Vorwürfe machen? Pauschal sicher nicht.

Der Aussendruck ist gewaltig: Schon kleine Reize aktivieren sexuelle Lust, romantische Phantasien, aggressive Gefühle, Essenslust, Trinkbedürfnis und manches mehr.

Der einzelne "geht unter" in der unüberschaubaren Menge an Information und Konsumangebot. Mit immer weniger Anstrengung ist immer mehr zu erhalten. Mit Geld ist alles käuflich geworden. Oder was nicht?

Das Leben in der industrialisierten Welt ist für jene, die "haben", weder hart, noch anstrengend, noch mühselig, noch entbehrungsreich.

"Lust ohne Anstrengung" ist die Devise. Dafür verliert der einzelne seine originale Identität, sein Selbstsein, seine innere Autonomie, seine Integrität, seine psychisch-geistige Reife und sein "Heilsein".

Nur mit einer umfassenden Selbstbildung kann hier ein kreativer, autonomer, wachstumsoffener Lebensstil geschaffen werden. Das heisst: eine eigene Kultur mit sich selbst, in den eigenen vier Wänden und im Raum der Freizeit. Zum Lebensstil gehören:

Ernährungs-/Essens- und Trinkkultur; Bewegungsmuster und Bewegungsmodalitäten (z.B. Bewegungsmangel); Echtheit der Erlebnisweisen (Naturerfahrung); konzentriertes Selbstmanagement in allen Alltagsgegebenheiten; Kommunikationsstil und Beziehungspflege u.a.m. Gesundheit meint mehr als "Befindlichkeit des Körpers", mehr als "psychisches Wohlbefinden"; zur Gesundheit gehört eine ureigene Identität, innere Echtheit, Verwirklichung (Ausdruck geben) der inneren Möglichkeiten, Fähigkeit zur Triebkontrolle und Trieberfüllung, Liebesfähigkeit auch.

Gesundheit meint somit eine qualitative Seinsform und Lebensweise. Das ist bei jedem ein "Produkt" der Lebensgeschichte und seiner Reflexion darüber.

Nicht die genaue Kalorienberechnung, die Menge an Salz pro Tag, Fett- oder Alkoholmenge u.a.m. sind die Ziele der Selbstbildung; das sind Bausteine in dem komplex vernetzten Gefüge des Menschenlebens.

Lebensstil und Lebenskultur werden zu einem Ausdruck des eigenen gelebten Wachstums in der Individuation. Die Pflege der Gesundheit ist da nicht blosser "Zusatz".

Selbstreflexive Fragen zur eigenen Lebenskultur sind zum Beispiel:

Wie esse ich? Wie bewege ich mich mit und ohne Auto? Wie rede ich (am Telefon und überall)? Wie wähle ich meine Kleider und Schuhe aus? Wie erlebe ich meine Wohnräume? Wie gestalte ich Liebe und sexuelle Lust? Wie mache ich meinen Haushalt? Wie gehe ich mit Geld um? Wie wähle und gestalte ich das Zusammensein mit andern? Wie gehe ich mit meinem Abfall um? Wie gehe ich mit Informationen um? Wie ernst nehme ich meine körperlichen Bedürfnisse?

Der Zwang zur Lebensgestaltung erhält in der Verzahnung von Mensch, Biographie und Umfeld die Bedeutung der individuellen Menschwerdung.

Das verlangt kritische Selbstreflexion; die Basis für Lebensglück und Wohlbefinden.

Reflexionen und Diskussion

■ Es ist schwierig, einen eigenen Lebensstil für Gesundheit und Wohlbefinden zu gestalten.

Denn viele Ausseneinflüsse, aber auch biographische Prägungen setzen Grenzen:

Informationsflut (Medien)	Sozialer Druck von überall her	Modetrends
Immenser Büchermarkt	Konsumangebot	Leitbilder des Elternhauses
Zeitgeist	Klassische Aufstiegsmuster	Gewohnheiten aus Jugendzeit
Vorbilder in der Werbung	Freizeitangebote im Umfeld	Bühnen und Kulissen überall

■ Zur Gesundheit gehören elementar:

• körperliches Wohlbefinden	• Beziehungsfähigkeit	• schöpferische Fähigkeiten
• Leistungsfähigkeit	• Autonomie / innere Freiheit	• Stressausgleich
• Selbsteinsicht	• Gleichgewicht	• Selbstverwirklichung
• psychisches 'Funktionieren'	• Frustrationstoleranz	• Bedürfnisbefriedigung
• verarbeitete Biographie	• Willensfähigkeit	Hoffnung
• Symptomfreiheit	• Sinn-Erleben	

■ Kritische Selbstbetrachtungen zum eigenen Lebensstil sind:

• Fühle ich mich wohl mit (in) meinem Körper?
• Kann ich körperliches Erleben zulassen, Lust geniessen und gestalten?
• Welche Beziehung habe ich zu Haushaltarbeiten und wie gestalte ich diese?
• Wie bewusst kleide ich mich und kaufe ich meine Kleider?
• Wie und mit welchen Zielen gestalte ich meine Wohnräume?
• Wie und mit welcher Haltung pflege ich meinen Körper?
• Wie gehe ich mit Medien um und wie verhalte ich mich vor dem TV?
• Wie gestalte und erlebe ich mein Schlafzimmer, aber auch meine Küche?
• Wie gehe ich mit Nahrungsmittel um und wie wähle ich diese aus?
• Was gönne ich mir? Wann? Weshalb? Wie?
• Wie pflege ich den Umgang mit andern Menschen?

■ Autonomie und Freiheit gibt es nicht ohne Entscheidung zu bestimmten Werten und Lebensweisen:

• Was ist mir im Alltagsleben ganz persönlich (und nur für mich) wichtig?
• Welche Werte lebe ich konzentriert, gezielt und mit Entschlossenheit?
• Wie grenze ich mich gegenüber andern ab (z.B. bei Besuchen)?
• Wie lasse ich mich von andern anregen und mein Dasein erweitern (und umgekehrt)?

Diagramm 1.23: Stress und Gegenmassnahmen

 **Stressoren:**
Lärm, Gestank, Abgase, saurer Regen, Gifte
Menschendichte, enge Räume, unüberschaubare Masse,
Prestigezwang, Erfolgsruck, Leistungsstreben, Ehrgeiz,
Frustrationen, Sorgen, Konflikte, Aengste, Wut,
Falsche Ernährung, Bewegungsmangel, wenig Naturlebem,
Lügen, Betrügen, Misstrauen, Masken leben

 **Stressreaktionen:**
Körper, Organe, Sinne, Schlaf, Ruhe,
Sexualität, Beziehungen, Bedürfnisserleben,
Kommunikation, Lernen, Handeln,
Essen, Trinken, Bewegung, Naturerleben

**Gesundheit
Heilsein:**

 **Gegenmassnahmen:**
Belastungsfähigkeit trainieren
Verarbeitungskapazität erweitern
Selbstmanagement üben
Entspannung und Meditation
Biographie verarbeiten
Entscheidung für Werte des Lebens
Lebensphilosophie mit Weisheit
Lebensstil mit Kreativität

Stress und Stressreaktionen

- Stress ist eine Reaktion des Körpers und der Psyche auf jede Anforderung, die an ihn gestellt wird.
- Stress ist nicht bloss nervöse Spannung und nicht immer das Resultat einer Schädigung.
- Stress ist nicht etwas, das immer vermieden werden muss. Stress ist auch die Würze des Lebens.
- Stress bedeutet "Belastung", während Distress als Disharmonie und Dissonanz negativ wirkt.
- Im allgemeinen gilt die Wortverwendung: Stress = Distress. Stress ist in diesem Sinne die Antwort des Körpers und der Psyche auf Belastungen aller Art.

 Stress verursachen (= "Stressoren") u.a.:

♠* Lärm	♠* Erfolgsdruck	♠* Arbeit am PC	♠* Geldsorgen
♠* Verkehr	♠* Hast, Tempo	♠* Gewalt	♠* Frustrationen
♠* Werbung	♠* Menschendichte	♠* Ehrgeiz	♠* Raum-Enge
♠* schlechte Luft	♠* Herausforderungen	♠* religiöse Normen	♠* neue Technologien
♠* Sorgen	♠* Autofahren	♠* Gifte	♠* Kulissenurlaub
♠* Konflikte, Streit	♠* Abgase	♠* falsche Autorität	♠* Misstrauen
♠* sitzen	♠* Prestigezwang	♠* diffuse Angst	♠* lügen
♠* Bewegungsmangel	♠* falsche Ernährung	♠* moralische Einstellungen	♠* Betrügereien

Was der Umweltstress und der psycho-soziale Stress uns antut, kann er uns nur antun, weil unsere körperliche und psychische Anpassungsfähigkeit falsch gelenkt, falsch eingesetzt, zu wenig gebildet und damit überfordert ist.

Lernen bedeutet Stress. Neben der Angst vor dem Umlernen gibt es auch eine Unfähigkeit umzulernen, eine Trägheit allem Neuen gegenüber, die verschieden stark ausgeprägt sein kann und entsprechend Stress verursacht. Stress meint nicht nur die auf Psyche und Körper einwirkenden Reize - die primären Stressoren - und auch nicht nur die Stressreaktionen im körperlichen und psychischen Organismus, sondern auch die durch gedankliche Assoziationen ausgelösten sekundären Reaktionen.

 Körperliche Stressreaktionen sind u.a.:

❀ Einengung der Atmung	❀ Migräne	❀ Harndrang
❀ Magendruck	❀ Gereiztheit	❀ Schlafstörungen
❀ Herzstechen	❀ Bedrücktsein, Depression	❀ (viel) Rauchen/Alkohol
❀ Übermässiges Schwitzen	❀ Hautausschläge	❀ Bauchweh
❀ Nervosität	❀ Asthma	❀ Stottern
❀ Appetitlosigkeit	❀ Zittern	❀ Kreislaufstörungen
❀ Ess- und Trinkdrang	❀ Frösteln	❀ Magengeschwüre
❀ Verstopfung	❀ Krebs	❀ Konsumzwang
❀ Durchfall	❀ Schwindelgefühle	❀ Diffuse Angstzustände

➜ Die Auswirkungen von Stress können noch lange anhalten, selbst nachdem der Stressor seine Tätigkeit eingestellt hat.

➜ Stress, also emotional-vegetative Überforderungsreaktion, entsteht auch durch eine ungeklärte Biographie, die täglich durch Aussenreize aktiviert wird.

Verhalten zur Vorbeugung und Entlastung von Stress

Die gesunden Dispositionen zur Vorbeugung und Entlastung von Stress sind vielfältig.

Zur Selbstanalyse:

1. Meist ist mir bewusst, was ich gerade fühle und empfinde.
2. Ich kann meine Ansichten und Interessen vertreten.
3. Ich kann Ärger, Wut und Zorn aussprechen.
4. Ich kann starke und auch wechselhafte Gefühle akzeptieren.
5. Ich habe gerne neue und auch ungewöhnliche Ideen.
6. Ich kann auch mal 'Nichts tun', ohne den Boden unter den Füssen zu verlieren.
7. Manchmal bin ich gerne allein und kann mich gut mit mir beschäftigen.
8. Ich kann mich auch mal verwöhnen.
9. Ich muss nicht immer alle Probleme gleich gelöst haben.
10. Ich kann auch gut leben, wenn's nicht immer rundum harmonisch zu und her geht.
11. Ich gehe bei Gelegenheit auch mal zu Fuss (Fahrstuhl, kurzer Einkaufsweg etc.).
12. An die frische Luft gehen mag ich gerne und tue ich regelmässig.
13. Ich lüfte meine Wohnräume regelmässig.
14. Ich meide bewusst Lärm oder schlechte Luft, wenn mir das möglich ist.
15. Dauerberieselung mit Musik benötige ich nicht.
16. Ich stelle das TV-Programm ab, wenn ich mich daran langweile.
17. Ich achte auf einen regelmässigen Lebensrhythmus.
18. Ich halte Mass bei Tabak, Alkohol, Kaffee, Süssigkeiten, Essen generell.
19. Ich schätze Zeit und Ruhe beim Essen.
20. Meine Arbeit macht mir Spass.
21. Ich kann mit Zeitdruck gut umgehen, ohne gleich 'ins Schleudern' zu kommen.
22. Ich erlebe Sinn in der Arbeit und auch in meinen Freizeitbeschäftigungen.
23. Mit meiner Wohnsituation bin ich zufrieden, fühle mich da geborgen und wohl.
24. Die Wohnumgebung (Quartier) passt mir.
25. Mit Strom, Benzin, Putzmittel, Medikamenten etc. gehe ich massvoll um.
26. Ich erlebe und handle in Sachen Abfall umweltbewusst.

27. Wenn ich autofahre, dann mit Rücksicht und generell vernünftig.
28. Mich interessieren die Biographien anderer Menschen in meiner Freizeitumgebung.
29. Ich besuche des öftern kulturelle, soziale oder politische Veranstaltungen.
30. Falls nötig, setze ich mich für meine Interessen energisch durch.
31. Mein Leben hat Sinn und Wert.
32. Die Grundwerte des Menschseins sind mir sehr wichtig.
33. Ich kann Leiden im Leben annehmen.
34. Ich habe nicht das Gefühl, bis heute Entscheidendes verpasst zu haben.
35. Ich kann schwierige Lebensabschnitte aus meiner Vergangenheit heute akzeptieren.
36. Ich habe Vertrauen in meine Art, wie ich das Leben gestalte und meistere.

Grundthesen:

1) Stress (als Überlastungsreaktion) ist ein komplexes Phänomen, das im Rahmen eines ganzheitlichen Menschenbildes gesehen und beurteilt werden muss.

2) Gesundheitsverhalten, als Prophylaxe und Bewältigung von Stress, ist entsprechend auch in der Ganzheitlichkeit des Menschen zu entwickeln und zu praktizieren.

3) Gesundheitsverhalten ist eigentlich schlicht eine gesunde Lebenspraxis unter Miteinbezug der permanenten und breit angelegten Bildung des ganzen Menschen.

4) Dem eigenen Lebensstil soll man ein lebensphilosophisches Fundament geben mit Werten und Einstellungen, die das Leben in seiner biologischen und psychisch-geistigen Ganzheit bejahen.

Notizen und Perspektiven

Was ist der Gewinn einer bewussten Reflexion über Stressoren?

Notieren Sie die zentralen Schlüsselbegriffe dieses Unterkapitels:

Wie wird der Mensch, jahrzehntelang den Stressoren ausgesetzt?

Erklären Sie: "Gesunde Dispositionen" sind mir wesentlich, denn:...

Was haben Sie in Elternhaus, Schule und Kirche über Stress und Stressreaktionen gelernt?

Welche Bedeutung haben "gesunde Dispositionen" im Gespräch zwischen Lebenspartnern und in sozialen Kontakten generell?

Wie fördern Politik und Wirtschaft die "gesunden Dispositionen"?

Was vermittelt die Werbung über Lebensstil für Gesundheit und Wohlbefinden?

Formulieren Sie eine Ihnen wichtige Frage zum Abbau von Stress:

8.3. Mentale Fitness

"Mental" erfasst: Denken, Gedanken, Geist und wohl alles, was "im Kopf" vor sich geht. "Mental fitsein" setzt die Kernidee, dass das Denken in Form, frisch und leistungsfähig ist.

Wir können nicht nur körperlich in guter Verfassung sein, sondern auch die mentalen Leistungsfähgkeiten entsprechend gut trainieren. Dazu zählen wir auch die Aufmerksamkeit, die Konzentration und die Wahrnehmung. Diese mentalen Kräfte bewusst zu bilden ist sinnvoll.

Denn ist das Denken träge, das Gedächtnis schwach und das denkerische Lernen zäh, die Wahrnehmung diffus, dann hat das mit zunehmendem Alter schwerwiegende nachteilige Folgen.

Sind diese mentalen Kräfte gut trainiert, dann kann der Mensch seine alltäglichen Belange ebenso wie seine Lebensherausforderungen viel effizienter meistern. Er sieht die Gegebenheiten, wie sie sind, analysiert sie sachlicher, erkennt klarer die vernünftigen Lösungswege.

Wir zählen auch die Vorstellung zum Mentalen. Dazu gehören das Tagträumen, die Phantasie, die Intuition und ganz allgemein die Bilder, die wir fliessend im Bewusstsein haben. Kann der Mensch diese innere Wirklichkeit nicht sinnvoll gestalten, dann ist er davon belastet und in seinen Gestaltungsfähigkeiten eingeschränkt.

Jeder macht sich seine positiven oder negativen Bilder über sich und sein Leben. Lebenserfahrungen verbinden wir immer mit emotional wertenden Bildern. Auch hier können wir uns mental trainieren. Beispiele sind: das positive Imaginieren, die mentale Psychohygiene und das Autogene Training Oberstufe. Mit inneren Vorstellungen beeinflussen wir unser Befinden, unser Verhalten und unsere Lebenseinstellungen. Das hat Auswirkungen auf das Alltagsleben, das Selbsterleben, die Beziehungen und die Freizeitgestaltung. Dem Wohlbefinden liegen immer innere Bilder zugrunde. Hat der Mensch da keine Ordnung und sind diese Bilder thematisch unbearbeitet, dann herrscht Chaos in der Gefühlswelt und in der Interpretation aller Erfahrungen. Das will doch eigentlich niemand! Oder?

Mental fitsein bedeutet, dass die Gehirnfunktionen gut arbeiten. Die rechte Hemisphäre erfasst die emotionalen Bilder. Hier sind die künstlerischen, die spirituellen und die intuitiven Kräfte. Die linke Hemisphäre arbeitet logisch mit Sprache, analytisch, rational, linear und kontrollierend.

Mentale Fitness kann in beiden Hälften trainiert werden:

Denkerische Leistungen halten wir fit mit: lesen, analysieren, Gedächtnisübungen (Namen behalten!), Ziele klar definieren, Selbstkontrolle, Tagespläne machen u.a.m.

Imaginative Fähigkeiten trainieren wir z.B. mit: Bilder anschauen (Museen), Musik hören, Gefühlen Ausdruck geben, intuitive Impulse beachten und natürlich mit methodisch gestalteten Imaginationen (z.B. zur Psychohygiene, zur Bearbeitung von Erlebnissen) sowie durch die Beschäftigung mit den Träumen. Mental-Traininig ist viel mehr als "positives Denken und Vorstellen". Die einzelnen Kräfte werden in ihrer Leistungsfähigkeit eingeübt und frisch gehalten, um das Leben zu meistern, die Probleme effizient zu bewältigen und neue Gestaltungen einzuführen. Das ist positiv und konstruktiv.

Reflexionen und Diskussion

■ Mental fitsein bedeutet "kognitiv":

klare Wahrnehmung	sachliche Ordnung	richtige Reihenfolgen
differenzierte Wortwahl	logisches Denken	gute Zeitorganisation
präzises Denken	detaillierte Fakten	hohe Konzentration
durchdachte Ziele	vernünftige Planung	frisches Gedächtnis

■ Mental fitsein bedeutet "emotional-imaginativ":

Interesse an Bildern	innere Bilder gestalten	Gefühl für Ausgewogenheit
Träume behalten können	Schönheitserleben	Ganzheitserleben
Farbenempfinden	Erlebnisse innerlich sehen	Gestaltungsinteresse
Formenerleben	klares Körpererleben	Beobachtungsgabe (im Leben)

spontane Einfälle	gutes Zeiterleben	Intuitionen umsetzen

■ Mentale Fitness kann 'schulisch' eingeübt werden. Klassische Übungen sind:

Kreuzworträtsel	geometrisch Kombinieren	Punkt-Konzentration üben
Zahlenübungen (rechnen)	Sachen merken	Elemente zusammensetzen

■ Mentale Fitness kann im Leben eingeübt werden. Unsere Übungsvorschläge sind:

• Nach dem Telefonieren aufschreiben, was man und was der andere gesagt hat.
• Den vergangenen Tag durchgehen und Situationen nochmals wiedererleben.
• Den Tag imaginativ vorausschauen und denkerisch-bildhaft durchplanen.
• Wohnraum bewusst mit Bildern aller Art gestalten und mal auswechseln.
• Freizeitbeschäftigungen mit Bildern, Farben, Formen, Musik, Bewegung, Natur.
• Schwierige Situationen denkerisch durcharbeiten und alles aufschreiben.
• Tagebuch führen über Erlebnisse, über andere Menschen und über Sachthemen.
• Träume aufschreiben, durcharbeiten, dazu Skizzen malen, Szenen durchspielen.
• Gefühle mitteilen, körperlich und mit konstruktiven Taten zum Ausdruck bringen.
• Besuche, Feste, Geschenke, Zusammensein kreativ gestalten (auch planen).

■ Mental-Training geschieht auch dadurch, dass man sich dem Leben stellt:

• Konflikte differenziert bearbeiten und kompetent Lösungen zuführen.
• Eigene Werte (Einstellungen) präzise formulieren und allenfalls revidieren.
• Kritisch Masken und Fassaden durchschauen, den Klarblick für das Tiefe finden.
• Alles in der komplexen Vernetzung sehen und nicht naiv vereinfachen.
• Immer wieder Neues lernen durch systematisches gezieltes Lesen.
• Mit der eigenen Lebenszeit und den eigenen Kräften bewusst umgehen.

Diagramm 1.24: Konzept "Mentale Fitness"

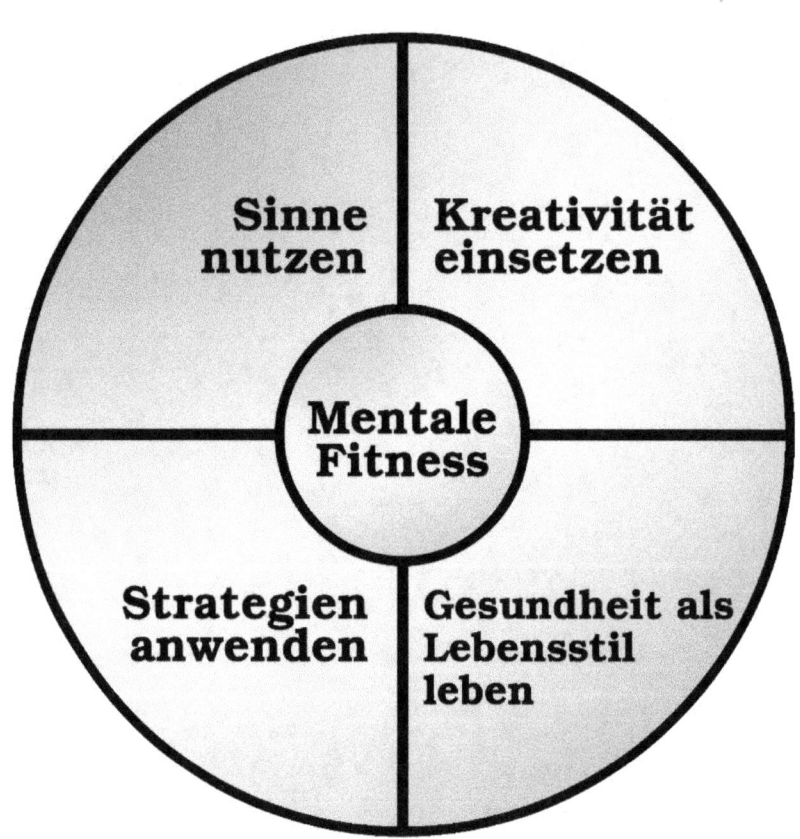

Systematische Bewältigungsformen von Problemen

Will man nicht zufällig und planlos Probleme und Schwierigkeiten meistern, dann ist Strategie gefordert, d.h. die systematische, offene und transparente Planung von möglichen Lösungswegen. Das tun im Privatleben nur wenige Menschen. Die Folgen liegen auf der Hand: schlechte Lösungen, überhaupt keine Lösung, Versuche ohne Erfolg und ein sich Quälen in endlosen Problemketten.

Die sechs Strategieschritte zur Problemlösung sind:

1. Schritt: Präzisierung und Einordnung des Problems.
- Ist das Problem so? Wie kam es dazu? Wie wichtig ist das Problem?
- Wer ist daran direkt/indirekt beteiligt? Welche Institution ist betroffen?
- Was ist meine Soll-Vorstellung? Welche Möglichkeiten sind gegeben?

2. Schritt: Ermittlung des Defizits an Sachinformation, Lebenswissen, Theorien, Ideen.
- Was fehlt an Fakten, Wissen, Theorien und Ideen?
- Welche Zusammenhänge verstehe ich nicht?
- Ideen und Fakten strukturieren. Dann Problem neu definieren.

3. Schritt: Theoriebildung und Beschaffung des benötigten Materials (Information).
- Zusammenhänge und Erklärungen suchen (Ursache-Wirkung; Vernetzungen).
- Lösungsgerüst erstellen (Skizzen, Ablaufdiagramme, Mindmapping *1) etc.).
- Problembewältigung ist immer auch ein Lernprozess für alle Beteiligten!

4. Schritt: Entwurf der Lösungsmöglichkeiten auf der Basis der Theorien (X ist, weil Y).
- Machbarkeit einer Lösung prüfen. Anforderungen dazu festlegen.
- Entscheidungen vorbereiten. Begleiterscheinungen/Folgen analysieren.

5. Schritt: Durchführung des Lösungsplanes.
- Handlungskompetenzen sind unerlässlich.

6. Schritt: Evaluation, d.h. Überprüfung des Erfolges.
- Gegebenenfalls Korrekturen vornehmen und neuen Versuch unternehmen.

Jeder hat seine individuelle Problemlösungskapazität, seine besonderen Hemmfaktoren und seine speziellen Fähigkeiten. Kreativität ist entscheidend. Motivation ist unerlässlich. Mentale Fitness eine Vorbedingung.

Die Kernfrage zu Problemsituationen heisst: Wollen Sie das Problem lösen? Oder wollen Sie damit die nächsten Jahre leben, bis es vielleicht eines Tages zufällig verschwindet - oder gar gewaltig anwächst?

Problemlösung verlangt immer: Konzentration, Einsatz an Energie und Ressourcen, Zeit und Lebenskompetenzen, Wissensaneignung und Lernprozesse.

Manchmal muss man lernen, mit Problemen richtig zu leben: Jedes Leben enthält Probleme. Viele Probleme lassen sich nicht wegschaffen. Dann ist es eine Frage der Einstellung, eben damit richtig zu leben.

Beispiel: Freizeit mental fit gestalten

☑ Für viele Menschen sind Feierabend und Wochenende 'Problemzeiten'. Sie sehen keine Aufgabe, können mit sich selber nichts anfangen, leiden an Langeweile, Leere und innerer Vereinsamung. Freizeit wird zum bedrückenden Zeit verbringen. Manche Formen der Zerstreuung dienen bloss dazu, von den eigenen Unzulänglichkeiten abzulenken. Die meisten Menschen denken nicht daran, dass sie mit ihrer Biographie, mit ihrem Innenleben und mit ihren Beziehungskonflikten die Freizeit verbringen. Wir stellen ein paar Anregungen zusammen, die zum Gelingen von Freizeit beitragen können. Devise: Auch in der Freizeit mental fit sein!

☑ Es ist förderlich, wenn man sich Zeit nimmt, für die Freizeit ein Leitbild zu erstellen. Das ist Grundlage für konkrete Zielformulierung. Je mehr Informationen gesammelt werden, desto klarer werden die Vorstellungen über die Mittel und Wege. Die Planung wird effizient, weil realistisch. Das sind die Grundlagen für Entscheidungen über Zeitplan und Handlungen. Die Durchführung sollte alle Jahre ein- bis zweimal überprüft werden. So kann man mit dem Leitbild rückkoppeln und Revisionen vornehmen.

☑ Ein geregelter Tagesrhythmus übers Wochenende, in freien Tagen und in den Ferien ermöglicht eine erfüllte Freizeit. Der Körper reagiert mit Störungen, wenn kein geregelter Rhythmus von Bewegung und Ruhe eingehalten wird. Die Kultivierung der Sinnlichkeit mit vernünftiger Ernährung, genügend Bewegung und wohltuender Bekleidung ist Teil eines gesunden (prototypischen) Lebensstils. Freizeit ist nicht gleich faulenzen, sich gehen lassen oder "Konsum". Freizeit ist Realisierung eigener Möglichkeiten.

☑ Freizeit ist auch da, um mit seinem Partner die anfallenden Spannungen und Probleme zu besprechen, zu klären und zu lösen. So kann man vermeiden, dass innere Konflikte mit dem Partner sich aufstauen und dann plötzlich unerwartet 'explodieren'. Partnerschaftliche Gespräche kann man 'ritualisieren': Zeitpunkt, Rahmen und Inhalte.

☑ Sich regelmässig Zeit nehmen, sein innerpsychisches Leben zu managen, ist nicht nur für sich selbst wichtig. Das kann für die persönliche Beziehung und allgemein für eine positive Zukunftsorientierung nur förderlich sein. Mental fit sein beinhaltet, dass man für das psychische Leben anderer offen ist, wahrnimmt, wie andere sich selbst managen. So kann man manche Konflikte vermeiden.

☑ Auch in den Ferien kann man sich mental fit halten: Täglich Träume aufschreiben, mit Methode entspannen, systematisch meditieren, Tagebuch führen, das vergangene Jahr abgestuft durcharbeiten, etwas Aufbauendes lesen. Sich täglich vollessen, träge-trinken, an der Sonne rösten und abends an einer Bar rumhängen hat mit Erholung und Erbauung nichts zu tun. Selbstmanagement fast null! Ferien, die zur Selbstbildung nicht beitragen, sind meist verlorene Lebenszeit.

☑ "Ein Leben lang lernen" ist nicht bloss für den Beruf gedacht, sondern kann als eine Lebensweise interpretiert werden. Sprachkenntnisse beispielsweise sind nützlich im "Haus Europa". Dies kann mit Allgemeinbildung verknüpft werden: Andere Länder und Sitten kennenlernen erweitert den Horizont. Man erlebt und versteht dadurch zunehmend die Vielfalt der Menschwerdung (psychologisch, sozial, politisch, religiös) unter verschiedenen kulturellen Rahmenbedingungen.

☑ Besuche bei/von Freunden, Bekannten und Verwandten erleben viele als Stress. Zuviel wird da ziellos geredet. Wer mental fit 'dabei' ist, kann das Lebenswissen der andern und das eigene ins Gespräch bringen. Das ist für alle eine Bereicherung.

☑ Der Umgang mit den eigenen Gefühlen muss kultiviert werden, soll das Lebensgefühl "Tiefgang" erhalten. Nur so kann Wohlgefühl zu einer Quelle der Kraft werden. Es gibt viele kleine Gelegenheiten, die Schönheit von Gestalten (Formen) zu pflegen.

Notizen und Perspektiven

Wie sieht der (allgemeine) Alltag der Menschen mit mentaler Fitness aus?

Notieren Sie die zentralen Schlüsselbegriffe dieses Unterkapitels:

Was ist der Mensch ohne mentale Fitness?

Erklären Sie: Mentale Fitness ist mir wesentlich, denn:...

Was haben Sie in Elternhaus, Schule und Kirche über mentale Fitness gelernt?

Welche Bedeutung hat die systematische Bewältigung von Problemen im Gespräch zwischen Lebenspartnern und in sozialen Kontakten generell?

Worin zeigt sich in Politik und Wirtschaft ein Mangel an mentaler Fitness ihrer Akteure?

Was vermittelt die Werbung über Bewältigungsformen von Problemen?

Formulieren Sie eine Ihnen wichtige Frage zur mentalen Fitness:

8.4. Übungen

1. Welches sind Ihre Einstellungen gegenüber der mentalen Fitness?

2. Was halten Sie von der Pflege eines ganz persönlichen Lebensstils?

3. Was macht Ihnen am Konzept der "ganzheitlichen Gesundheit" besonders Mühe?

4. Gesunden Dispositionen sind:

Beachten Sie die Liste in 8.2. unter dem Abschnitt "Verhalten zur Vorbeugung und Entlastung von Stress" und bearbeiten Sie wie folgt:

4.1. Welches sind Ihre Stärken, Ihre gesunden Dispositionen?

4.2. Welches sind Ihre Schwachstellen?

4.3. Welche Konsequenzen ergeben sich aus 4.2. für Ihre Arbeit (Beruf)?

4.4. Welche Konsequenzen ergeben sich aus 4.2. für Ihre persönliche Lebensqualität?

4.5. Was folgern Sie aus 4.2., 4.3. und 4.4. für Ihr Wachstum in der Individuation?

5. Stressoren.

5.1. Halten Sie einen Monatsrückblick mit der Frage: Was sind Ihre Stressoren?

5.2. Welche Stressoren können Sie mit welchen Massnahmen abbauen?

6. Mentale Fitness. Bitte angeben: 4 = sehr   3 = überwiegend   2 = mittel
1 = mässig
6.a) Ich bin mental fit ("kognitiv"):

... klare Wahrnehmung
... differenzierte Wortwahl
... präzises Denken
... durchdachte Ziele
... sachliche Ordnung
... logisches Denken
... detaillierte Fakten
... vernünftige Planung
... richtige Reihenfolgen
... gute Zeitorganisation
... hohe Konzentration
... frisches Gedächtnis

Gesamtpunktzahl: …..

6.b) Ich bin mental fit ("emotional-imaginativ)":

... Interesse an Bildern
... Träume behalten können
... Farbenempfinden
... Formenerleben
... spontane Einfälle
... innere Bilder gestalten
... Schönheitserleben
... Erlebnisse innerlich sehen
... klares Körpererleben
... gutes Zeiterleben
... Gefühl für Ausgewogenheit
... Ganzheitserleben
... Gestaltungsinteresse
... Beobachtungsgabe im Leben
... Intuitionen umsetzen

6.c) Mentale Fitness im Leben:

... Nach dem Telefonieren weiss ich noch genau, was wir geredet haben
... Ich kann den vergangenen Tag mühelos innerlich durchgehen
... Es fällt mir leicht, Situationen nochmals wiedererleben
... Ich kann einen Tag imaginativ vorausschauen
... ich kann denkerisch-bildhaft durchplanen
... Ich gestalte bewusst meinen Wohnraum und ändere hin und wieder
... Ich beschäftige mich mit Bildern, Farben, Formen, Musik, Bewegung, Natur
... Ich kann schwierige Situationen denkerisch durcharbeiten
... Ich führe Tagebuch über Erlebnisse, andere Menschen und Sachthemen
... Ich schreibe meine Träume auf und arbeite sie durch
... Ich kann Gefühle mitteilen und mit konstruktiven Taten zum Ausdruck bringen
... Ich plane und gestalte bewusst Besuche und Zusammensein mit andern

6.d) Mental-Training geschieht auch dadurch, dass man sich dem Leben stellt:

Schwierigkeiten differenziert bearbeiten und kompetent Lösungen zuführen
Eigene Werte (Einstellungen) präzise formulieren und allenfalls revidieren
Masken und Fassaden durchschauen, den Klarblick für das Tiefe finden
Alles in der komplexen Vernetzung sehen und nicht naiv vereinfachen
Immer wieder Neues lernen durch systematisches gezieltes Lesen
Mit der eigenen Lebenszeit und den eigenen Kräften bewusst umgehen

Multiple Choice Test

Wählen Sie die vier richtigen Antworten und kreuzen Sie diese an, so: ☒ a) Lust

8.1. Was verhilft zu einem ganzheitlichen Körpererleben?

☐ a) Konfliktabbau
☐ b) lustvolle Körperpflege
☐ c) Meditation
☐ d) Parties
☐ e) lebensoffene Einstellungen
☐ f) die richtige Automarke

8.2. Zur ganzheitlichen Gesundheit gehören u.a.:

☐ a) Vollständiger Verzicht auf Genussmittel
☐ b) Sinn-Erleben
☐ c) Moralische Integrität
☐ d) abgehärteter Körper
☐ e) frei von Belastungen der Biographie
☐ f) Frustrationstoleranz

8.3. Das Konzept der Mentalen Fitness ermöglicht Aussagen wie zum Beispiel:

☐ a) Die Mentale Fitness ist überwiegend für beruflichen Erfolg konzipiert.
☐ b) Mentale Fitness führt zu einem problem- und konfliktfreien Leben.
☐ c) Wer Träume, Meditationen und Intuition nicht nutzt, kann nur beschränkt mental fit sein.
☐ d) Wer mental fit ist, hat ein differenziertes Erleben von Farben, Formen, Ganzheit, Zeit und Gefühlen.
☐ e) Mentale Fitness enthält für die Freizeitbeschäftigung und das Beziehungsleben enorme Gestaltungspotentiale.
☐ f) Mentale Fitness geben auch den Ferien ganz besondere Entspannung, Erholung, Bereicherung und Befriedigung.

9. Partner Mann-Frau

Die Beziehung zwischen Frau und Mann ist eine Daseinsform mit hohen Werten und besonderen Lebensmöglichkeiten für die eigene Individuation.

Essentielle Thesen

❑ Selbstwerdung durch Beziehung ist eine besondere Herausforderung, denn die Kindheitsmuster wiederholen sich automatisch bei jedem Erwachsenen:
- Eltern: Kommunikation, Sprachmuster ● Strafmuster Elternhaus
- Nachahmen von Verhaltensmustern ● Nachholen unerledigter Pubertät
- Erfüllung von Kindheitsdefiziten ● Reaktivierung der Elternbindung
- Bindung an familiäre Wertmuster ● Anerzogenes Körpererleben

❑ In einer partnerschaftlichen Beziehung wirken viele Kräfte wechselseitig aufeinander, so u.a.:
- Psychodynamik
- Gefühle, Launen
- Lustabwehr/Lustsucht
- Biographie
- Kommunikationsfähigkeit
- Verarbeitungsfähigkeit
- Art des Denkens
- Gleichgültigkeiten
- Trennungs-/Bindungsängste
- Überzeugungen
- Bildung
- Kreativität

❑ Zwei Partner beeinflussen sich gegenseitig in der Persönlichkeitsentwicklung enorm. Das unbewusste Zusammenspiel ist entscheidend für das an der 'Oberfläche' gestaltete (und wahrnehmbare) Zusammenleben.

❑ Männlichkeit und Weiblichkeit sind Produkte andauernder Entwicklungsprozesse, die entscheidend sozial (gesellschaftlich) vermittelt/beeinflusst werden. Es gibt viele Fo-men, Männlichkeit und Weiblichkeit zu leben.

❑ Ist der Geist männlich und das Leben weiblich, so haben Mann und Frau immer beides in sich. Die unterschiedlichen Erlebens- und Ausdrucksformen ermöglichen beiden Partnern in einer Beziehung sich selbst als Mann bzw. Frau ihre eigene Identität zu bilden. Dieser Prozess charakterisiert im Kern, was eine "Ehe" ist. Ohne Lebensbejahung, Körperbejahung und Entfaltung der Kraft der Liebe ist der Prozess nicht bis auf den 'Grund' (des psychischen Lebens) verwirklichbar.

9.1. Selbstwerdung durch eine Beziehung

Die Erwartungen an eine Beziehung sind gross. Anderseits sprechen die Leiden und Schwierigkeiten in sehr vielen Beziehungen Bände. Die Menschen wünschen sich Harmonie, Liebe, Glück, Zärtlichkeit, Freude, Erfüllung und Frieden im Zusammensein. Liebessehnsucht, Verliebtsein, Erotik und Lusterlebnisse schaffen eine Unmenge an Illusionen und Hoffnungen, die fast alle im Laufe der Jahre abbröckeln.

Viele 'feste' Beziehungen scheitern. Das Verurteilen sollte man besser lassen. Es ist meist nicht angemessen, von 'Schuld' zu sprechen. Nimmt man "Scheitern" als eine Kritik-Kategorie, so scheitern überall Menschen mit meist weit schlimmeren Folgen.

Und: Man kann auch scheitern in der "Single"-Lebensform. Das geschieht sogar häufig! Reduzieren wir die Intensität der wohligen Gefühle, sei es der Sehnsucht, sei es des Du-Erlebens, dann haben wir zwei Menschen, die zueinander tiefe Zuneigung und Wertschätzung empfinden:

Beide haben ein komplexes psychisches Leben. Beide haben eine Biographie mit schier unendlich vielen Erlebnisprägungen. Die Lebensgeschichte von beiden enthält viel Ungeordnetes, Unbearbeitetes und Gebundenes. Beide leben in einem sozialen System - eigene Familie, Bekannte, Freunde, Arbeitskollegen -, in einem bestimmten kulturellen Umfeld und in einer eigenen Arbeitswelt. Beide haben ihre Gewohnheiten, ihre Handlungsmuster, ihre Begabungen, ihre Abneigungen Sachen/ Menschen/Einstellungen gegenüber.

Beide haben ferner eine je eigene Körperbeziehung, ein eigenes Lusterleben, eine Ernährungsweise, einen Bekleidungsstil, besondere Bewegungsgewohnheiten, einen Körperpflegestil und eine Natur-/Tierbeziehung. Eine grosse Zahl an Überzeugungen, Einstellungen und kleinen Werten stehen vereint oder einander gegenüber. Auch Gefühlsformen, Psychodynamik und Biorhythmus differieren.

Und schliesslich gibt es unaufhebbare Wesensunterschiede zwischen Mann und Frau.

Enttäuschungen, Kollusionen, neurotische Entwicklungen, Streit, Konflikte und gar psychosomatische Reaktionsmuster sind vorprogrammiert.

Manche versuchen sich, ihre "Bastion" mit religiösen Einstellungen oder mit raffiniertem Selbstbetrug zu halten. Es gibt viele Arrangements, die manchmal als einzige Lösung erscheinen.

Die Antwort auf Beziehungskonflikte ist nicht Psychotherapie! Es sei denn, der eine oder der andere ist wirklich psychisch krank. Unsere These: Bildung ist nötig: Selbsterkenntnis, Menschenkenntnis, Persönlichkeitsbildung.

Man kann nur sehen, was man kennt bzw. worauf man aufmerksam gemacht wird, z.B. die unbewussten Wirkungen der Biographie oder die Vielfalt der psychischen Bedürfnisse, oder die Fähigkeiten der Kraft der Liebe.

Wer an sich selbst die psychischen Kräfte nicht ernst nimmt, sein Selbstmanagement nicht mit Klarblick bildet oder kaum mentale Fitness betreibt, kann auch bei seinem Partner diesbezüglich nichts erkennen oder gar für Gespräche und Lösungen Hand bieten. Beziehung muss mit Selbstwerdung einhergehen, will sie Chancen haben.

Reflexionen und Diskussion

■ Mit einer Beziehung zwischen Frau und Mann werden Hoffnungen verknüpft:

▪ Frieden	▪ Zärtlichkeit	▪ Treue	▪ Zuhause
▪ Glück	▪ Liebe	▪ Geborgenheit	▪ Intimität
▪ Freude	▪ Frohsein	▪ Zweisamkeit	▪ Geniessen
▪ Harmonie	▪ Umsorgt-sein	▪ Arbeitsteilung	▪ Füreinander-sein
▪ Lusterleben	▪ Gespräche	▪ Unternehmungen	▪ Einssein

■ Die Realität der Beziehungen zeigt uns überwiegend ein anderes Bild:

▪ Scheidungen	▪ Spannungen	▪ Langeweile	▪ Ängste
▪ Streit	▪ Sex-Probleme	▪ Lüge	▪ Depressionen
▪ Gewalt	▪ Vergewaltigungen	▪ Schweigen	▪ Dominanz
▪ Enttäuschung	▪ Ausbrüche	▪ Verdrängen	▪ Sadismus
▪ Treuelosigkeit	▪ Aggressionen	▪ Machtspiele	▪ Regressionen

■ In jeder Beziehung, wo keine psychische Bildung erfolgt, kommt es früher oder später zu Wiederholungen der Kindheitserfahrungen:

- Nachahmung der Mutter   (als Frau)
- Nachahmung des Vaters (als Mann)
- Wiederholung elterlicher Streitmuster
- Durchbrechen elterlicher Strafformen
- Nachwirkungen kindlicher Über-Ich-Bildung
- Bindung an familiäre Wertmuster
- Wiederholung typischer Alltagsmuster
- Nachahmen elterlicher Sprachmuster
- Wiederbelebung kindlicher Elternbindungen
- Nachholen von Ablösungsversuchen
- Versuch Kindheitsdefizite zu befriedigen
- Nachholen der unerledigten Pubertät
- Elterliche Trennungsängste
- Konfliktmuster betreffend Haushalt
- Stil elterlicher Tischgespräche
- Flucht zu Mutter/Vater als Schutz

■ Die Selbstwerdung durch Persönlichkeitsbildung und Individuation ist eine Voraussetzung für ein gutes Gelingen einer Beziehung.

Eine partnerschaftliche Beziehung (Ehe) ist eine Lebensform, im gegenseitigen Verstehen und Teilen, diese "Mensch-Werdung" gemeinsam zu vollziehen. Dabei kann Zeugung und Erziehung von Kindern, die Neuschaffung eines Familienlebens die Chance sein, eigene Erfahrungen zu reflektieren, zu bearbeiten und mit Selbstbildung neu zu gestalten, und zwar mit:

- Den Partner in die Selbstbildung mit einbeziehen (Kommunikation).
- Sich selber werden und alles tun, damit der Partner sich auch verwirklichen kann.
- Das eigene Männliche bzw. Weibliche (Psyche) durch den Partner formen lassen.
- Kraft der Liebe bilden, um gemeinsam die "Geheimnisse des Lebens" zu finden.

Diagramm 1.25: Dimensionen Partnerschaftlichen Zusammenlebens

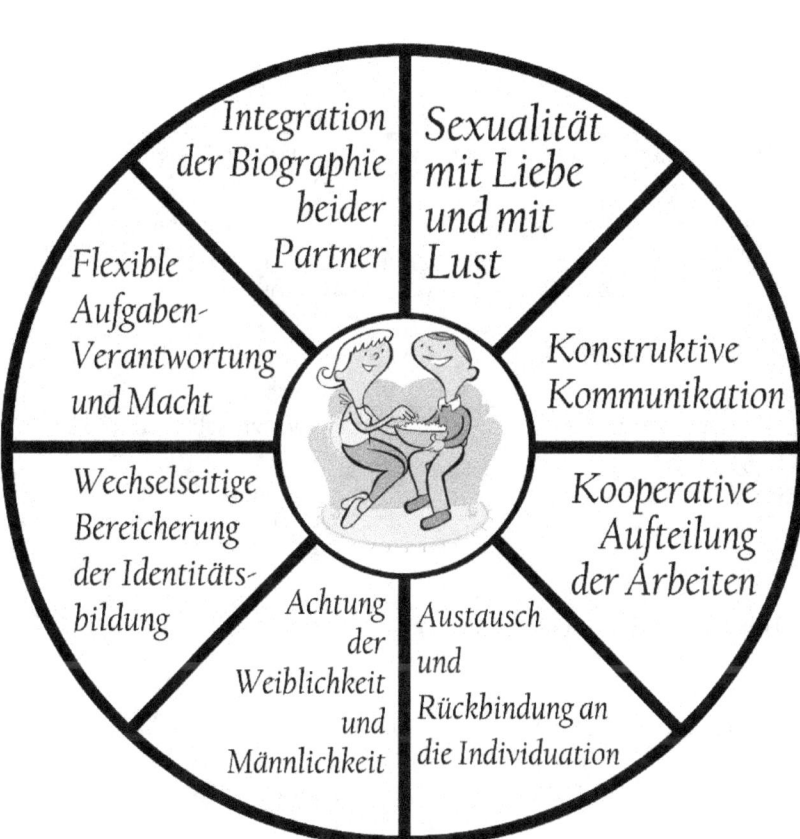

Schwierigkeiten in der Liebesbeziehung

Ereignisse in der Biographie beider Partner spielen in der Beziehung mit, auch wenn sie um viele Jahre zurückliegen, und dies solange bis sie vollständig bearbeitet sind:

▪ Armut/Reichtum im Elternhaus	▪ Schulische Misserfolge
▪ Scheidung der Eltern	▪ Abwesenheit des Vaters/der Mutter
▪ Abgelehntsein von den Eltern	▪ Psychische Belastungen bei den Eltern
▪ Liebesdefizite aus der Kindheit	▪ Leidvolle Kindheitserlebnisse aller Art
▪ Krankheiten in der Elternfamilie	▪ Berufliches Scheitern
▪ Sexuelle Enttäuschungen	▪ Religiöse Erziehung
▪ Frühere gescheiterte Beziehungen	▪ Ideologisches Milieu im Elternhaus
▪ Sucht im Elternhaus	▪ Schwangerschaftsabbruch
▪ Strafender Erziehungsstil der Eltern	▪ Beziehungsfähigkeit der Eltern (damals)

Im Beziehungsalltag ergeben sich mancherlei Situationen, die Anlass zu Streits werden können, zum Beispiel:

- Eigene Bedürfnisse, auch zur Freizeitgestaltung nicht klar und konkret aussprechen.
- Missverständnisse (auch über erwünschtes Verhalten), weil man nicht klar redet.
- Etwas übergehen, um einem Streit aus dem Weg zu gehen.
- Die eigenen Gefühle und diejenigen des Partners nicht ernst nehmen.
- Übermässig mit sich selbst beschäftigt sein, statt konzentriert präsent sein.
- Im Stress sich wichtig erleben und den Partner nur reduziert Beachtung schenken.
- Zu unpassender Zeit und in unpassendem Rahmen Wichtiges zu reden beginnen.
- Nicht frühzeitig planen und festlegen, was wichtig und was dringend ist.
- Essen und Trinken, auch Fernsehen, aus Frustration oder Langeweile.

- Dem andern gefallen wollen auf eine Weise, die man eigentlich gar nicht will.
- Nicht eingestehen, dass man müde ist oder Sorgen mit sich selbst hat.
- Sich aggressiv verhalten, um Distanz zu schaffen oder etwas zu verdrängen.
- Sich zieren, die entrüstete, beleidigte und gekränkte Person spielen.
- Unpünktlichkeit, die insgeheim als Manipulation eingesetzt wird.
- Unordentlichkeit, die im Grunde einen Streik im Haushalt oder Protest meint.
- Unzufriedenheit durch fehlende gemeinsame Lebensziele
- Geldprobleme und Differenzen im Umgang mit Geld (Konsumbedürfnisse).
- Alle Lebenslügen schaffen Streit, sobald einer nicht mehr mitmacht.

Neue Sichtweisen und Einstellungen finden:

☺ Miteinander reden ist ein Lernprozess; z.B. durch Reflektieren über das Reden.

☺ Es gibt keine Partnerschaft ohne gelegentliche heftige Auseinandersetzungen.

☺ Manche Streits verdecken tiefer liegende Gefühle, z.B. über Liebe, Vertrauen.

☺ Sich mit dem Partner auch mal hart konfrontieren ist unerlässlich.

☺ Mit der zunehmenden Beziehungsdauer erlebt man mehr auch Differenzen.

☺ Streit über Banalitäten sind 'normal', z.B. Ordnung, Haushaltarbeiten, Kochen.

☺ Es gibt die 'totale Harmonie' nicht; sie ist eine Lebenslüge.

☺ Wer ein Kind zeugt, muss wissen: Sex ist nicht mehr jederzeit möglich.

☺ Eine kränkende Kritik am Arbeitsplatz wird meist zuhause 'weitergegeben'.

☺ Frust am Arbeitsplatz wird schnell zum Frust in der Beziehung.

☺ 'Gute' Freunde können Beziehungsschwierigkeiten leicht noch mehr belasten.

☺ Dogmen und Ideologien sind 'Gift' für eine Partnerschaft mit Individuation .

☺ Manchmal muss man sich besinnen: "Will ich diese Beziehung zerstören?"

Konfliktlösung in der Beziehung verlangt Liebesfähigkeit, die Erkenntnis auch, dass das Schicksal einer Beziehung davon abhängt, wie die Partner mit der Polarität umgehen, d.h. welchen Raum sie dem Erleben, dem passiven Geniessen, und der Aktivität einräumen, wer wann eine mehr aktive und wer wann eine eher passive Rolle einnimmt, welche Bereiche von Erleben und

Handeln zugelassen oder unterdrückt werden u.s.w.

Charakteristiken der Partnerschaft

Partnerschaft ist die Leitidee der modernen Beziehung zwischen Frau und Mann. Wir formulieren aus dem Überblick aktueller Bücher zum Thema einige eigene Thesen:

- Partnerschaft ist nicht gleich Beziehung, sondern enthält spezifische Merkmale.
- Zentral ist das Interesse an der alltäglichen Realität beider Partner.
- Offenheit für das reale Leben beider Partner enthält immer auch Konflikte.
- Partner achten sich gegenseitig in ihrer Andersartigkeit (Charakter, Geschlecht).
- Reziprozität (Umkehrbarkeit) und damit Gleichrangigkeit gelten als Grundprinzipien.
- Nähe und Distanz sind in regelmässiger Abfolge normaler Teil des Zusammenlebens.
- Die eigene Biographie und die des andern sind so wichtig wie die Identität.
- Die Liebe fördert die Individuation, und damit die individuelle Menschwerdung.
- Partner verständigen sich über ihre Unterschiede und Gemeinsamkeiten.
- Die Partnerschaft ist kein statischer Zustand gemäss Vertrag, sondern ein Prozess.
- Partner achten die Grenzen des andern und die 'Welt' des andern.
- Partner wissen, dass die Grenzen nicht zu jeder Zeit überschritten werden können.
- Der Alltag nimmt zentralen Raum ein und wird im Gespräch 'organisiert'.
- Die Liebe in der Partnerschaft muss immer wieder neu belebt und geformt werden.
- Partnerschaft regelt alle gemeinsamen täglichen Fragen im Gespräch.
- Die Machtverhältnisse sind ausgewogen, was immer wieder erarbeitet werden muss.
- In der Partnerschaft werden die eigenen Fehler und die des andern nicht saldiert.
- Selbstverwirklichung (Bildung der Selbstidentität) impliziert die Selbsthingabe.
- Verstand und Vernunft sind tragende Funktionen, garantieren jedoch die Liebe nicht.
- Erotik und Verliebtsein haben ihren Platz in der Normalität des Alltags.
- Partnerschaft leben ist anstrengend und verlangt ein hohes Selbstmanagement.

- Momente symbiotischer Gefühle dürfen auch in der klaren Autonomie Raum haben.
- Partnerschaftliche Liebe gibt es nicht ohne Spannungen und Risiken.
- Die Partner 'besitzen' sich nicht gegenseitig in der Ganzheit ihres Seins.
- Verführung und Lust sind dynamische Kräfte ebensosehr wie die Sachlichkeit.
- Die gegenseitige Abhängigkeit sexueller Befriedigung ist nicht gegen die Autonomie.
- Zur Liebesfähigkeit gehört die Fähigkeit zu verstehen, was anstrengend ist.
- Die Partner können mit dem eigenen inneren Kind und dem des andern umgehen.
- Die parallellaufende Identitätsentwicklung steht in wechselseitiger Dynamik.
- Beide Partner wissen: alle paar Jahre erfährt die Selbstidentität Wandlungen.
- In der Partnerschaft werden das Ich-Gefühl und das sexuelle Erleben gefördert.
- Partner gestalten sich wechselseitig ihre Weiblichkeit und Männlichkeit.
- Auch in der Lösung von Sachfragen sind beide Partner ein "Team".
- Die Bearbeitung des Unbewussten (der Biographie) ist teilweise gemeinsames Werk.
- Partner orientieren sich gemeinsam an ihren Träumen, Intuitionen und Meditationen.
- Partner bereichern sich gegenseitig mit kreativem Gestalten ihrer freien Zeit.
- In der Partnerschaft kann eine Rollenaufteilung akzeptiert werden.

Notizen und Perspektiven

Was ist der Gewinn der Partnerschaftlichkeit in der Beziehung?

Notieren Sie die zentralen Schlüsselbegriffe dieses Unterkapitels:

Wie ist der Mensch in einer zwischenmenschlichen Beziehung ohne Partnerschaft?

Erklären Sie: Partnerschaft ist mir wesentlich, denn:...

Was haben Sie in Elternhaus, Schule und Kirche über Partnerschaft in der Beziehung zwischen Mann und Frau gelernt?

Welche Bedeutung hat die Partnerschaft im Gespräch zwischen Lebenspartnern und in sozialen Kontakten generell?

Wie praktizieren Politik und Wirtschaft die Charakteristiken der Partnerschaft?

Was vermittelt die Werbung über Partnerschaft in der Beziehung zwischen Mann und Frau?

Formulieren Sie eine Ihnen wichtige Frage zum partnerschaftlichen Zusammenleben:

9.2. Psychodynamik des Zusammenspiels

Mit dem Ehebund geschieht kein Zauber. Jeder behält seinen Charakter, seine Persönlichkeitsmerkmale, seine Schatten und Ideale. Die meisten haben da auch kleine Tics, Zwänge, Ängste und 'hysterische' oder 'anale' (aggressive) Reaktionen.

Bedeutet "neurotische Störung", dass da Verdrängtes (Erlebnisse, Bindungen, Triebe) sich indirekt ('verdreht') in Szene setzt (also sich wiederholt), dann haben wohl fast alle Menschen ein 'Stück' davon. Wohl jeder Mensch ist ein Abwehr-Spieler: verdrängen, verschieben, ins Gegenteil umkehren, isolieren, sich identifizieren, projizieren, verleugnen u.s.w.

"Charakter" meint immer eine bestimmte geformte Persondynamik, so z.B.: der Introvertierte, der Choleriker, der Zwanghafte, der ewig Klagende, der Oberflächliche. Solche Formungen verschwinden nicht ab Beginn des Zusammenlebens mit einem Partner.

Mag das Verliebtsein Realitäten verdecken, die "Schatten" brechen irgendwann immer durch, bei vielen mit psycho-somatischen Leiden. Oder es gelingt die gemeinsame Identifizierung mit einer Ideologie oder mit Dogmen, die als 'Bastion' die "Harmonie" halten soll.

Beide Partner bringen Anteile ins gemeinsame Leben, meist gegenseitig ergänzend. All diese psychischen Aspekte schaffen in jeder Beziehung eine entscheidende Dynamik. Wer darum weiss, kann sich bilden, diese Kräfte umformen und steuern lernen. Das funktioniert nur mit Liebe, mit viel Kommunikation.

Dann sind noch die "Komplexe". Das sind unverarbeitete Themen aus der Biographie. So wirken unbewusste Vater- und Mutterbindungen in einer Ehe oft dramatisch. Peinliche Erlebnisse, vor allem mit schwerwiegenden Schuldgefühlen, hallen lange in die Zukunft hinein nach.

Sexuelle Schwierigkeiten, leidvoll demütigende Erfahrungen, Scheitern und Minderwertigkeitserfahrungen untergraben das sexuelle Erleben und Handeln im neuen Zusammenleben.

Unerledigte frühere Freundschaften oder eine unbearbeitete Scheidung kann im 'neuen' Beziehungsleben nicht einfach unter den Teppich gewischt werden. Komplexe gestalten entscheidend das Zusammenspiel mit.

Schwierigste "Fallen" sind: "Ich liebe Dich, auch wenn du mich nicht liebst", oder "Ich liebe Dich nur, wenn Du mich vorbehaltlos liebst". Kommt hinzu die heimliche Sucht, immer geliebt zu werden, allenfalls Trennungs- und Bindungsängste, so bröckeln ziemlich schnell die Illusionen der Harmonie und des Glücks in sich zusammen. Gelingt es nicht, diese Themen zu befreien, dann dominieren sie unterschwellig mehr und mehr.

Zwei Partner beeinflussen sich in der Persönlichkeitsentwicklung enorm, positiv und negativ. Der Prozess liegt zudem in einem Umfeld eingebettet: Arbeit, Schwiegereltern, Geschwister, Freunde, Kirche, Werbung etc. Solche Aussenfaktoren tragen zur Psycho-dynamik einer Beziehung bei.

Eine evolutionäre Entwicklung der Beziehung setzt die gründliche Auseinandersetzung mit solchen Lebensthemen voraus. Manchmal ist eine vorübergehende Reduzierung von Ausseneinflüssen unumgänglich für das Gelingen.

Reflexionen und Diskussion

■ In einer Beziehung agiert immer der ganze Mensch, samt der Biographie bis zurück in die früheste Kindheit. Charaktereigenschaften und Gewohnheiten können selten jahrelang versteckt gehalten werden. Das sind u.a.:

• Introvertiertheit/Extravertiertheit	• Egoismus
• Macht-/und Dominanzstreben	• Narzissmus
• Minderwertigkeitsgefühle	• Launen, Gefühlsstimmungen
• Ängste und Bedrücktsein	• Trägheiten, Gleichgültigkeiten
• Tics und kleine 'Zwänge'	• Nörgeln
• Ordnungshaltung	• Verurteilende Wertsetzungen
• Verdrängungsmechanismen	• Lustabwehr und Lustsucht

■ Viele Ereignisse in der Biographie beider Partner 'spielen' in der Beziehung mit, auch wenn sie um viele Jahre zurückliegen, solange bis sie vollständig bearbeitet sind:

• Armut/Reichtum im Elternhaus	• schulische Misserfolge
• Scheidung der Eltern	• Abwesenheit des Vaters/der Mutter

• Abgelehntsein von den Eltern	• psychische Belastungen bei den Eltern
• Liebesdefizite aus der Kindheit	• leidvolle Kindheitserlebnisse aller Art
• Krankheiten in der Elternfamilie	• berufliches Scheitern
• sexuelle Enttäuschungen	• religiöse Erziehung
• frühere gescheiterte Beziehungen	• ideologisches Milieu im Elternhaus
• Sucht im Elternhaus	• Schwangerschaftsabbruch
• strafender Erziehungsstil der Eltern	

■ Das innere Wertsystem der beiden Partner, auch wenn es lange Zeit unterschwellig bleibt, drängt immer mehr ins Alltagsleben. Dazu gehören ideologische, lebensphilosophische wie religiöse Vorstellungen. Können diese nicht ausgesprochen, reflektiert und revidiert werden, entstehen schwerwiegende Spannungen und Konflikte. Wir meinen hier vor allem Werte bzw. Einstellungen zu Themen wie:

• Ordnung im Haushalt	• Beurteilung von Aggressionen
• Rollen- bzw. Arbeitsverteilung	• Anpassung und kreative Neugestaltungen
• Sexuelles Erleben und Handeln	• Schwangerschaftsabbruch
• Gestaltung von Begegnungen/Besuchen	• Autonomie- und Freiheitsbedürfnisse
• Treue und 'Fremdgehen'	• religiöse oder spirituelle Praxis
• Männliche und weibliche Emanzipation	• Bedeutung der Bildung der Persönlichkeit

■ Je mehr jeder Partner sich selbst durch Individuation bildet, und den andern in dieses Geschehen aktiv miteinbezieht, desto besser kann sich die Beziehung evolutionär entfalten. Hieraus ergibt sich die optimale Dynamik für ein erfülltes Beziehungsleben.

Diagramm 1.26: Das psychisch-geistige und soziale Wechselspiel

Umgang mit Streit und Konflikten

Es gibt viele Ansatzmöglichkeiten, Streits und Konflikte in einer Liebesbeziehung anzugehen. Hier einige Anregungen:

- Jeder praktiziert kontinuierlich, systematisch und gründlich auf eigene Weise die Selbsterkenntnis und Individuation.
- Stetes Bemühen sich selbst und den andern zu verstehen. Das bedingt die Fähigkeit zur Kommunikation, zuzuhören und zu reden.
- Sich mit den eigenen Träumen ernsthaft auseinandersetzen. Beide fördern sich in diesem Bemühen. Denn die Kraft, die die Träume schafft, der Geist also, weiss schon, was es täglich jedem zu sagen gibt, damit die Beziehung konstruktiv wachsen kann.
- Die Komplexität der Psyche akzeptieren und bejahen. Dies setzt voraus, dass sich dazu beide auch praktisches Wissen aneignen, ggf. Kurse besuchen.
- Stetig den andern von Neuem suchen, sich selbst erklären und den andern in der permanenten Entwicklung seines evolutionären Menschseins annehmen.
- Sich gegenseitig fördern in der allseitigen Entfaltung des Mannseins bzw. Frauseins unter Berücksichtigung der inneren gegengeschlechtlichen Bilder, genannt Anima bzw. Animus, die auch geformt werden müssen.
- Sich gemeinsam durch das Gespräch die Grundwerte erarbeiten, die Einstellungen und Überzeugungen klären und ggf. revidieren bzw. abstimmen.
- Das Selbstmanagement als Partnersache verstehen, d.h. Regeln für das konkrete Zusammenleben gemeinsam erarbeiten: Ordnung, Pünktlichkeit, Haushaltarbeiten, Verantwortungsbereiche, Zeiten für das ernsthafte Gespräch und die Entspannung, Listen für Anschaffungen, Freizeit und Urlaubspläne etc.
- Ein Zuhause schaffen, wo sich beide wohl fühlen und jeder seine "Ecke" hat für Lektüre, Bücher, Schreibarbeiten, administrative Unterlagen etc.
- Die eigene Selbstidentität in Ausrichtung auf den Partner (das andere Geschlecht) auch im Gespräch bewusst werden bzw. ausdifferenzieren.
- In der Freizeit auch Aussenkontakte pflegen und vor allem mit einem Hobby oder Engagement verbinden; aber hier nicht den Ersatz für etwas Fehlendes in der Beziehung suchen.
- Regelmässig gemeinsame Erlebnisse schaffen, die Freude bewirken. Dazu gehören auch Momente des gemeinsamen Entspanntseins und der inneren wortlosen Anteilnahme am Sein des andern: "Schön, bist Du da in meinem Leben!"
- In allen Angelegenheiten, auch in Kleinigkeiten, sich absprechen. Die Handlungen, die beide betreffen, sind transparent zu halten, oft

vorzubereiten und nachher zu besprechen. Beide fördern sich gegenseitig in den Lebenskompetenzen.

▪ Die gemeinsame Geschichte der Beziehung mit den biographischen Erfahrungen von beiden verknüpfen, verstehen und verarbeiten. Die gemeinsame Geschichte und die gemeinsamen Zukunftspläne formen auch eine gemeinsame Paar-Identität.

▪ Respektieren, dass jeder immer eine eigene Persönlichkeit im Werden und in Entwicklung bleibt und nie sich im andern gewissermassen "auflösen" kann. Beide wissen, respektieren und fördern die Einsicht, dass es ein Leben lang über Psyche, Liebe, Gefühle und Sex viel zu lernen gibt.

▪ In allen Bereichen, vor allem auch in der Sexualität, immer die Kreativität fördern und nutzen. Darüber kann man reden, ohne sich lächerlich zu machen oder schämen zu müssen.

▪ Lernen zu streiten, ohne sich mit Lebenslügen und Abwehrspielen gegenseitig in Schach zu halten bzw. zu manipulieren. Dazu muss man die Kommunikationsregeln beachten und Strategien der Problemlösung erlernen.

▪ Die Fehler gegenseitig nicht saldieren. Lernen zu verzeihen und sich zu versöhnen, auch nach einem allerheftigsten Streit. Das verlangt die Entwicklung und Stärkung der Liebesfähigkeit.

▪ Die Lebenslügen gegenseitig ohne Vorwurf abbauen (lernen) und das psychische Leben höher stellen als alle äusseren Werte. Denn: Was ist das Du in der Beziehung ohne das psychische Leben?

Konstruktive Kommunikation in der Partnerschaft

Bedingungen und Regeln, die für ein aufbauendes Zusammenleben sowie für eine konstruktive Lebensbewältigung wichtig sind:

a) 15 Regeln zum partnerschaftlichen Reden:

1. Nicht demütigen, nicht verletzen, nicht entwerten, über den Partner nicht spotten.
2. Nicht dreinreden, nicht übertreiben, nicht bagatellisieren, den 'Ton' nicht verlieren.
3. Kooperativ, wechselseitig, ergänzend miteinander die Sachen besprechen.
4. Eindeutig, klar, sachlich, differenziert, offen, direkt sprechen.
5. Zuhören, verstehen, gewichten, selektionieren, ausreden lassen.
6. Probleme, Wünsche, Fragen und vor allem Gefühle angemessen äussern.
7. Abgrenzung und Eigenständigkeit wahren und ermöglichen/gestatten.
8. Abgegrenzte Achtung des Partners als eigenständige Person.
9. Geistige Verwurzelung (z.B. Träume), Intuition und innere Resonanz beachten.

10.Verantwortung über Ort, Raum, Zeitpunkt, Verlauf, Dauer, Ziel, Auswahl, Abschluss.

11.Ausseneinflüsse fern halten (Fernseher, andere Menschen).

12.Eigene Körperverfassung und die des andern mitberücksichtigen.

13.Beharrlich und dennoch flexibel sein, den Verlauf im Auge behalten.

14.Vergangenes als Herausforderung zur Bearbeitung, nicht als Vorwürfe verstehen.

15.Werte, Normen und Einstellungen immer wieder reflektieren und ggf. revidieren.

b) Einige Thesen, die zum Verbessern der Kommunikation verhelfen können:

In einem Gespräch gibt es mehr Wirklichkeiten als meist angenommen wird. Vollständige Einigkeit ist selten möglich:

- Missverständnisse sind normal.
- Konflikte und Streit sind ein Teil des Lebens.
- Über das Reden reden fördert die Verständigung.
- Man kann nicht besser reden, als man wahrnimmt und denkt.
- Reden ist immer auch ein Ausdruck des vorangegangenen Denkens und Fühlens.
- Reden ist eine sehr wichtige Form der Wirklichkeitsbewältigung.
- Kommunikation ist immer mehr mensch-bezogen als sach-bezogen.
- Gegen die Regeln der guten Kommunikation verstossen, ist menschlich.

c) Menschliche Aspekte im Gespräch sind unter anderem:

☐ Projektionsdynamik	☐ Innerer Druck	☐ Selbstvertrauen
☐ Wahrnehmungsfähigkeit	☐ Persönlicher Sprachcode	☐ Minderwertigkeit
☐ Vorurteile	☐ Angst vor Strafe	☐ Machtbedürfnis
☐ Schutzbedürfnis	☐ Rollensituation im Gespräch	☐ Abwehr, Widerstand
☐ Schuldgefühle	☐ Hintergründige Interessen	☐ Das Äussere der Person
☐ Lebensangst	☐ Ich-Bezogenheit	☐ Hemmungen

d) Eine gute Kommunikation fördert auf die Dauer:

☐ Lernbereitschaft	☐ Eigenständigkeit	☐ Bildung neuer Werte
☐ Entwicklung, Wachstum	☐ Verantwortung	☐ Neue Lebensformen
☐ Liebe	☐ Frieden	☐ Transparenz
☐ Klärung, Lösungen	☐ Wissenserweiterung	☐ Achtung
☐ Kooperation	☐ Entmythologisieren	☐ Wechselseitigkeit
☐ Fairness	☐ Mitdabeisein	☐ Offenheit
☐ Verwertung	☐ Motivation	☐ Lernprozesse
☐ Vertrauen	☐ Ganzheitlichkeit	☐ Initiative
☐ Respekt	☐ Einsichten	☐ Wahrhaftigkeit

Notizen und Perspektiven

Wozu nützt eine konstruktive Kommunikation im konkreten Alltag?

Notieren Sie die zentralen Schlüsselbegriffe dieses Unterkapitels:

Was ist der Mensch in der Beziehung ohne gegenseitige Integration des psychischen Organismus?

Erklären Sie: Liebesfähigkeit ist mir wesentlich, denn:...

Was haben Sie in Elternhaus, Schule und Kirche über konstruktive, partnerschaftliche Kommunikation gelernt?

Welche Bedeutung haben die "15 Regeln zur konstruktiven Kommunikation" im Gespräch zwischen Lebenspartnern und in sozialen Kontakten generell?

Wie handhaben Politik und Wirtschaft die konstruktive Kommunikation?

Was vermittelt die Werbung über Liebesfähigkeit?

Formulieren Sie eine Ihnen wichtige Frage zur konstruktiven Kommunikation:

9.3. Frausein und Mannsein neu entdecken

Das partnerschaftliche Zusammenleben zwischen Frau und Mann, beschlossen als 'gemeinschaftlicher Lebensweg', gehört zu den wertvollsten Lebensmöglichkeiten. Die Institution 'Ehe' ist dazu kulturell geschaffen worden. Das ist nicht dasselbe wie eine homosexuelle bzw. lesbische Partnerschaft. Mann und Frau unterscheiden sich nicht bloss biologisch (genital) und durch Erziehungseinwirkungen. Das psychische Leben als Ganzheit 'funktioniert' nicht gleich. Weibliche und männliche Rollen sind nicht alle blosse Produkte von Lernprozessen. Es gibt das Weibliche und das Männliche als Qualität. Das ist psychisch und biologisch gebunden, wenn auch auf vielerlei Weisen deformierbar und wechselwirkend. Die Tatsache, dass viele Ehen scheitern und nicht wenige sehr 'krank' sind, weil sie durch und durch destruktiv und mit Masken (Lügen) funktionieren, spricht nicht gegen den hohen Wert der Institution Ehe, des partnerschaftlichen Zusammenlebens zwischen Mann und Frau. Es fehlt da an Selbstbildung.

Das muss der Mann wissen: Ein Mann ist keine Frau! Und die Frau soll sich vor Augen halten: Er ist ein Mann! Das zu suchen, zu entdecken und ins psychisch-geistige Leben mit einzubeziehen ist ein Lebensthema, und nicht eine sexuelle Erfahrung! Das matriarchalische und patriarchalische Symbol ist abzulösen; die 'wahren' verschütteten Archetypen sind zu finden. Wir meinen, das elementar weibliche Urbild ist das schöpferische Lebensprinzip, die Spenderin und Bewahrerin des Lebens. Muttergottheit und Liebesgöttin sind die höchsten Abbilder des Weiblichen.

Der Mann heute ist sozialisiert für Gewalt, Kraft, Destruktion, Gefühlsarmut, Eroberer, Macher u.s.w. Was kann sein neues Urbild sein? Auch er kann (väterlich) umsorgen, sosehr wie eine Frau rational denken kann. Auch er soll Gefühle haben, wie die Frau. Ohne in Klischés zu verfallen, ist das Erzeugen von Leben, von "Projekten", und das Managen derselben ein Aspekt des Männlichen. Vielleicht ist es gar so: Der Geist ist männliches und das Leben ist weibliches Urbild (Urkraft). Wohl haben Mann und Frau beide Kräfte in sich.

Männliche und weibliche Kräfte sind zwar unterschiedlich, aber nicht in ihrem Wert. Beides kann nur mit und durch das andere leben. Alles Tun, im Privaten wie im Gesellschaftlichen oder Spirituellen, kann von Mann und Frau in partnerschaftlicher Interessenvertretung und

Neigungsberücksichtigung geschehen.

Auch eine Frau kann das Amt des Priestertums, der Generaldirektion oder der Staatsführung übernehmen; deshalb muss sie nicht "Mann" werden. Umgekehrt kann der Mann im Haushalt, in der Erziehung und Gestaltung des Lebens schöpferisch sein, ohne "Weib" sein zu müssen.

Im Kern:

➜ Mann und Frau können irdisches Leben nur in Solidarität und Kooperation evolutionär vorwärts bringen, wenn beide die innere Evolution vollziehen.

➜ Das gilt für die Ehe ebenso wie für das politisch-wirtschaftliche bzw. gesellschaftliche Leben.

Reflexionen und Diskussion

■ Über das Mannsein und das Frausein gibt es in der Gesellschaft und in der Psychologie unterschiedliche Meinungen und Vorstellungen. Noch immer hat die Frau in Europa und weltweit nicht den ihr zustehenden Wert und Platz. Klassische Vorurteile sind etwa:

a) Mann: starr, gewalttätig, streitsüchtig, kämpferisch, autoritär, herrisch, dominant

b) Frau: rücksichtslos, launisch, irrational, empfindlich, hysterisch, verführerisch

■ In Beziehungen bzw. sog. partnerschaftlichem Zusammenleben gibt es noch immer gar nicht selten die Arbeitsteilung nach althergebrachtem Muster:

a) Mann: Arbeit, Geldbeschaffer, am Steuer, Organisator, Bestrafer, "Herr im Hause"

b) Frau: Haushalt, putzen, waschen, kochen, Kinder, Hausaufgabenbetreuung

■ Es ist wohl höchste Zeit, gewisse Vorurteile (Bilder) über das Weibliche und über das Männliche durch konstruktive neue Bilder abzulösen; revisionsbedürftig sind z.B.

a) Mann: der Denker, der Starke, der Initiative, der Gewalttätige, der nur Sex will

b) Frau: Die liebe umsorgende Mutter, die Heilige, die Prostituierte, die Attraktive

■ Mann und Frau sind nicht zwei polare Wesen; sie verwirklichen je einen Teil, der durch den andern Teil zu einem völlig neuen Ganzen wird. Die Ehe ist eine Möglichkeit, dieses neue Ganze zu erschaffen. Darum hat sie als Lebensform individuell wie gesellschaftlich einen sehr hohen Wert. Doch überall im Gesellschaftsleben können Teile dieser sich gegenseitig integrierenden Aspekte verwirklicht und zu einer neuen Lebensform geführt werden.

Philosophisch und transzendental gesehen: Leben ist erst Lebensverwirklichung in der Einheit von Männlichem und Weiblichem.

■ Im Beziehungsalltag gibt es viele männlich-weibliche gegenseitige Bereicherungen; Unterschiede sind zu finden im Bereich:

- Assoziationen über Lebensthemen
- Gewichtung der Logik
- Erleben von existentiell wichtigen Momenten
- ganzheitliches Einfühlen
- Prinzipien und Lebensanspruch
- Zuwendung bei Pflegebedürfnis
- Gestalten von emotionalem Umfeld
- Checken von Abläufen
- Versorger-Verhalten
- Kraftarbeiten
- Schützen von bedürftigem Leben
- Sorge tragen zu Empfindsamem
- kreative Begegnungsgestaltung
- Ganzheitlichkeit des Du-Erlebens

Diagramm 1.27: Gestalten von Männlichkeit und Weiblichkeit

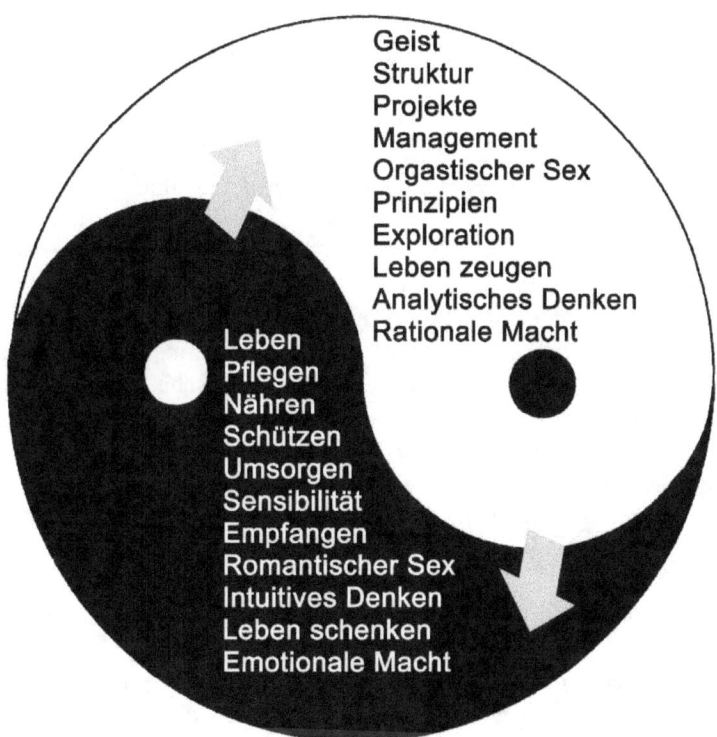

These für den Mann:
Kann der Mann die männlichen Prinzipien nicht im Gleichgewicht und in Ausrichtung auf die weiblichen Prinzipien bilden, so ist er als Mann destruktiv und kein wirklich entfalteter Mann.

These für die Frau:
Kann die Frau die weiblichen Prinzipien nicht im Gleichgewicht und in Ausrichtung auf die männlichen Prinzipien bilden, so ist sie als Frau destruktiv und keine wirklich entfaltene Frau.

Mann- und Frauaspekte – Anima und Animus

Jeder Mensch hat verinnerlichte Bilder über das: Vater-sein, Mutter-sein, Kind-sein, Mann-sein, Frau-sein. Die Lebenserfahrungen mit Menschen werden zu Menschenbildern im Unbewussten. Ein Bild beinhaltet eine grosse Menge an Bildaspekten. Diese können durchaus gegensätzlich und widersprüchlich, positiv und negativ zugleich sein. Aus der Fülle der Menschenbilder, die sich im Unbewussten (im Gedächtnis) lagern, ergibt sich automatisch je Typus ein Konzentrat: ein Gesamtbild, einen Prototypen über: Vater, Mutter, Kind, Mann, Frau, Lehrer, Priester, Polizist, Chef etc.

Die verinnerlichten Bildfragmente sind emotional und beeinflussen als psychische Kräfte unbewusst den Menschen in seinem Leben und Wachsen als Mann bzw. als Frau. Diese Prototypen formen auch das innere psychisch Gegengeschlechtliche: Ist der äussere Mensch ein Mann, so spricht man bei diesem innerpsychischen gegengeschlechtlichen Pol von "Anima". Ist der äussere Mensch eine Frau, so spricht man von "Animus". Im Zentrum aller Prototypen steht gewissermassen jenes typische Bild, das das Gegengeschlechtliche der Person darstellt, beim Mann die "Anima", bei der Frau der "Animus". Je mehr die einzelnen Grundbilder aus den realen Lebenserfahrungen in sich selbst zersplittert sind und eine innere Gegensatzspannung enthalten, desto stärker ist auch dieses innere Bild der Anima (des Animus) in Gegensätzen.

Anima und Animus im Wechselspiel mit der äusseren Person

Je unausgewogener die Komponenten eines Prototypen (über Männer, über Frauen) sind und somit gegeneinander wirken, desto unausgewogener ist auch das Bild der Anima (des Animus). Ihre Teilkomponenten sind dann z.B. in Extrembildern ausgedrückt: die selbstaufopfernde umsorgende Frau oder die Prostituierte, das unentwickelte Mädchen und gewissermassen das "rächende Restbild" (die "Hexe"). Die Anima im unentwickelten Zustand hat somit beim Mann drei spannungsgeladene Komponenten. Der Mann als Mann (äussere Personaspekte) will dann ein eigentlich entfremdetes Mannes-Ideal leben, ist aber selbst zum Teil ein unentwickelter und unterdrückter Knabe und lebt zudem auch diesen dritten "bösen" Teil (als unterdrückender Machtmensch). Bei der Frau sind die Elemente korrespondierend. Sinngleich formt sich der Animus bei der Frau.

Anima und Animus als bestimmende Kräfte der Partnerwahl

Partnersuche basiert wesentlich auf dieser Innen-Aussen-Dynamik. Der eine spricht dann mehr auf Aspekte an, die er als Teil des Ideals interpretiert.

Ein anderer erlebt eine Anziehung an das Unentwickelte des andern. Der unentwickelte Knabe wird als "lieber Mann" und das brave Mädchen als konfliktfreie Frau wahrgenommen. Die selbstaufopfernde Frau erfüllt Mutterideale und der unterdrückende Mann zeigt sich als fürsorglicher Beschützer. Die Varianten sind im realen Leben sehr vielfältig. Die komplementären Teile des inneren Bildes, entfalten im Zusammenleben erst allmählich ihre Wirkung. Die dunklen Schatten (Charakteraspekte) brechen schrittweise oder manchmal auch explosiv durch. Zwischen den Beziehungspartnern entsteht daraus notgedrungen ein sehr schwieriger Konflikt.

Anima und Animus neu formen

Wie kann der Mann seine Anima und die Frau ihren Animus zu einem ausgewogenen lebensoffenen Bild formen? Die Lösung beginnt bei der Person selbst: Die Schatten sind zu erkennen und zu wandeln, die Charaktereigenschaften lebenszugewandt zu bilden, das eigene Mannsein bzw. Frausein (Selbstidentität) allseitig ausgewogen zu bilden. Das ist eine sehr zentrale und immer unumgängliche Funktion der Ehe.

Das Geschlechterverhältnis im Wandel

Fakten und Thesen zur geschlechtsspezifischen Sozialisation:

1. Das Geschlecht als Persönlichkeitsvariable, abstrahiert vom Kontext, zu untersuchen, erscheint heute nicht mehr sinnvoll.
2. Der männliche Körper wird grobmotorisch und bewegungsintensiv sozialisiert, in material- und raumexplorierenden Aktivitäten, leistungs- und funktionsbezogen; der weibliche Körper eher feinmotorisch und ästhetisch-attraktivitätsfördernd.
3. Der Kern von Geschlechtsstereotypen: Frauen sind emotional, eher ängstlich und fühlen sich eher traurig und hilflos als Männer; Männer sind rational, d.h. weniger emotional, sie haben Probleme allenfalls mit Aggressionen.
4. Männlichkeit und Weiblichkeit sind Produkte andauernder Konstruktionsprozesse. Diese Wirklichkeit wird gemacht; sie entsteht im sozialen Handeln.
5. Das Geschlechterverhältnis wird verhandelt und umkämpft. Veränderungsmöglich-keiten sind dabei auch eine Frage von Macht und materiellen Ressourcen.
6. Die Arbeitsteilung sieht für Männer ausserhäusliche Erwerbstätigkeit vor. Frauen sind für den Haushalt zuständig. Nach wie vor sind nur sehr wenig Männer bereit, sich an Kindererziehung und Haushaltarbeiten zu beteiligen.

7. Die Hierarchie der Geschlechter: In Beruf und Politik, auch in Wissenschaft und Kultur, sind die höheren und machtvolleren Positionen noch fast ausschliesslich von Männern besetzt.

8. Männer haben tendenziell eine allgegenwärtige Gewaltbereitschaft. Dem gegenüber steht die 'Macht' der Mütter über ihre Kinder, oft emotional über ihre Männer.

9. Es besteht eine fast zwanghafte Zuordnung von Frauen zu Männern und deren sexuellen Wünschen.

10. Männlichkeiten entstehen im Zusammenspiel von Macht, Arbeitsteilung und Organisation der Sexualität.

11. Das Zwei-Geschlechter-System strukturiert grundlegend Gesellschaft, Interaktion und individuelle Psychodynamik.

12. Die Identitätsbildung des Jungen ist ein angestrengter und von aussen forcierter Prozess der Abgrenzung von der Mutter über Abwertung und Negation des in der Mutterbeziehung entstandenen Weiblichen in sich selbst und des Weiblichen in der Welt.

13. Die Mädchen-Identität vollzieht sich in Identifikation und Dialog mit der Mutter, in der Beziehung mit ihr bleibend, aber damit auch unvollständiger, unter Unterdrückung von Autonomiebedürfnissen.

14. Frauen, die einen hohen Grad an persönlicher Autonomie erlangen, entwickeln eine Balance zwischen Autonomie und Bindung.

15. Es gibt die 'weibliche Normalbiographie' nicht mehr. Frauen haben mehr Interesse an materieller Unabhängigkeit, Kollegenkontakten, Teilhabe an andern Lebensberei-chen, Anerkennung der eigenen Leistung u.s.w. Die Kluft zwischen Interessen und beruflichen Chancen bleibt.

16. Noch nie waren die Ansprüche an eine 'gute Mutter' so hoch. Schuld- und Versagensgefühle sind vorprogrammiert.

17. Frauen erweitern ihre Optionen; ihre Konflikte verschärfen sich.

18. Lebensformen sind heute wählbar und revidierbar. Dies schafft Handlungsspielräume und Verhandlungsmöglichkeiten für Mann und Frau.

19. Das Machtungleichgewicht in der Realität und in den Köpfen beeinflusst die Verhandlungchancen weiterhin zugunsten der Männer, obwohl deutlich die Frauen in der Offensive sind und andere Beziehungsformen und Arbeitsverteilungen fordern.

20. Frauen und in schwächerem Umfange auch Männer können/müssen ihre Selbstkonzepte (Selbstidentität) und 'Rollenbündel' mehrmals im Leben verändern. Feste männliche und besonders weibliche Identitäten werden immer weniger möglich.

21. Es gibt eine Vielzahl an Lebensmöglichkeiten von Männlichkeit und Weiblichkeit.

Notizen und Perspektiven

Wozu dient ganz konkret im Alltag die Gestaltung von Männlichkeit und Weiblichkeit?

Notieren Sie die zentralen Schlüsselbegriffe dieses Unterkapitels:

Was ist der Mensch ohne Gestaltung von Männlichkeit und Weiblichkeit?

Erklären Sie: Das Frausein und das Mannsein entdecken ist mir wesentlich, denn:...

Was haben Sie in Elternhaus, Schule und Kirche über das Frausein und das Mannsein gelernt?

Welche Bedeutung hat das Gestalten von Männlichkeit und Weiblichkeit im Gespräch zwischen Lebenspartnern und in sozialen Kontakten generell?

Wie zeigt sich in Politik und Wirtschaft das Geschlechterverhältnis?

Welche Bilder vermittelt die Werbung über a) das Mannsein und b) das Frausein?

Formulieren Sie eine Ihnen wichtige Frage zum Geschlechterverhältnis:

9.4. Übungen

1. Welches sind Ihre Einstellungen gegenüber der Ehe als "Partnerschaft"?

2. Was haben Sie bis heute in Ihrer (einer) Partnerschaft noch nicht erfahren?

3. Mit welchen Beziehungsspielen (Macht, Lüge, Abwehr) können Sie eher schlecht umgehen?

4. Beziehung zwischen Frau und Mann ist ein elementarer Teil des Lebens. Was haben Sie von den folgenden positiven Aspekten bis heute erfahren und leben können?

Geben Sie an: wenig erfahren = 1 / manchmal erfahren = 2 / häufig erfahren = 3

☐ Partnerschaft als etwas besonders Wertvolles.
☐ Gegenseitiges Interesse an der alltäglichen Realität.
☐ Offenheit für Konflikte und erfahrbare Bewältigung.
☐ Achtung der Andersartigkeit (Charakter, Geschlecht).
☐ Reziprozität (Umkehrbarkeit) und Gleichrangigkeit.
☐ Abwechselnde Nähe und Distanz im Zusammenleben.
☐ Die Biographie beider als Teil der Selbstidentität.
☐ Verständigung über die Unterschiede und Gemeinsamkeiten.
☐ Achten der Grenzen des andern und der 'Welt' des andern.
☐ Der Alltag als bewusst gepflegter zentraler Raum im Gespräch.
☐ Die ständige Belebung und Formung der Liebe.
☐ Besprechung aller gemeinsamen täglichen Fragen.
☐ Keine gegenseitige Saldierung der Fehler.
☐ Selbstverwirklichung als Selbsthingabe.
☐ Verstand und Vernunft sind tragende Funktionen.
☐ Erotik und Verliebtsein haben ihren Platz in der Normalität des Alltags.
☐ Hohes Ausmass an Selbstmanagement bei beiden.
☐ Momente symbiotischer Gefühle werden akzeptiert.
☐ Akzeptieren von Spannungen und Risiken.

☐ Gegenseitige Bejahung und Erfüllung der sexuellen Lust.
☐ Kein gegenseitiger Besitzanspruch in der Ganzheit des Seins.
☐ Verführung und Lust als belebende Kräfte.
☐ Gegenseitige sexuelle Befriedigung ohne Einschränkung der Autonomie.
☐ Fähigkeit und Bemühen zu verstehen.
☐ Gegenseitig konstruktiver Umgang mit dem inneren Kind.
☐ Alle paar Jahre deutliche Erfahrung der Wandlung der Selbstidentität.
☐ Gegenseitige Förderung des Ich-Gefühls und des sexuellen Erlebens.
☐ Wechselseitige Gestaltung der Weiblichkeit und Männlichkeit.
☐ Gemeinsame Lösung von Sachfragen.
☐ Teilweise gemeinsame Bearbeitung des Unbewussten (der Biographie).
☐ Gemeinsame Orientierung an Träumen, Intuitionen und Meditationen.
☐ Gegenseitige Bereicherung mit kreativem Gestalten der freien Zeit.
☐ Rollenaufteilung ist abgesprochen und akzeptiert.

Was sind die Konsequenzen für Erneuerungen:

5. So gestalte ich meine Kommunikation (Ablauf, Verkauf, Führung, Pflege, Beratung; und das Gespräch in der Familie, in der Liebesbeziehung, in der Freizeit):

Wählen Sie eine Zielperson/Zielpersonengruppe:...................................
und kreuzen Sie an:

☐ objektiv	☐ kooperativ	☐ innerlich nicht engagiert
☐ originell	☐ chaotisch	☐ geplant
☐ langsam-schwer	☐ gut zuhörend	☐ vorbereitet
☐ ehrlich	☐ beständig	☐ harmonisierend
☐ transparent	☐ ruhelos	☐ tendenziell einfach
☐ sprunghaft	☐ geschäftsmässig	☐ stimulierend, anregend
☐ gewissenhaft	☐ wach (auf den "Augenblick")	☐ unentschlossen
☐ offen	☐ bindungslos (zur Sache)	☐ zeitlich angemessen
☐ impulsiv	☐ konzentriert	☐ ernsthaft

☐ zeiteffizient	☐ sachkompetent	☐ gleichgültig
☐ organisiert	☐ listig	☐ gut gegliedert
☐ genau, präzise	☐ informativ	☐ kurz/prägnant
☐ gründlich	☐ Ziel flexibel	☐ stark direktiv/lenkend
☐ fragend	☐ ängstlich	☐ visualisierend
☐ verbindlich	☐ bewusst gesteuert	☐ gefühlsvoll
☐ bedächtig	☐ aktiv anpassend	☐ keine Fragen stelle

Wie beurteilen Sie Ihre Gestaltungsarten?

6. Wie ist Ihr Umgangsstil mit Lebenspartner, Bekannten, Kunden, Mitarbeitern, Klienten, Patienten...?

Wählen Sie eine Zielperson/Zielpersonengruppe:...........................
und kreuzen Sie an:

☐ freundlich
☐ dominant
☐ diplomatisch
☐ direktiv
☐ gesprächig
☐ aggressiv (angreifend)
☐ zuvorkommend
☐ höflich
☐ abgegrenzt
☐ ungeduldig
☐ sachlich
☐ deutlich distanziert
☐ distanzlos
☐ rücksichtsvoll
☐ flexibel im Stil und in der Sache
☐ lustig
☐ gefühlsbetont
☐ anpassungsfähig in Stil/Sache
☐ dienend

☐ wertschätzend
☐ Widerstand brechend
☐ kontakt-locker
☐ maskierend
☐ täuschend
☐ egozentrisch
☐ Person angepasst
☐ kumpelhaft
☐ kollegial
☐ helfend
☐ verstärkend
☐ abwartend
☐ gerecht
☐ echt
☐ wechselseitig
☐ aufmerksam
☐ provokativ
☐ dynamisch
☐ vertrauenswürdig
☐ informell

Interpretieren Sie Ihre Angaben:

Multiple Choice Test

Wählen Sie die vier richtigen Antworten und kreuzen Sie diese an, so: ☒ a) Lust

9.1. Welches sind die zentralen Charakteristiken einer Partnerschaft?

☐ a) Immer gleich bleiben für den Partner
☐ b) Harmonisches konstantes Einssein
☐ c) Parallel-laufende Identitätsentwicklung
☐ d) Ausgewogene Nähe und Distanz
☐ e) Teilen des Individuationsprozesses
☐ f) Kommunkation über alles

9.2. Zur Partnerschaft lassen sich folgende Kernaussagen machen:
☐ a) In einer Beziehung agiert immer der ganze Mensch, samt seiner Biographie.
☐ b) Es ist wichtig, dass beide Partner dieselben Zeitungen, Hefte und Bücher lesen.
☐ c) In der Partnerschaft werden sexuelle Wünsche und Erleben mitgeteilt.
☐ d) Fremdgehen ist in der Partnerschaft eine Regel, die die Emanzipation fördert.
☐ e) Gemeinsame Unternehmungen besprechen und planen beide gemeinsam.
☐ f) Die Regeln der konstruktiven Kommunikation werden über Jahre eingeübt.

9.3. Tendenziell sind folgende Merkmale durch das suchende/entdeckende Gespräch 'geschlechtsspezifisch' sinnvoll lebbar:

☐ a) Gewichtung des 'Logischen' im Alltag
☐ b) Kraftarbeiten/Technisches
☐ c) Gestalten des emotionalen Umfeldes
☐ d) Umgang mit Geld
☐ e) Aufteilung der Haushaltarbeiten
☐ f) Unterzeichnen von Verträgen

10. Liebe und Sex

Sexualität mit Liebe lustvoll leben ist wichtig und schwierig; denn sie ist eine psychisch-geistige Möglichkeit sich selbst und den Partner zu entdecken und in der Selbstidentität zu bilden.

Essentielle Thesen

❏ Sexualität leben und erleben ist nicht frei von Werten. Denn Liebe ist mehr als bloss ein Gefühl, ist ganz entscheidend Wert und Sinn. Sexualität hat in der Praxis ganz unterschiedliche menschliche Qualitäten.

❏ Bejahung der Sexualität ist Bejahung des männlichen und weiblichen Menschseins. Dies ist viel mehr als die Bejahung der sexuellen Lust. Nur in dieser Bejahung kann der Mensch umfassend seine Individuation erarbeiten.

❏ Sexuelles Erleben und Handeln muss gelernt werden, will man das Menschsein verwirklichen und tief erfülltes Glück erfahren. Dazu gehören u.a.:

● Spiel der Berührungen verstehen   ● Botschaften der Zärtlichkeiten
● Selbstwert mit Sexualität aufbauen   ● Befreien vom Ballast im Kopf
● Verarbeitung belebter Erinnerungen   ● Steuern des Lusterlebens
● Auffangen von emotionalen Störungen   ● Lebensoffene Einstellungen

❏ Mit der Sexualität (Erleben und Handeln) formt sich die Selbstidentität, u.a. das:

● Rollenfähigkeiten   ● Selbstwert   ● Genussfähigkeit
● Selbstreflexion   ● Autonomie   ● Bejahung der Triebnatur

❏ Mann und Frau erleben das Spiel der Zärtlichkeiten, die Umarmungen und den Orgasmus unterschiedlich, auch wenn die Steigerung der Lust und die energetische Entspannung biologisch und psycho-energetisch (Libido) gleich definiert werden können. Das Liebesspiel enthält generell viele Botschaften, die Frau und Mann je auf eigene Weise erleben und praktizieren.

❏ Sexualität mit Liebe und Lust, als Teil der Individuation beider Partner, ist von höchstem Wert des Menschenlebens. Die Frage stellt sich jedem: "Was will ich dafür einsetzen, dass ich das leben kann?"

10.1. Sexualität lieben

Sexuelle Lust ist heute gewiss mehr akzeptiert als noch vor 20 Jahren. Viele Menschen können intime Zärtlichkeiten, Geschlechtsverkehr und Selbstbefriedigung frei von moralisierenden und lebensfeindlichen Einstellungen leben. Doch mehr: Sex-Supermarkt und Sex-Dienstleistungen aller Art expandieren trotz Aids. Da mögen einige Angebote hilf- und lehrreich sein; vieles kann Mann und Frau behindern, Sexualität tiefgehend zu lieben. Im Sexuellen sei alles erlaubt, behaupten die einen; andere erleben Sexualität mit Verletzbarkeit, mit intimster Sensibilität, mit Werten und Grenzen. Fortpflanzung ist ein Aspekt. Selbsterleben, Lust und Entspannung sowie die intime Erfahrung des gegengeschlechtlichen Partners ermöglichen eine tiefgehende bereichernde Lebenszuwendung.

Konsum und 'freie Liebe' scheinen alle Grenzen sprengen zu wollen, eine Reaktion auf jahrhundertelange christliche Sexualfeindlichkeit! War früher die sexuelle Lust mit Schuld und Beschämung beladen, so ist der Lust-Genuss heute in ungebremster Expansion. Ist das 'schlecht'? Der Mensch befriedigt sich mit Essen, mit Getränken aller Art, mit Schokolade, mit Autos, mit Kleidern, mit Vergnügen, mit einem entspannenden Schaumbad und mit vielem mehr. Breites sinnliches Erleben ist Tagesziel geworden. Körpererleben und Sinnlichkeit sind ein zentraler Teil unseres Lebens.

Die Kernfrage ist nicht "Wieviel sexuelle Befriedigung allein oder mit andern ist noch 'gesund' (nicht-neurotisch)?", vielmehr: "Wie kann der Mensch seine sexuelle Befriedigung aufbauend und erfüllend leben?". Im sexuellen Erleben ist der Mensch empfindsam, intim berührt und verletzbar, im Vermissen eines Partners und in der Begegnung mit einem Du. Er ist gefordert, sich mit seinem Erleben und Handeln zu bejahen, sein Bedürfnis in seine Identität einzufügen und Glückserfüllung mit Lust zu gestalten. Das ist mehr als bloss 'sexuelle Entspannung'. Das ist Selbstentdeckung, Ich- und Du-Begegnung, Hingabe und Selbstbezogenheit. Das lässt sich mechanisch, kreativ und mit Liebe tun.

Ohne die Fähigkeit zum Genuss ist die Lust keine Glückserfüllung. Doch wie soll es Glückserfüllung geben, wenn im Sexuellen nur der Reiz mit der Lust und nicht der Mensch im Mittelpunkt des Erlebens und Handelns steht?

Das eilige Abreagieren eines Lusterlebens unter der Decke ist keine liebevolle sexuelle Praxis; allenfalls vergleichbar mit dem hastigen Verschlingen eines trockenen kalten Hamburgers. Das zärtliche Berühren ist mehr als Tast- und

Hautsinnerlebnis. Zärtlichkeit ist eine symbolische Handlung. Sie enthält eine Botschaft an das Du und sie enthält die Erfahrung der Antwort. So ist das mit allen Varianten sexueller Spiele. Sie teilen dem Partner etwas mit und sie sind ein Erlebnis der Wirkungen, körperlich wie psychisch und geistig.

Sexualität lieben heisst deshalb: sich und den andern lieben.

Reflexionen und Diskussion

■ Sexualität leben und erleben ist nicht frei von Werten:

- Man kann sich und den andern demütigen, entwerten und erniedrigen.
- Der Mensch ist im sexuellen Erleben verletzlich, sensibel berührbar, kränkbar Man kann im sexuellen Handeln sich und dem Partner Schmerzen zufügen.
- Es gibt Liebesspiele, die manche unangenehm, störend oder unpassend erleben.
- Sexuelle Begegnung kann begleitet sein von Angst, Scham,
- Minderwertigkeitsgefühl.
- Leistungserwartungen an 'Technik' und Orgasmusintensität schaffen Druck.
- Nie ist der Mensch frei von seiner sexuellen Biographie.
- Der Mensch ist mehr als biologischer Lustapparat, ist ein psychisch-geistiges Wesen.
- Das Vorspiel ist mehr als Steigerung der Lust, ist menschliche Begegnung.

■ Der Mensch bringt mit seiner psychisch-geistigen Ganzheit immer mehr ins sexuelle Spiel als blosses Lusthandeln; vieles ist da möglich, so z.B.:

- Unbewusste Sperren oder Blockaden
- Alltagssorgen
- Ich-Kontrolle und Festhalten-Zwang
- romantische Erwartungen
- körperliche Selbstbejahung/-verneinung
- Hemmung zu körperlichen Bewegungen
- frühere Erfahrungen mit Männern/Frauen
- unbewusste Elternkontrolle
- eingeübte Masken (z.B. um zu gefallen)
- gebremster Selbstausdruck
- Lebenserwartungen/Partnererwartungen
- Abwehr gegen Gefühle
- Erfahrungen bzw. Defizite der Liebe

- unentwickelte Sexualität

■ Sexuelles Erleben und Handeln impliziert auch Kommunikation:

- Wie erlebst Du das?
- Was hast Du gerne?
- Magst Du jetzt?
- Wie möchtest Du jetzt?
- Was bewegt Dich?
- Stört Dich das?
- Zeig mir, wie Du es magst!
- Nimm Dir Zeit!
- Ich möchte mal was Neues versuchen.
- Was gefällt Dir denn an mir besonders?
- Komm, wir planen uns ein Wochenende.
- Ich bin traurig: was habe ich bloss?
- Ich will mit Dir jetzt ein Kind zeugen.
- Hast Du eine ansteckende Krankheit?

■ Sexualität mit Persönlichkeitsbildung ist viel mehr als Lust erzeugen und Orgasmus schaffen. Die Bejahung der Sexualität ist Bejahung des Menschseins mit allen Möglichkeiten der Sinneserfahrung. Wer Sexualität wirklich liebt, gestaltet diese in Selbstreflexion und in Kommunikation mit dem Partner. Sexualität und Erotik benötigen regelmässig der kreativen Gestaltung, des Nachdenkens und des Suchens nach sich selbst und dem Partner.

Diagramm 1.28: Sexualität und menschliche Begegnung

Das Sexuelle Erleben und Gestalten im Wechselspiel mit der menschlichen Begegnung in vielen Varianten:

Ansporn
Erotik
Verliebt sein
Sicherheit
Geborgenheit
Vertrauen
Neues erleben
Experimentieren

Interesse
Neugier
Annäherung
Du entdecken
Zuwendung
Bejahung
Teilen
Anteil nehmen

Nähe
Frieden
Entspannung
Lustbejahung
Erregung
Wohlbefinden
Sinneserfahrung
Schmusen

LEITIDEE:

Nicht immer muss und darf erwartet oder gefordert werden, dass im sexuellen Erleben und Gestalten alle Komponenten der sexuellen und menschlichen Begegnung ausgiebig zum Tragen kommen müssen. Es kann und darf, je nach Situation, die eine oder andere Komponente im Mittelpunkt stehene, während andere zurückgestellt werden.

Sexualität und Liebe

- Das sexuelle Verlangen verwechseln viele Menschen mit der Liebe; sie denken dann, dass man sich liebt, wenn man sich körperlich besitzen will.
- Die sexuelle Anziehung bewirkt im Augenblick manchmal die Illusion der Vereinigung, aber ohne Liebe bleiben sich beide entfremdet.
- Die Zärtlichkeit ist der unmittelbare Ausdruck der Nächstenliebe.
- Liebe und Erotik zusammen erschafft, dass beide sich und den andern aus dem Wesen ihres Seins lieben und erleben.
- Einen andern zu lieben, ist eine Entscheidung und ein Versprechen.
- Die Vorstellung von einer Liebesbeziehung bzw. Ehe, die leicht wieder gelöst werden kann, wenn man mit ihr keinen Erfolg hat, ist genauso falsch wie die Vorstellung, dass diese Verbindung unter keinen Umständen wieder gelöst werden dürfe.
- Menschen, die sich mit Lust und Liebe begegnen, anerkennen sich als Mann und als Frau und stärken gegenseitig ihre sexuelle Identität.
- In der Sexualität begegnen sich Mann und Frau mit ihrem Körper und erfahren gleichzeitig psychische Nähe und Geborgensein. Sie leben darin Wahrhaftigkeit.
- Glück hat auch mit dem lustvollen und liebevollen Sich-Einlassen auf andere Menschen zu tun. Das schliesst immer auch Verzicht ein.
- Für die meisten Menschen bleibt die Liebe das Zentrum ihres Lebensprojekts. Sexualität ist ein biologischer Ausdruck von Liebe.
- Man kann die geistige Seite des Lebens von der körperlichen nur auf die Gefahr hin trennen, Einheit und Integrität des ganzen Menschen zu zerstören.
- Soviele Frauen lehnen bewusst oder unbewusst ihre sexuelle Natur ab, weil sie meinen, sie erlegen sich eine unterwürfige Haltung auf.
- Keine Frau will das Gefühl haben, ein sexuelles Objekt zu sein.
- Die Suche nach Lust ist ein Ausdruck der Lebenskraft eines Organismus.
- Erregung ist ein energetisches Phänomen, ebenso der Sexualtrieb.
- Liebe und Sexualität sind ein Ganzes. Sie geben dem Leben einen Sinn und liefern die stärksten Lust-Motivationen.
- Die Fähigkeit, sexuelle Befriedigung zu erlangen, ist das Kennzeichen der reifen, integrierten und wirklichen Persönlichkeit.
- Für jedes Kind ist von Geburt an nichts interessanter als Sex.
- Bereits von der ersten Stunde des Lebens an können Babys sinnliche Lust empfinden, nicht nur durch ihre Geschlechtsorgane, aber auch durch sie.
- Die Art, wie während der gesamten Kindheit mit Sexualität umgegangen wird, hat einen entscheidenden Einfluss auf das spätere Leben als Erwachsener.
- Das wirkliche Leben, die Freundschaften der Jugendlichen, der Umgang

der Eltern miteinander, ihr Verhältnis zu ihren Kindern, die emotionale Atmosphäre in der Familie haben letztlich mehr Gewicht auf das sexuelle Verhalten, als das, was Jugendliche auf irgendeinem Bildschirm über Sexualität sehen.

- Es gibt auch eine Form der Liebe, die ganz allmählich aus Erotik und Freundschaft entsteht. Eine Liebe, die sich nicht als einzigartige sofortige Explosion zwischen zwei Unbekannten zeigt, sondern bei der sich zwei Menschen zuerst auf dem empfindlichen Terrain gegenseitiger Wertschätzung und Vertraulichkeit begegnen.
- Sexualität und Liebe stehen in einer Vernetzung mit dem 'ganzen' Menschen.
- Die idealisierte Darstellung der Liebe in den Medien bereitet Paare nicht darauf vor, mit Enttäuschungen, Frustrationen und Reibungen umzugehen.
- Entscheidend für eine glückliche Beziehung sind: Engagement, Sensibilität, Grosszügigkeit, Rücksichtnahme, Loyalität, Vertrauenswürdigkeit, Verantwortung.
- Rollenänderung, Stress am Arbeitsplatz, gesundheitliche Probleme und Genussmittelmissbrauch behindern das sexuelle Bedürfnis.
- Psychische Aspekte beeinflussen enorm das Bedürfnis nach Sexualität: Selbstzweifel, Minderwertigkeitsgefühl, falsche Idealbilder, sexuelle Leistungsangst, zwischenmenschliche Probleme, die unterschiedlichen Vorlieben über das "Wo", "Wie", "Wie lange" und "Wie oft". Selbstliebe macht liebesfähig.

Ehe und Sexualität – Scheidung

Die "Ehe" ist ein Begriff, der die Erarbeitung der Individuation als Mann und Frau (Männlichkeit und Weiblichkeit) zur Vereinigung des männlichen und weiblichen Archetypus (Anima und Animus) und in der gegenseitigen Partizipation an diesem Prozess meint. Das sexuelle Leben ist auch ein symbolischer Ausdruck davon.

Die "Ehe" fasst aus psychisch-geistiger Sicht diese archetypische innerseelische Prozedur und ist insofern "archetypisch-heilig"; 'heilig', weil als archetypische Konzeption der Psyche unantastbar. Nur durch diesen Aspekt hat die Ehe als ritueller Vollzug ihre vollumfängliche Legitimation. Die homosexuelle "Ehe" hat damit nichts gemeinsam; der Begriff "Ehe" ist hier mit keinem Argument gerechtfertigt und archetypisch nicht legitim.

Die Ehe ist nicht einfach eine Interessen-orientierte Lebensgemeinschaft. Sie ist nicht bloss Verwirklichung der Liebe und sie meint viel mehr als den menschlichen und juristischen Raum, um Kinder zu zeugen und gross zu ziehen.

Die Ehe ist mehr als bloss gemeinsame Bewältigung des Leben. Sie ist aus dem ursprünglichen und tiefenpsychologischen Verständnis die Selbstwerdung durch das Gegengeschlechtliche - zwingend mit der biologischen und psychischen Geschlechtlichkeit.

Es gibt viele Gründe, die die Menschen drängen, sich zu scheiden; zum Beispiel:

- Die eigenen Gefühle nicht zeigen und die Probleme nicht lösen können.
- Nicht konstruktiv streiten können.
- Man hat geheiratet aus Angst vor dem Alleinsein bzw. vor Einsamkeit.
- Konflikt der gegenseitigen Rollenerwartung: versorgen und beschützen.
- Weder zuhören noch sich aussprechen können (Kommunikationsfähigkeit).
- Mangelnde Selbstliebe und somit auch Unfähigkeit, den Partner zu lieben.
- Illusionen, eine Ehe bzw. Beziehung funktioniere von selbst.
- Unfähigkeit, sich selbst wahrhaftig zu verwirklichen (Selbstverwirkichung).
- Opfer und Täter der Lebenslüge und damit der Illusionen des Zeitgeistes sein.
- Berufliche und ökonomische Veränderungen, die den Charakter belasten.
- Untreue infolge stagnierender, oberflächlicher Beziehungssituation.
- Persönliche Lebenskrise, die die Person nicht bewältigen kann oder will.
- Erschwerende Charakterentwicklungen des einen Partners.
- Die Sexualität mit all ihren Konflikten nicht leben bzw. bewältigen können.

Viele Menschen fliehen durch Scheidung letztlich vor sich selbst und vor der Selbst-verantwortung. In schätzungsweise 7 von 10 Scheidungen wäre ein Lösungsweg möglich, wenn beide Partner durch Selbstbildung sich selbst stellen würden.

Die erste konstruktive Grundregel:

Jeder hat sich selbst zu stellen, ohne vom andern darin beeinflusst oder missbraucht zu werden. Jedem sagen die eigenen Träume, was er zu tun hat und wie er in seiner Selbstbildung und Individuation vorwärts kommt.

Die zweite konstruktive Grundregel:

Die Liebe verlangt die Individuation von beiden. Nur wenn sich einer der beiden Partner diesem Gebot der Liebe verweigert, während der andere diesen Weg verantwortungsvoll geht, ist eine Scheidung angebracht.

Die dritte konstruktive Grundregel:

Der eine Partner muss - wenn der andere (noch) nicht will - den Weg der Indviduation zuerst alleine gehen und damit seinem Partner vorleben, dass dieser Weg eine echte Alternative zur Lebenslüge ist. Er muss lernen zu lieben, damit der andere dies dadurch auch lernen kann.

Führen diese drei konstruktiven Grundregeln nicht zum Erfolg, dann ist Scheidung angemessen.

Scheidung ist auch dann anzeigt, wenn sich herausstellt, dass die beiden Partner eine Fehlentscheidung getroffen haben, weil sie nachweisbar nicht zusammenpassen.

Es gibt danebst auch Scheidungen, weil Lebensumstände oder andere Menschen die Liebe zerstören und beide Partner aus persönlichem "Gebrochensein" durch einen solchen "Schlag" nicht mehr die Kraft haben, ihre Liebe neu zu erwecken.

Notizen und Perspektiven

Wozu dient Sexualität?

Notieren Sie die zentralen Schlüsselbegriffe dieses Unterkapitels:

Was ist der Mensch ohne positive Integration der Sexualität und Liebe?

Erklären Sie: Sexualität ist mir wesentlich, denn:...

Was haben Sie in Elternhaus, Schule und Kirche über Sexualität gelernt?

Welche Bedeutung hat die Sexualität im Gespräch zwischen Lebenspartnern und in sozialen Kontakten generell?

Welche indirekte Verbindung gibt es zwischen "Sexualität mit Liebe" und der Politik und Wirtschaft?

Was vermittelt die Werbung über die Einheit von Sexualität und Liebe?

Formulieren Sie eine Ihnen wichtige Frage zur Sexualität:

10.2. Sexuelles Erleben und Handeln erlernen

Der Koitus an sich bedarf wohl kaum besonderer Lernprozesse. Doch das ist noch lange nicht die Sexualität.

Die sexuelle Emanzipation hat es möglich gemacht, den Geschlechtsakt in eine vielfältigere Ganzheit des sexuellen Erlebens und Gestaltens zu stellen. Es muss niemanden verlegen machen, wenn wir meinen, dass jeder für seine Sexualität vieles lernen kann.

Zärtlichkeiten können grob oder fein, abgestuft oder vorprellend, auch deplaziert und kalt sein. Wer zärtlich ist, will mit seinem Streicheln auch etwas mitteilen. Schmusen kann man wie ein Kind mit der Mutter oder dem Vater. Schmusen ist nebst zärtlichem Streicheln und Nähe Erleben auch Kommunikation, ganz direkt mit lieben und differenzierten Worten.

Warum nicht einmal darüber nachdenken, was man seinem geliebten Menschen sagen will?

Körpernähe kann Lebenswichtiges vermitteln: "Ich möchte, dass Du Dich bei mir geborgen fühlst", oder "Ich nehme Dich ganz an, so wie Du bist". Intime Zärtlichkeiten zielen nach mehr Lust im Erleben und Erzeugen.

Viele Formen sind mit Einfühlung und Dosierung, mit Freude am Teilen des Erlebens möglich. Wie die Haut, die Sinne und auch die Psyche reagiert, kann in kleinsten Schritten entdeckt werden.

Jedes Sinneserleben erreicht den ganzen Menschen, ist ein Erleben des Daseins und des Soseins. Das verlangt Konzentration und Hingabe, Verstehen der körperlichen und mimischen Reaktionen des Partners, der eigenen Motive auch. Kreativ spielerisches Entdecken und Gestalten macht Freude. Das will erlernt werden.

Es gibt viele Formen der geschlechtlichen Vereinigung, sachlich als 'Techniken' kategorisiert. Manches kann jeder mit spielerischer Lust selbst entdecken. Anderes kann aus Büchern und Heften gelernt werden.

Ziel ist kaum, mit Begierde Akrobatik zu betreiben oder besonders Ausgefallenes unbedingt auch noch probieren zu müssen. Jedoch ist eine gewisse Abwechslung sicher nötig. Jahrelang immer nur dasselbe Muster 'durch-spielen', tötet jede Erotik, wirkt langweilig und verflacht Lust wie Freude. So kann Sex nicht 'jung halten'.

Interesse und Neugier sind wertvolle Antriebskräfte, im Leben immer wieder neu sich und den Partner zu erfahren. Dazu gehört gewiss auch die Gestaltung des Rahmens. In der Anonymität der Städte, der wohlorganisierten Alltagswelt und der Konsumvorgaben wirkt Mangel an schöpferischer Gestaltung im sexuellen Erleben und Handeln mit der Zeit lähmend.

Nicht als blosse Stimulanz meinen wir das, sondern vielmehr als bewusst gepflegte intime Begegnung, als eine bewusst gestaltete Vielfalt der Erlebnisform, wie wir sie mit dem Essen, der Bekleidung und der Freizeit-/Feriengestaltung auch handhaben. Dass dabei Probleme anlaufen, ist normal.

➜ Der Vielfalt an Möglichkeiten steht der Mensch gegenüber. Einfühlendes Lernen ist somit unerlässlich.

Reflexionen und Diskussion

■ Der Mensch kann sein Bewusstsein über sein sexuelles Erleben erweitern und das Erleben selbst differenzieren:

- Wie reagiert die Haut an verschiedenen Stellen auf zärtliches Streicheln?
- Wie erlebe ich das Schmusen und was habe ich dabei besonders gerne?
- Wie möchte ich das intime Berühren erfahren und gestalten?
- Wie gestalte ich das Küssen und was bedeutet mir das Küssen im Liebesspiel?
- Welche Berührungen mag ich besonders gerne tun und erleben?
- Wie kann ich innerlich loslassen und mich beim Lieben im Kopf ganz entspannen?
- Welche Gegebenheiten an mir und am Partner wirken störend auf mein Erleben?
- Was stösst mich eher ab, was will ich gar nicht praktizieren?

■ Erotik ist nicht einfach eine Zufallserscheinung bei Vorliegen bestimmter weiblicher bzw. männlicher Darstellung.

Erotik ist ein Gestaltungsbereich, in dem der ganze Mensch sich Ausdruck gibt, z.B. durch:

- Bejahung (schön finden) des eigenen Körpers, der Formen und der Geschlechtlichkeit
- Freude und echte Integration des Lusterlebens mit all den vielfältigen Möglichkeiten
- Positive Gedanken und Gefühle über sich selbst als psychisch-physische Ganzheit
- Lust, Neugier und Interesse an der 'Verführung' - und dies auch nach Jahren der Ehe
- Befreien können von Alltäglichkeiten, Arbeit, Umfeld (Menschen, Raum)
- Selbstvertrauen, positiven Selbstwert, Lust am Leben generell

■ Zum Gestalten des sexuellen Handelns kann vieles hinzugelernt werden:

- Gestaltung des Schlafzimmers, des Badezimmers, des Wohnraumes
- Freizeit-Kleidung, in denen man sich körperlich (sinnlich) wohl fühlt
- Musik, die entspannene Assoziationen und wohltuende Atmosphäre bewirkt
- Abwechslungsreiche Bettwäsche (Farben, Stoffe) und Nachtwäsche (die gefällt)
- Sprachliche Ausdrucksformen, die 'erwachsen' sind

- Differenziert Gefühle mitteilen
- Unternehmungslust (auch mal ein Wochenende mit dem Partner weg gehen)
- Das Geben der Liebe vielfältig ausdifferenzieren (Liebe ist mehr als ein Wort)

- Störungen und Schwierigkeiten im sexuellen Erleben und Handeln sind normal. Sie haben Vorrang und sollen ausgesprochen werden. Manchmal ist das Thema biographisch zu erweitern, im Alltag zu suchen oder in psychischen Kräften zu orten.

Diagramm 1.29: Checkliste zur sexuellen Erfahrungsgeschichte

Die Checkliste zur Lebensrückschau:

Weiblichkeit der Mutter/der Schwestern

Männlichkeit des Vaters/der Brüder

Die Phase der Pubertät

Erste Liebesbeziehung

Trennung, Scheidung

Lust und Schulderleben

Sexuelle Schwierigkeiten

Erste sexuelle Erfahrungen

Schönste sexuelle Erlebnisse

Peinlichste sexuelle Momente

Erfahrungen mit Pornographie

Gescheiterte Liebesbeziehungen

Umgang mit Selbstbefriedigung

Religiöse Erziehung in Sachen Sex

Erziehung zum Frausein/Mannsein

Sexuelle Schwierigkeiten meiner Partner

Erste Zeit der Menstruation/des Samenergusses

Potentz- und Minderwertigkeitserleben

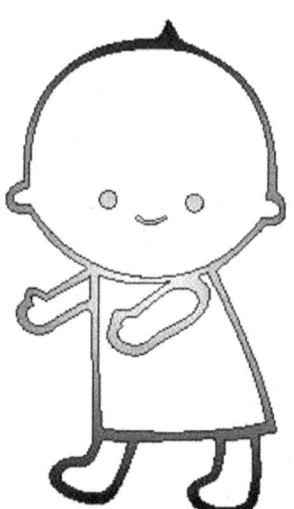

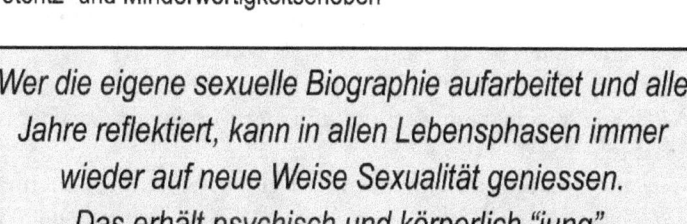

Wer die eigene sexuelle Biographie aufarbeitet und alle Jahre reflektiert, kann in allen Lebensphasen immer wieder auf neue Weise Sexualität geniessen.
Das erhält psychisch und körperlich "jung".

Sexuelle Entwicklungsbiographie

Fragen zur Selbstbesinnung und Diskussion mit dem Partner:

1. Welche Partner/innen waren für mich besonders prägend in meinem Leben?
2. Was lernte ich von meinen früheren Partnern/innen?
3. Welche Erlebnisse sind noch in peinlicher/unangenehmer Erinnerung?
4. Welche Konflikte hatte ich in früheren Beziehungen?
5. Wie kam es zu Trennungen?
6. Wie lernten meine Eltern, mich als Mann/Frau zu sehen?
7. Welche männlichen/weiblichen Aspekte gefielen meinen Eltern besonders?
8. Wie bin ich aufgeklärt worden?
9. Wie haben ich die Sexualität meiner Eltern 'mitbekommen'?
10. Wie wirken in der Erinnerung meine ersten sexuellen Erlebnisse?
11. Welche Einstellungen hatten meine Eltern gegenüber vor-/ausserehelichem Sex?
12. Was habe ich an meinen Partnern immer gerne gemocht?
13. Was erlebe ich an mir im allgemeinen Lebensrückblick gegengeschlechtlich?
14. Wie reagierte ich früher auf Kinderhaben und Verhütung?
15. Wie erlebte ich Eifersucht (meiner früheren Partner/meines jetzigen Partners)?
16. Wie habe ich Eifersucht in mir selbst erfahren?
17. Was hat mich im sexuellen Handeln und Erleben besonders stark verletzt?
18. Wie erlebte ich die Samenflüssigkeit/den Samenerguss?
19. Was bedeutete mir Treue und "Dasein für den Partner auch in schwieriger Zeit"?
20. Was mag ich an weiblichen/männlichen Körpern besonders?
21. Wie habe ich (als Frau) die Menstruation erlebt (als Mann: darüber gedacht/gefühlt)?
22. Worüber getraute ich mich mit meinem Partner nie zu reden?
23. Was erwarteten meine Partner jeweils von mir?
24. Wie habe ich mit meinen jeweiligen Partnern Konflikte besprochen?
25. Welche Einstellungen, Gebote und Verbote über Sexualität habe ich erfahren?
26. Welche Gefühle und Erlebnisweisen hatte ich zur Selbstbefriedigung?
27. Welches war eines der schönsten sexuellen Erlebnisse in meinem Leben?
28. Bei früherem Schwangerschaftsabbruch: Wie habe ich mich damit

versöhnt?
29. Welche sexuellen Vorurteile hatte ich gegenüber Frauen/Männern?
30. Was war (ist) das körperliche Idealbild des gegengeschlechtlichen Partners?
31. Welches waren die peinlichsten sexuellen Erlebnisse?
32. Welche Eigenschaften wünschte ich mir bei meinen Partnern?
33. Welches waren die schönsten nicht-sexuellen Erlebnisse mit früheren Partnern?
34. Wie habe ich mich in der Jugendzeit/jungen Erwachsenenzeit körperlich erlebt?
35. Was fühlen Sie zu solchen Franeg?

Funktionen der Sexualität

Ein Mensch ist die Summe seiner Lebenserfahrungen, die alle in die Persönlichkeit aufgenommen und im Körper 'eingebaut' werden. Das zeigt sich auch in der Sexualität.

Das Leben hat eine Primärorientierung: Es flieht den Schmerz und strebt nach Lust. Die Lust will - körperlich gesehen - das Wohlergehen des Organismus fördern. Wenn eine Situation Lust verspricht und gleichzeitig Schmerz androht, entsteht Angst. Die Orgasmusformel entpuppt sich als Lebensformel schlechthin, in Fortpflanzung, Arbeitsleistung, Lebenslust, geistiger Produktion etc.

Wir ziehen die Tatsache in Betracht, dass der Sexualtrieb des Menschen ursprünglich gar nicht den Zwecken der Fortpflanzung dient, sondern bestimmte Arten der Lustgewinnung zum Ziele hat.

Das sexuelle Verhalten eines Menschen ist oft vorbildlich für seine ganze sonstige Reaktionsweise in der Welt. Wer als Mann sein Sexualobjekt energisch erobert, dem trauen wir ähnliche rücksichtslose Energie auch in der Verfolgung anderer Ziele zu. Wer hingegen auf die Befriedigung seiner starken sexuellen Triebe aus allerlei Rücksichten verzichtet, der wird sich auch anderwärts im Leben eher konziliant und resigniert als tatkräftig benehmen.

Die Erziehung versagt den Frauen die intellektuelle Beschäftigung mit den Sexualproblemen, für die sie doch die grösste Wissbegierde mitbringen. Leider wird heute im Bereich von Sexualität und Erotik lediglich eine intellektualisierte Aufklärung betrieben, welche die so wichtigen Gefühlsmomente völlig missachtet.

Liebe und Erotik in unserer verkrampften Zvilisation werden nicht mit

Freude und Schönheit, sondern mit Angst, Gewalt und Verbrechen gekoppelt.

Die Unterdrückung eines harmonischen und lustvollen Sexualverhaltens zerstört eines der grössten Gegengewichte gegen Stresseinflüsse.

Sexualität ist ein Lebensbereich, in dem der ganze Mensch sich Ausdruck gibt, z.B. durch:

- Bejahung des eigenen Körpers, der Formen und der Geschlechtlichkeit.
- Freude und Integration des Lusterlebens mit all den vielfältigen Möglichkeiten.
- Positive Gedanken und Gefühle über sich selbst als psychisch-physische Ganzheit.
- Lust, Neugier und Interesse an der Verführung - und dies auch nach Jahren der Ehe.
- Befreien können von Alltäglichkeiten, Arbeit, Umfeld (Menschen, Raum).
- Selbstvertrauen, positiven Selbstwert, Lust am Leben (Lebenszuwendung).

Sexualität leben und erleben ist nicht frei von Werten:

- Man kann den andern als Person stärken; ihn als ganzen Menschen wertschätzen.
- Der Mensch ist im sexuellen Erleben sensibel für das Aufgenommen-werden.
- Man kann im sexuellen Handeln sich und dem Partner echte Freude zubereiten.
- Es gibt Liebesspiele, die angenehm, kreativ, lustig und passend wirken.
- Sexuelle Begegnung ist Ausdruck von Vertrauen, Offenheit und Zuwendung.
- Frei-sein von belastender sexueller Biographie ist ein grosses, belebendes Glück.
- Der Mensch ist biologischer Lustapparat und immer auch psychisch-geistiges Sein.
- Das Vorspiel ist Steigerung der Lust und Steigerung der menschlichen Begegnung.
- Eine mit dem ganzen Menschsein gesund gelebte Sexualität erhält jung.

Sexualität ist grundlegend und bestimmend für die Ehe bzw. Lebensgemeinschaft.

Notizen und Perspektiven

Was verändert sich positiv im Alltag, wenn die Menschen über ihre sexuelle Erfahrungsgeschichte gründlich nachdenken würden?

Notieren Sie die zentralen Schlüsselbegriffe dieses Unterkapitels:

Was ist der Mensch ohne Reflexion über seine sexuelle Biographie?

Erklären Sie: Die Reflexion über meine sexuelle Erfahrungsgeschichte ist mir wesentlich, denn:...

Was haben Sie in Elternhaus, Schule und Kirche über sexuelles Erleben und Handeln gelernt?

Welche Bedeutung hat die sexuelle Biographie im Gespräch zwischen Lebenspartnern und in sozialen Kontakten generell?

Wie zeigt sich in Politik und Wirtschaft die sexuelle Biographie ihrer Akteure?

Was vermittelt die Werbung über das sexuelle Erleben und Handeln?

Formulieren Sie eine Ihnen wichtige Frage zur sexuellen Biographie:

10.3. Selbstidentität mit Sexualität

"Selbstidentität" ist ein vieldeutiges Wort. Im Kern wird damit das Bild erfasst, das jeder von sich selbst hat. Die Identität meint v.a. jene geformten Aspekte, die im Laufe der Jahre konstant bleiben. Dazu gehören: die Gefühle sich selbst gegenüber, die wertende Sicht der eigenen Fähigkeiten, die eigenen Besonderheiten, Charaktereigenschaften u.s.w. Zu diesem Bild gehören auch Schwächen, Ohnmacht und Vorstellungen über die eigenen Machbarkeiten in der Welt. Elementar wird die Selbstidentität ferner durch das wertende eigene Körpererleben geformt. Die Sexualität ist Teil davon.

Die Sexualität als Aspekt der Selbstidentität ist weit zu fassen. Da ist zuerst das körperliche Erleben ganz allgemein: Kraft, Widerstandfähigkeit, Sensibilität, Leibesfülle und Störungsanfälligkeit. Frau und Mann erleben sich mit ihrer Geschlechtlichkeit, mit und ohne Erotik, mit und ohne den Zustand der sexuellen Erregung und Bedürfnisbefriedigung. Gefühle der Intimität, der Scham, des Gehemmtseins, der Hygiene und der entsprechenden Selbstbewertung. Wohl immer auch steht hier das Gegengeschlechtliche im Vergleich: Penisneid und Nicht-Gebären-können stehen einander nach psychoanalytischer Lehre gegenüber. Das Andere weckt Neugier, Interesse, Sehnsucht, Lust oder Abneigung, je nach Erziehung und innerpsychischen Konflikten. So erhält die Identität eine Gegensatzspannung: Das Komplementäre ist aussen, zu suchen, in eine Beziehung zu bringen und partnerschaftlich zu leben. Wer das konstruktiv kann, formt sich eine gesunde und stabile Selbstidentität.

Männliche und weibliche Sexualität sind nicht gleich. Die sexuelle Erregung läuft unterschiedlich ab. Zwar können (und sollen) beide Partner sich aktiv begegnen, dennoch sind die Erlebensformen des sexuellen Zusammenseins verschieden. Eindringen und Aufnehmen stehen einander ergänzend gegenüber. Die Frau will begehrt werden; der Mann will begehren dürfen. Das formt psychisches Erleben, die Anziehungskraft und ebenso die gegenseitigen Hingabeängste. Früher wurde Sexualität einengend auf "Kinder zeugen" definiert. Alles andere war 'schlecht' bzw. 'sündig'.

Die Realität heute ist: 1-3x pro Leben zeugt ein Mann mit einer Frau ein Kind. Insgesamt dürften sie in ihrem Leben über 4000x Geschlechtsverkehr haben, eine 'gute' Beziehung vorausgesetzt. Das erweitert entscheidend die Möglichkeiten, die Sexualität in die Selbstidentität einzubauen.

Sexuelle Identität ist Beziehungsidentität; und: "Am Du wird der Mensch zum Ich". So wird der Mann sexuell durch die Frau zum Mann - und die Frau findet ihre weibliche Identität vollumfassend durch die intime Liebstenbeziehung. Dadurch finden beide Zustimmung und Sicherheit in ihrer Männlichkeit bzw. Weiblichkeit.

Ist die sexuelle Selbstidentität sicher, so verläuft auch das sexuelle Erleben und Handeln sicher, so wird Zärtlichkeit und Liebe mit sexueller Lust zu einem erfüllten Glück.

Reflexionen und Diskussion

■ Zur Selbstidentität gehören viele Elemente, nebst dem Bild über die eigenen all-gemeinen psychischen Kräftesysteme unter anderem:

Gesundheits-/Leidenserleben	Kontaktfähigkeit/Beziehungsfähigkeit
Glücklich-/unglücklichsein	Selbstwertgefühl
Grad der Selbstkontrolle	Idealbild über sich selbst
Fähigkeit, Entscheidungen zu treffen	Fähigkeit, Verpflichtungen wahrzunehmen
Hingabe und Selbstbehauptung	Handlungserleben
Autonomie und Emanzipation	Umweltkontrolle ("Herr der Lage sein")
Rollenfähigkeiten	Reflexive Selbstbestimmung
Problemlösungsfähigkeit	Identifikationen mit dem eigenen Körper

■ Aspekte aus dem Umfeld der Sexualität, die zur Selbstidentität beitragen, sind:

Sensibilität	Ausdrucksfähigkeit
Orgasmuserleben	Lebenskraft
Treue	Triebakzeptanz
Ehrlichkeit	Befriedigungserleben
Einfühlungsvermögen	Spontaneität
Erregbarkeit	Hemmungsüberwindung
Entspannungsfähigkeit	Ungewissheiten
Genussfähigkeit	Ausdrucksfähigkeit

■ Viele sexuelle Störungen können durchaus als 'normale' Probleme in der Identitätsbildung und Beziehungsfindung verstanden werden. Es ist falsch, wenn man erwartet, die Selbstidentität müsse mit dem jungen Erwachsenenalter schon ausgereift sein. Ebenso sollte man nicht jede Störung gleich als "Krankheit" und damit als "therapiebedürftig" intepretieren.

Zu jedem psychischen und psycho-physischen sowie sozialen Prozess gehören Phasen der Krise, der Schwierigkeiten und des Leidens. Langfristig glückliche sexuelle Beziehungen durchlaufen immer auch Leidensprozesse.

■ Sexuelle Störungen wie Impotenz, Orgasmusschwierigkeiten und vorzeitiger Samenerguss sind sehr selten organische Probleme. Im allgemeinen sind die Ursachen in folgenden Bereichen zu suchen:

Über-Ich-Inhalte	religiöse Erziehung
Beziehungsstörung	Stress (Arbeit, Freizeit)
Lebensangst	Hingabe-/Trennungsangst
Ungeduld, Hast	Minderwertigkeitsgefühl
nichtintegrierte eigene Natur	fehlendes Handlungswissen
Bindungen an die Eltern	falsche Erwartungen

Diagramm 1.30: Grundfragen der sexuellen Selbstidentität

Selbstreflexion zur Identitätsbildung in Sexuellen, in Lust und Liebe als Frau und Mann

Wie erlebe ich mein Mannsein/mein Frausein?

Wie erlebe ich mich beim Geschlechtsverkehr?

Was halte ich von Treue in Freundschaft und Ehe?

Habe icht Trennungsängste?

Habe ich Bindungsängste?

Wie entspannt erlebe ich mich nach Sex?

Wie kann ich meine Triebnatur annehmen?

Was bedeutet mir sexueller Genuss?

Wie erlebe ich den Körpergeruch meines Partners?

Welche Hemmungen habe ich im sexuellen Aktivsein?

Wie ist meine aktiv-passiv Dynamik im Sexuellen?

Wie ist mein Vertrauen zu meinem sexuellen Partner?

Wie kann ich mit meiner Kopf-Kontrolle umgehen?

Welche sexuellen Normen/Ideale leiten mich?

Was bedeutet mir Zärtlichkeit, Küssen, Petting?

Wie kann ich mit meinem Partner über Sex reden?

Wie spontan und kreativ bin ich beim sexuellen Spiel?

Was bedrängt mich aus meiner sexuellen Biographie?

Wie kann ich mit einem Symbioseerleben umgehen?

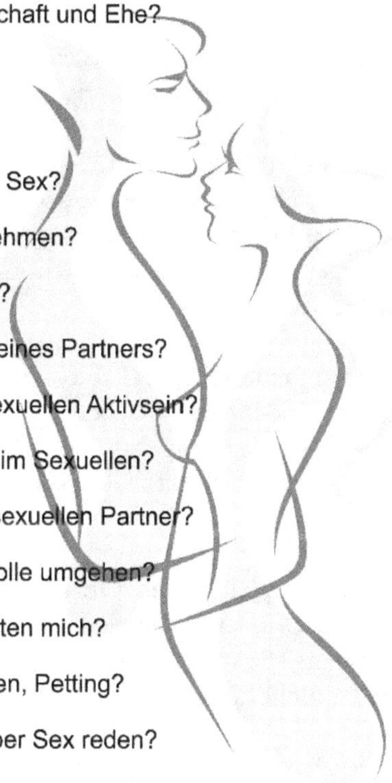

Orgasmus – Erleben und Triebtheorie

Über Orgasmus und Sexualtrieb wird viel theoretisiert. Es scheint da und dort, als ob Psychoanalytiker, Psychologen und Sexologen ihre eigene christliche Erziehung nicht überwunden hätten, ähnlich wie die Pfarrer nach althergebrachter kirchlicher Sexualmoral schreiben würden, nur in psychologischem Vokabular. Wie können Männer über den weiblichen Orgasmus reden und was wissen Feministinnen über das Orgasmuserleben des Mannes?

Nachfolgend seien deshalb Thesen formuliert, erstellt aus dem Umfeld der Fachliteratur, um Mann und Frau zur Reflexion anzuregen, zur Kommunikation mit ihrem Partner zu motivieren.

Wie wird Orgasmus erlebt? Die Sexologen sind sich uneins. Die Vielfalt aber scheint wissenschaftlich gesichert: mal nur teilweise befriedigend, mal tief erfüllend; mal als energetische Entladung und damit auch als Entspannung, mal als ein Gefühl des Unerfülltseins; es gibt offensichtlich verschiedene "Stärkegrade"; ein Gefühl des Strömens, der Helligkeit, der Freude, der Freiheit, des Glühens, der Verteilung einer lösenden Spannung durch den ganzen Körper; ein lustvolles Zucken im ganzen Körper oder eine 'Erlösung' im Beckenbereich.

Orgasmus ist einerseits ein biologisches Erleben. Anderseits bewegen Gefühle entscheidend das Erleben: ein Erleben der Einheit mit dem Partner, mit der Natur und gar mit dem Universum. Orgasmus erneuert und erfrischt das Körpererleben, bewirkt viel tiefer noch das Gefühl des 'Hierhergehörens' zum Partner.

Glücksgefühle begleiten den Orgasmus, so heisst es. Doch, die Menschen scheinen trotz offener und freier Sexualität kaum glücklicher zu sein. Ist die Last des Alltags stärker als dieses Gefühl der Freude? Oder geht diese Freude ganz und gar nicht tief?

Gewiss, die physiologische Reaktion, egal wie sehr körperlich ganzheitlich, sie sagt nichts aus über das psychische Erleben. Da mögen Männer beschränkt gefühlsfähig sein und Frauen kaum in der Lage, mit angemessenen Worten sich über ihr Erleben mitzuteilen, da mag der Rahmen das Rotlichtmilieu oder ein romantisches Zimmer sein, immer ist der ganze Mensch mitbeteiligt am Orgasmuserleben. Da haben wir einerseits die hautnahe Geborgenheit, die sprachlose Entfremdung oder schlicht der sinnliche Genuss, anderseits ist der Mensch mit seiner Biographie immer mit dabei.

Sexuelle Lust lässt sich letztlich nicht von der Lebensgeschichte und dem psychischen Leben trennen. So liegt es auf der Hand: ist die Biographie nicht geklärt und das psychische Leben nicht ganzheitlich bewusst gebildet, bleibt das sexuelle Erleben in den Fesseln der eigenen Lebensgeschichte und der chaotischen psychischen Kräfte gebunden. Das wohl macht es aus, dass trotz sexueller 'Emanzipation' im sozialen Leben nicht mehr Frieden und Glück einkehrt.

Wir akzeptieren die These, dass der sexuelle Trieb selbst energetisch Spannung erzeugt, mit Gedanken und Phantasien, mit Aussenreizen und Berührungen anregbar.

Die kumulierende sexuelle Energie (genannt 'Libido') drängt nach Steigerung des Lusterlebens und nach Entladung. Beides wird als lustvoll erlebt und will deshalb erreicht werden. 'Gefährlich' ist diese Energie (oder überhaupt das sexuelle Bedürfnis) nicht; gefährlich wird es nur, wenn die Menschen dieses Bedürfnis unterdrücken. Die Energie verschiebt sich, entlädt sich anderswie (z.B. durch Gewalt) oder schafft psycho-somatische Störungen.

Sexuelle Entspannung, allein oder zu zweit, kann durchaus Wohlbefinden bewirken, muss weder neurotisch sein, noch sonstwie entwertet werden.

Dieses Triebmodell als "vulgär" zu bezeichnen ist ebenso abwägig, wie althergebrachte kirchliche Entwertungen. Es ist auch ziemlich entgleist, wenn da behauptet wird, der Drang nach sexueller Entspannung sei nichts anderes als eine "Druckentladung" oder die "Lust, etwas Verbotenes zu tun".

Es ist der Körper selbst, der es dem Menschen ermöglicht, Lust zu schaffen, zu erleben und so an der Natur wonnevoll und mit Freude teilzuhaben. Das kann gewiss ganz verschieden praktiziert werden, blind und unbewusst, unter Schuldgefühlen oder Peinlichkeitsgefühlen, oder in der Bejahung der eigenen Natur, mit Geist, mit Verstand und Herz.

Menschsein in der Sexualität

In einer 'gesund' gelebten Sexualität mit einem Partner erlebt der Mensch sich selbst in seinem ganzen Sein; so erlebt er auch seinen Partner. Sexuelle Lust gewährt soziale Erfahrung, Selbstbestätigung, Akzeptieren des Du. Männer fixieren das Lusterleben stärker genital. Frauen dagegen erleben Sexualität ganzheitlicher und mehr beziehungsorientiert. Doch ist der Mann als Person gebildet, dann stimmt das sicher nicht mehr.

Beide können im Orgasmus für einen Moment die Kontrolle ganz verlieren und sich dem Erleben und den Körperbewegungen voll hingeben, dabei 'alles vergessen'.

Im sexuellen Zusammensein spielen Zärtlichkeit, Geborgenheit und Nähe eine entscheidene Rolle für die Qualität des 'rein' sexuellen (orgastischen) Erlebens. Harmonisch kann dieses Erleben nur sein, wenn jeder sich selbst mit seinem Körper und gleichzeitig den Partner mit seinem Körper annehmen kann. Jeder ist für den andern attraktiv, liebenswert und lebenswert. Das sind nicht nur psychologische Erlebenskategorien. Da ist der Mensch in seinem ganzen Dasein angesprochen.

In diesem Daseinerleben ist das ganze Schicksal eines Menschen belebt und als Herausforderung gegeben. Die gesamte psycho-sexuelle Entwicklung ab frühester Kindheit schwingt im Liebesspiel mit, bis diese im Unbewussten (im Gehirn) durch Indviduation vollständig 'ad acta' gelegt werden kann. Denn der Mensch erlebt ab der Geburt in kürzeren Zeitphasen zunehmend Nähe und Distanz, Zärtlichkeiten und hartes Angefasst werden, Berührungen und Körperbewegungen (z.B. Schaukeln), Umarmungen und Abweisungen, Lustempfindungen und Entsagungen, genitales Interesse und Umweltreaktionen.

Darin formt sich elementar das Selbstbild, durch die Vater- und Mutterbeziehung auch das Bild des gewünschten Partners ebenso wie der 'unerwünschten' Partnermöglichkeiten. "Liebst Du mich?" ist die erste Frage des Kindes an Mutter und Vater, schon vorgeburtlich ein Erleben. Damit ist nicht nur die Frage nach der Liebe angesprochen, sondern ebensosehr die Frage nach dem 'mich', d.h. "ganz besonders mich; mich ausschliesslich als Dein Kind".

Diese Frage müssen de facto viele Väter und Mütter mehr oder weniger deutlich verneinen. In der Liebstenbeziehung wiederholt sich diese Frage ganz entscheidend; und damit oft auch das Kindheitsdrama.

Das Liebesspiel enthält weiter eine ganze Reihe von Verhaltensweisen, vom Vorspiel über die steil ansteigende Erregungsphase, zum Orgasmus und zur Nachphase. Jede Art von Berührung und Bewegung enthält eine Botschaft, zum Beispiel:

● "Ich mag Dich sehr".
● "Ich mag den Geruch Deines Körpers".
● "Ich will, dass Dir dieses Streicheln gut tut".
● "Ich habe tiefes Vertrauen zu Dir und fühle, wie es mir gut tut, mich Dir zu öffnen".

- "Entspanne Dich, lass die Gedanken und Tagesbilder los, einfach nur erleben jetzt!"
- "Ich spüre wohltuend Deine Vitalität, Deine Körperkraft, Deine Energie".
- "Ich bejahe Dich voll und ganz".
- "Du und nur Du interessierst mich".
- "Dich will ich an meinem Leben teilhaben lassen".
- "Ich geniesse mit tiefer Bejahung Deine Männlichkeit/Deine Weiblichkeit".
- "Lass Dich erregen, es ist freudvoll, Dich in Deinen Lustbewegungen mitzuerleben".
- "Ich entdecke Dich immer wieder neu, Deine Gefühle, Deine Empfindsamkeit...".
- "Ich fühle mich wohl und geborgen bei Dir".

Wer so seine Sexualität mit Liebe und Lust teilen kann, erlebt echtes inneres Glück. Das ist gewiss immer zerbrechlich und muss stets neu genährt, gepflegt, belebt, geschützt werden. Wer dieses Glück will, steht vor der Frage: "Was will ich dafür einsetzen, dass ich in meinem Leben dieses Glück und diese Art Menschwerdung erleben kann?"

Menschwerdung meint dabei: sich selbst in seiner Identität werden und wandeln in allen Lebensphasen immer wieder neu, aber auch durch den Partner sich entdecken, formen und psychisch-geistig bilden lassen. Das ist eine Daseinsform, nicht bloss ein 'Sexualakt'. Der Wunsch und die Entscheidung dazu sind der Anfang, den Weg zu diesem Glück sich zu erarbeiten, allein und mit dem Partner.

Notizen und Perspektiven

Was ist der Gewinn einer bewusst geformten sexuellen Selbstidentität?

Notieren Sie die zentralen Schlüsselbegriffe dieses Unterkapitels:

Was ist der Mensch ohne sexuelle Selbstindentität?

Erklären Sie: Meine sexuelle Selbstidentität ist mir wesentlich, denn:...

Was haben Sie in Elternhaus, Schule und Kirche über das Menschsein in der Sexualität gelernt?

Welche Bedeutung hat sexuelle Identitätsbildung im Gespräch zwischen Lebenspartnern und in sozialen Kontakten generell?

Welche Funktion hat die sexuelle Selbstidentität in Politik und Wirtschaft?

Was vermittelt die Werbung über sexuelle Selbstidentität?

Formulieren Sie eine Ihnen wichtige Frage zur sexuellen Selbstidentität:

10.4. Übungen

1. Welches sind Ihre Einstellungen gegenüber Ihrer bis heute gelebten Sexualität?

2. Welche Aspekte der Sexualität und Identitätsbildung möchten Sie erlernen?

3. Mit welchen sexuellen Erinnerungen können Sie eher schlecht umgehen?

4. Kommunikation über Sex. Kreuzen Sie an, wie Sie mit Ihrem Lebenspartner/Freund (-in) reden, wenn Sie einen Streit bzw. einen Konflikt über Sexuelles haben und klären wollen:

☐ überzeugen	☐ dirigieren
☐ mitreissen	☐ Komfort erzeugen
☐ motivieren	☐ Orientierung schaffen
☐ ermutigen	☐ ausweichend
☐ bewerten/werten	☐ abwartend
☐ manipulieren	☐ verdeckend
☐ begeistern	☐ erforschen
☐ unterhalten	☐ verstehen
☐ dominieren	☐ Entscheidungshilfen geben
☐ wetteifern	☐ verständigen
☐ überreden	☐ Interesse zeigen
☐ zuhören	☐ Wandlungen aktivieren
☐ beleidigt	☐ kritisieren
☐ vage, andeutend	☐ nörgeln
☐ eher aggressiv	☐ laut und wütend
☐ provozieren	☐ verstärken
☐ erobern	☐ kooperieren
☐ harmonisieren	☐ fragen

5. Lösung eines sexuellen Problems.

Nennen Sie ein Problem, das Sie haben, oder hatten oder das eine andere Person hat:

Welches sind die bisherigen Lösungsversuche?
Warum soll man dieses Problem lösen?
Ist das Lösungsziel richtig formuliert?
Was geschieht, wenn das Problem nie gelöst wird?
Würden andere Randbedingungen das Problem verändern?
Sind Kompromisse möglich?
Ist der Wert des Problems richtig gewichtet?
Was wird zur Zeit getan, um das Problem einer Lösung zuzuführen?
Gibt es andere Probleme, die viel wichtiger sind und Vorrang haben?

6. Sexuelle Entwicklungsbiographie. Beachten Sie die Liste und bearbeiten Sie.

6.1. Welches sind für Sie die besonders 'sensiblen' Fragen?
6.2. Warum sind diese Fragen für Sie besonders sensibel?
6.3. Bei welchen angesprochenen Aspekten haben Sie ernsthafte Probleme?
6.4. Was möchten Sie vordringlich (unbedingt) klären und verändern?
6.5. Wie gedenken Sie, einen Prozess der Veränderung anzugehen?
6.6. Worüber können Sie mit Ihrem (Ihrer) Lebenspartner/Freund (-in) nicht reden?
6.7. Worüber können Sie mit Ihrem (Ihrer) Lebenspartner/Freund (-in) reden?
6.8. Umschreiben Sie Ihre "Stärken" im gesamten Themenbereich im Umfeld von Einstellung, Gefühle, Selbstsicherheit, Selbstvertrauen, Fähigkeit, Verhaltensmustern, Gesprächsfähigkeit, Offenheit etc.
6.9. Wie werden Ihre "Stärken" von Ihrem Liebespartner (jetzt, früher) aufgenommen und erwidert?

Multiple Choice Test

Wählen Sie die vier richtigen Antworten und kreuzen Sie diese an, so: ☒ a) Lust

10.1. Wertaspekte im sexuellen Handeln sind:

☐ a) Zeitpunkt
☐ b) Ort
☐ c) Vertrauen
☐ d) Offenheit
☐ e) menschliche Begegnung
☐ f) Erleben generell

10.2. Das Thema 'sexuelles Erleben und Handeln' ermöglicht folgende Aussagen:

☐ a) Jeder Mensch hat seine eigene Weise des sexuellen Erlebens.
☐ b) Im sexuellen Erleben spielt die gesamte Biographie beider Partner mit.
☐ c) Im sexuellen Handeln ist jederzeit alles erlaubt.
☐ d) Erotik ist etwas, das automatisch und immer zufällig sich einstellt.
☐ e) Zum sexuellen Gestalten kann vieles hinzugelernt werden, auch nach Jahren.
☐ f) Nicht jede 'Störung' im sexuellen Erleben und Handeln kann als 'krank' gelten.

10.3. Zur sexuellen Selbstidentität für Mann und Frau tragen bei:

☐ a) Hemmungslosigkeit
☐ b) Ausgeklügelte Techniken
☐ c) Befriedigungserleben
☐ d) Orgasmuserleben
☐ e) Spontaneität
☐ f) Kreative Ausdrucksfähigkeit